原山與客丘：
當代臺灣原客關係

張翰璧◎主編

《台灣客家研究叢書》
總序

  在台灣這塊多元文化的土壤上，客家族群以其獨特的文化與歷史，對台灣的社會發展產生了深遠的影響。客家人在台灣社會發展的各個階段都表現出積極參與、熱心社會事務的精神，在推動民主化過程中發揮了關鍵作用，與其他族群共同建立台灣民主制度的基石。客家人對於本土文化的承傳與復興同樣不遺餘力，不僅保護和傳承了自己豐富的文化遺產，也積極參與到台灣文化的多元發展之中。因此，客家文化已成為台灣文化的重要組成部分，為台灣社會的多元性與包容性貢獻了重要的力量。

  從學術的角度，客家文化與歷史及其在台灣社會的多元性與發展過程的意義之研究，在客家研究體制化之前，一直未能從客家族群的視角來處理。這一領域的研究涵蓋了廣泛的田野調查、問卷研究、歷史文獻分析等，涉及經濟、文化、產業、語言、政治等多個層面，也牽涉到客家與周邊族群、客家研究的方法論，甚至知識論的範圍。客家研究不僅揭示了一個族群的歷史軌跡和文化特色，更從社會學、歷史學和文化研究的角度，提供了對台灣社會結構和文化動態的深刻理解。此外，通過對客家族群的批判性研究，我們能夠探討族群歷史詮釋的時代意義，並從中發掘族群多元價值對台灣社會發展的深層影響。

  《台灣客家研究叢書》自發行以來，一直致力於提供高質量的學術平台，向學術界開放徵求書稿。經過嚴格的審稿過程和專業的編輯工作，確保了每一本出版物的學術水準與創新性。這些

努力使《台灣客家研究叢書》在學術界獲得了廣泛的認可，甚至成為學者們在學術升遷過程中的最為專業的學術出版機構。我們的目標不僅是出版優秀的學術作品，同時也致力於推動客家研究領域的進一步發展，為台灣乃至全球的學術交流做出貢獻。

這一系列已經出版了許多具有重要學術價值的論著，並持續吸引著來自各個學術領域的學者投稿。展望未來，我們正在積極、持續徵求更多優秀的學術作品。我們鼓勵來自不同學術背景的專家學者參與投稿，尤其是那些能夠提供新視角、新方法論，以及與台灣客家研究相關的學術專著。我們期待著每一位學者的珍貴貢獻，共同推動客家研究領域的發展，完成叢書的學術價值及出版質量。前述理想之所以能夠實現，要衷心感謝國立中央大學的遠見及對《台灣客家研究叢書》的支持與推動，在此向中央大學致上深深的感謝。

張維安

國立陽明交通大學榮譽教授
國立陽明交通大學人文與社會科學研究中心研究員
113.12.1

目錄

導論　　原－客族群關係與政策
　　　　張翰璧　　　　　　　　　　　　　　　　　7

第一篇　族群主流化與政策
第1章　族群主流化之於不同族群的意義
　　　　張維安　　　　　　　　　　　　　　　　19
第2章　從觀光到自然資源共管——霧臺鄉大武部落
　　　　哈尤溪觀光發展的個案研究
　　　　包清惠　　　　　　　　　　　　　　　　45

第二篇　族群產業變遷與原－客關係
第3章　福佬客的產業變遷與客閩原族群互動：
　　　　以高雄兩溪流域為例
　　　　劉正元、洪淑芬、鄭育陞　　　　　　　　99
第4章　原民農產銷系統中的族群關係：
　　　　以高雄那瑪夏原鄉龍鬚菜產銷為例
　　　　周曉鳳、王宏仁　　　　　　　　　　　　147
第5章　經濟活動與族群文化變遷：
　　　　以泰雅族甜柿種植為例
　　　　張翰璧、張書銘　　　　　　　　　　　　183
第6章　山林中的綠寶石：
　　　　泰安鄉桂竹筍產業變遷與族群關係
　　　　張廷妤、張翰璧　　　　　　　　　　　　217

第三篇　族群通婚與博覽會中的原－客展演
第7章　苗栗南庄客家與賽夏通婚中的女性圖像
　　　　蔡芬芳　　　　　　　　　　　　　　　　261

第 8 章　族群博覽會下的原客關係——
　　　　以 2023 世界客家博覽會爲例
　　　　蘇秉凱　　　　　　　　　　　　　　301

導論
原－客族群關係與政策

張翰璧

國立中央大學客家語文暨社會科學學系特聘教授
中央研究院人文社會科學研究中心亞太區域研究專題中心合聘研究員

社會科學約在1960年代，才開始把「族群意識／族群性」（ethnicity）視為一個獨立的研究範疇（Glazer & Moynihan, 1975；Chapman et al., 1989；Vermeulen & Govers, 2000）。族群性指的是在特定歷史、政治、社會與經濟脈絡下產生之人群分類的範疇，會依互動的場域、權力的不對等關係，產生動態的族群關係。因此，族群關係理論的發展，必須建立在跨學科研究的基礎之上，包括社會學、政治理論、政治哲學、社會人類學與歷史學（Rex, 2001）。

動態的族群關係，不只強調當代社會互動下的情境式認同選擇，還包括三個層次的歷史性分析：（1）族群性的歷史脈絡：在歷史的過程中，族群邊界如何被塑造為重要與可信的分類範疇；（2）近代國家與資本主義擴張的脈絡；（3）不同族群互動場域的脈絡：政治、經濟、社會、文化等都是族群關係實踐的場域，應將不同互動場域當成社會分析的範疇，再進行整體族群關係的說明。「只有在互動的過程中製造差異，文化差異在產生族

群邊界中才是重要的」（Eriksen, 1993：39）。

依據臺灣客委會的「客家文化重點發展區」的定義，客家人口超過二分之一者，稱之為「客家人口集中區」，客家人口超過三分之一者，稱為「客家文化重點發展區」。這些客家地區或客家歷史文化區之地理空間，呈帶狀分布者，可稱之為客家帶，例如：北臺灣的「台三線」沿線、南臺灣的六堆地區，住有相當數量與密度的客家人口，且具有客家歷史文化特色（張翰璧，2020：271）。除了客委會的客家文化區的劃分，原住民族委員會也劃分30個山地鄉及25個平地原住民鄉（鎮、市），共55個鄉（鎮、市）為「原住民地區」。其中，許多客家文化重點發展區和原住民地區部分重疊外，許多鄉鎮的族群人口更是同時包括客家和原住民，兩個團體的族群互動非常密切。

除了當代族群政策對於族群團體形塑的影響外，歷史上，這些族群互動空間的界線與社會結構變化，一直受到不同政權所制定的政策之影響。從清朝帝國的邊區控制，以土牛溝界定漢、番生活領域，形成一條有形的人文界線（黃卓權，2013：8），也就是柯志明在《番頭家：清代臺灣族群政治與熟番地權》（2001）所指出的「三層制族群分布構架」，是以土地權轉換為基礎的族群分類，而土地權的轉換則是在漢墾民和熟番的合作與競爭過程中，逐步往生番的維生空間推進，進而形成我們現在看到的族群人口分布的大致輪廓。

族群政治，這種由上而下的制度性分析，造成熟番地權制度的演變，也產生了族群分類（「熟番」、「生番」的出現），改變各族群的生活空間、社會關係。隨著族群政治往社會和日常生活領域的逐漸滲透，歷史上不同時期、乃至於現在的族群互動與

關係呈現什麼樣的整體面貌呢？具體而言，制度層面和社會、個人層面的人群結構和界線並不完全相同，尤其是在面對不同區域的資源與經濟生產過程，不同族群對於來自清廷的制度性介入，會產生不同的能動性，以回應制度的限制和生活的需求。

　　制度史所提供的由上往下看的理論觀點，可以提供研究者鉅觀的族群圖像，但缺乏社會層次所呈現的差異性。歷史資料雖然呈現不同時期的族群生存空間，很難呈現當代與動態的族群關係與文化融合現象。因此，我們需要經由「比較」的觀點（客家文化的差異性、不同原住民族的社會文化特性），從「行動者」的實踐基礎，建立原客族群關係的類型，及其所呈現出的政治、社會、文化意涵，包括日常語言的使用、地方組織的發展、通婚與收養關係、產業經濟的分工等。

　　從整體性角度而言，族群關係的產生不只在歷史過程中，受到政治、經濟結構影響之下所形成的，也和當代的國家族群政策有關，族群關係是多族群社會中如何面對與處理因為種族、宗教、文化所帶來的多樣性之展現，結果可能在不同社會層次，發展出不同類型的族群關係。換言之，族群關係的呈現，既隱含了歷史上制度性安排的結果，又指向社會團體間的不對等關係，而且這種不對等關係幾乎和政治與經濟力量的優劣勢有著平行的發展。然而，「族群關係」不能僅從巨觀的政治經濟角度分析，還必須強調「社會互動」或是「社會交往」的特性，唯有放在不同的歷史情境和當代社會層次中加以分析，才能凸顯族群關係的流動性與變異性，找出當代社會發展或是社會轉型的歷史動力。

　　因此，本書的特色是以南北客家「區域」為比較的研究。「客家帶」的研究區域，指的不僅僅是一條沿山的公路或是客家

人聚集地區，而是客家人、原住民、閩南人在南北臺灣丘陵和平原地區內的族群互動空間。在這些客家文化為主的生活空間，背後隱含的是過去兩百多年來不同族群勢力消長的過程，以及歷史和當代社會發展所形塑的族群關係。所謂的「區域」隱含著下列四層關係／邏輯的演變：（1）人與自然環境的關係，（2）人與人（族群間）互動，（3）人與維生方式間的改變，（4）不同的社會運作邏輯（張翰璧，2020：271）。

　　本書共收錄八篇文章，共有十二位作者，大部分是客家委員會獎助之計畫成果[1]。文章的研究主題大致可以分成以下三部分，第一部分是討論族群主流化與政策，包含二篇文章。張維安指出「族群主流化」議題的討論，必須鑲嵌於歷史脈絡中，一方面爬梳客家人、原住民、閩南人、外省人及新移民等不同族群的區分過程，並在具體的歷史脈絡與社會情境中，具體討論合理的族群政策。展望未來，客家以及原住民等族群問題將不僅僅是中央或地方特定客家行政部門的責任範疇，而應轉變為「所有部門」的政策考量，即所有政府部門都需將客家族群、原住民族群（以及其他族群）的利益和需求融入其決策過程及政策規劃之中。

　　第二篇是從原住民族的觀點，探討霧臺鄉大武部落哈尤溪的

1　本書為110年度客家知識體系發展補助計畫研究成果，總計畫名稱為「族群政策與原客族群關係」，包含子計畫一：族群主流化與臺灣族群政策之探討、子計畫二：經濟活動中的原客族群關係：以北部客家帶為例、子計畫三：從族群通婚與跨族收養探析原客關係、子計畫四：福佬客的產業變遷與原閩客族群互動：以高雄兩溪流域為例、子計畫五：從產業關聯角度探析原－客關係：屏東原民經濟作物串起的族群關係，在此特別感謝客家委員會提供研究經費。

觀光發展，檢視霧臺鄉自然人文生態景觀區的劃設過程，作者從長達六年之發展歷程中，分析部落如何落實「社區參與」與「政府協商」，進而對於自然資源開始共管。政府透過劃設，將自然資源授權並行政委託地方機關與部落共同管理，由部落自主規劃及營運，劃設自然人文生態景觀區，能有效管理遊客在部落的旅遊行為，且能為部落觀光發展產生正面效益。這個案例，對於當前國家與原住民族關係，提供未來自然資源共管的重要參考。

族群經濟領域的討論，在臺灣的族群研究中相當重要，本書的第二部分有四篇文章，各有二篇討論南部與北部產業中的族群關係。劉正元從離散（diaspora）的觀點探討日治以來高雄兩溪流域（楠梓仙溪和荖濃溪域）福佬客的歷史產業變化，並探討北客族群遷移，及在高雄兩溪流域原住民族群的歷史互動過程。作者以臺灣樟腦產業的歷史文獻為背景，佐以兩溪流域（六龜、甲仙兩溪流）的客家、閩南及原住民族群訪談資料，討論原、閩、客多族群邊界及多重認同問題。

第二篇為周曉鳳與王宏仁從具體的龍鬚菜產銷為例，探討南部高雄、屏東地區，不同族群之間的經濟關係如何合作、競爭。首先，部落族人對於漢人的分類與稱呼，與目前的官方分類並不一樣。一般而言，他們習慣稱呼漢人為「平地人」，外加一個「外省人」的類別，這都是在歷史過程中出現的人群分類。

針對龍鬚菜產業分析，作者指出大盤商的族群身分對於農民來說都一樣，不會因族群而有特別待遇，因為兩者關係建立在買方與賣方。然而，在地的原住民大盤商還是具有一些在地優勢，包含語言、文化到地理環境的熟悉度，有助於原住民大盤商在產銷經營上快速進入部落產銷生態。不過原民大盤商仍必須面對既

有的劣勢，包含創業資金不如漢人多、人情困境、生活空間緊密等，與農民間互動頻繁，也成為經商的困難。

第三篇為張翰璧與張書銘以北部泰雅族甜柿種植為例，探究其經濟活動與族群文化變遷，作者指出，較多的是當地族群的生活方式，適應了資本主義的生產方式，而非在生活習慣中協調資本主義的經驗，並未透過原有的文化（尤其是「交換」）來理解新的生產關係。泰雅族的甜柿種植，體現了他們在傳統知識與現代農業技術之間的平衡，以及他們對於生態環境和市場需求的適應。這不僅反映了族群文化的轉變，也顯示了泰雅族如何在經濟發展和文化傳承之間尋找平衡。

第四篇為張廷妤與張翰璧以泰安鄉的桂竹筍為例，分析產業變遷與原－客族群關係，影響泰安鄉桂竹筍產業變遷的因素為：交通發展、農民耕種桂竹筍的林地面積減少、專業化分工——桂竹筍加工廠之成立及桂竹筍保存技術之進步。而泰安鄉種植桂竹筍的面積和產量，因筍農販賣或出租桂竹筍林地、將桂竹筍林地開發轉做其他作物及人口老化無力耕種而休耕，均有下降的趨勢。泰安鄉的居民多為原住民及客家人，因族群群聚關係，各自形成客家聚落及原住民聚落，而筍農在選擇桂竹筍加工廠，以及桂竹筍加工廠在收購桂竹筍時，多依循地緣關係。因此客家族群與原住民族群在關係網絡中的資源運用情形，大多與族群身分無直接相關。

第三部分的主題為族群通婚與博覽會中的原－客展演。第一篇文章是蔡芬芳研究的苗栗南庄客家與賽夏通婚中的女性圖像，從中了解客家與賽夏之間的族群關係樣貌。本文從跨族通婚中的女性之生命經驗出發，在婚配過程中，賽夏家長並不樂見女兒嫁

入客家家庭，顯示族群因素在婚配過程中扮演重要的因素。當進入跨足通婚後的家庭生活，遇到性別角色與族群文化交織時，賽夏女性受到性別與族群的雙重限制多於客家女性，家庭中性別角色的背後，更多的是受到族群文化的影響，族群界線更加明顯。

第二篇是蘇秉凱以2023年「世界客家博覽會」為例，原客之間串連展覽在臺灣並不是首次發生，尤其客家委員會近年在推動「族群主流化」的政策上面，2020年起即舉辦「客家向原住民族致敬」系列活動，期許在原客合作促進交流，建立族群關係的永續發展，並追求原客族群和諧共榮。有透過客家與原住民傳統圖騰交織意象呈現的展覽，也有原客嘉年華在臺灣各地舉辦，在在都顯示出原客之間的關係不再是早期的衝突與鬥爭。相反地，兩個族群之間攜手走過文化發展的黑暗期後，來到現代反而呈現出族群生命力之美。

以上的八篇文章，結合社會學、人類學、原住民研究相關學者，從政策、具體的案例研究、族群博覽會的展示，呈現出南、北區域中當代的族群互動以及族群關係的同異性，這些成果也為將來區域間各個層面的整體比較，奠定相當的基礎。區域內的人群分類與互動在不同的個案中，反映群體互動的歷史沉澱，歷史的以及當下的行動邏輯，兩者共同構築出臺灣當代社會中的族群關係。「區域」作為一個整體生活空間的分析單位，可以在類似的歷史和社會脈絡中，進行族群性的研究，掌握多元人群主體、不同社區、整體區域的研究取向，進一步對臺灣「整體社會與歷史」能有全貌性、嶄新的認識。南北客家帶內的原客族群關係比較，將「族群性」視為動態的人群分類，是在社會互動的脈絡下，認知到與對方有文化差異的群體之間所具有的某種形式的關

係，而這種關係的在日常生活中的沉澱，逐漸形成準結構式的力量，規範群體關係。然而，一個充分的族群理論，還應該要回應當代國家政策與資本主義制度的結構性力量，例如客家和原住民在產業經濟領域的行為模式，雖然尚未全然進入完全理性之「市場」的運作邏輯，但是也與族群資本越來越遙遠。反而，當代族群文化的形塑，處處可見文化與產業間的關聯性。

　　本書將實際的個案研究，視為族群互動所產生的事件（events），探討族群團體在怎樣的主客觀條件下形成。從不同場域的個案分析，可以讓我們看到在不同行動場域中，密集感受到「族群性」的人群分類與認識論上的心理基模，當然，群體性也有可能不會發生，或無法具體呈現。上述之「情境式的族群性」，反映出以下幾個特性：（1）沉澱於歷史過程的心理基模，（2）族群政治之結構性力量的引導，（3）社會互動的差異區分（有時具有文化內容物，有時則無）。從社會互動的角度進行研究，可以避免僵固的群體主義與社會分類，而是將族群視為一種觀看世界的方法，而且這種方法在不同社會領域（政治、經濟、社會、文化）的有效性會有程度上的差異。

　　換言之，族群性的知識基礎，是在互動的過程中產生的差異，進而產生族群與文化邊界，南北兩地客家和原住民的自我定義、經濟生產模式、社會制度的設計等，既與歷史過程息息相關，也受到民族國家政治、經濟與社會互動的影響。更大的歷史框架還包括近代國家形成、資本主義擴張、殖民統治的人群分類。整體而言，「客家帶」或是「地域社會」研究，主要由「國家」與「環境」兩個形塑地域社會的內在機制出發，透過地緣的經濟、社會組織、宗教信仰等領域，進行過去到當代發展的地域

社會的結構與空間機制的詮釋。這種社會史的詮釋中，主要是從當代的族群關係為出發點，說明漢人與平埔族、原住民間的族群關係的性質。進一步，建構臺灣社會多族群社會（multi-ethnic societies）的基礎，以便回應當代多元文化社會的制度安排，一方面建構族群關係不同類型，一方面也以「公共利益」為基礎，嘗試提出適合的族群主流化政策建議，用行動改善人群的生活。

參考文獻

Chapman, Malcolm, Maryon McDonald and Elizabeth Tonkin (eds.), 1989, *History and Ethnicity*. London & New York: Routledge.

Eriksen, Thomas Hylland, 1993, *Ethnicity and Nationalism: Anthropological Perspectives*. London: Pluto Press.

Glazer, Nathan Glazer & Daniel Patrick Moynihan (eds.), 1975, *Ethnicity: Theory and Experience*. Cambridge: Harvard University Press.

Rex, John, 2001, "The Basic Elements of a Systematic Theory of Ethnic Relations." Sociological Research Online 6 (1). Retrieved from http://www.socresonline.org.uk/6/1/rex.html.

Vermeulen, Hans & Cora Govers, 2000, *The Anthropology of Ethnicity: Beyond "ethnic Groups and Boundaries."* Amsterdam: Het Spinhuis.

柯志明，2001，《番頭家：清代臺灣族群政治與熟番地權》。臺北：中央研究院社會學研究所。

黃卓權，2013，〈從版圖之外到納入版圖：清代臺灣北部內山開墾史的族群關係〉。《台灣原住民學報》3（3）：157-187。

張翰璧，2020，〈「客家帶」的歷史與空間形成：以臺灣和馬來西亞為例〉。頁269-282，收錄於張翰璧、楊昊主編，《進步與正義的時代：蕭新煌教授與亞洲的新臺灣》。臺北：巨流圖書公司。

族群主流化與政策

第一篇

第 1 章 族群主流化之於不同族群的意義

張維安

國立陽明交通大學人文與社會科學研究中心約聘研究員

一、前言

　　臺灣已經是一個多元族群文化的社會，根據「中華民國憲法增修條文」第十條第九項與第十項內容，在中央政府、地方政府兩層，各有相應的主管部門，如《原住民族委員會》與《客家委員會》，其後又有《原住民族基本法》、《客家基本法》、《國家語言發展法》，甚至於有族群專屬的媒體或學校。

　　張茂桂指出，多元文化的名詞對很多人來說具有不同的意涵，有些人依賴它來建構臺灣主體意識，也有人依賴它來提倡鄉土文化和社區特殊文化意識，其中和本文比較有關的是「社群主義」觀點。關於「社群主義」的內涵，張茂桂指出社群主義假定個人的存在與意義世界，有社會或者集體生活的根源，個人之所以為「人」，因為是包裹在其所熟悉的語言、文化、社會關係與傳統遺產之中，雖然個人並非沒有獨立性，但絕非如同原子般的存在，自然不能否定其所屬的社會文化關係特別是對於「自我認同」的「真實性」（authenticity）。是以，所有有關社會平等、正義的討論，因為涉及到國家和少數民族，多數和邊緣人群（受

排斥者）之間，都需要考慮到「群體」的特殊文化權，因為涉及到自我價值、尊嚴與意義，故不能化約為經濟剝削或者單純的政治排除問題。[1] 不同群體之間的差異是否得到肯認並平等對待，是族群政策的基本關懷。

從實務面來看，常見採用西方的民主制度並推行多元文化主義政策的國家，在實際操作上，政府經常通過操縱選舉結果或排除少數族群參與政治決策，以維護優勢族群的利益，從而帶來弱勢族群的疑慮，帶來族群之間的緊張。這些國家的「多元文化族群政策」與西方追求族群平等與和諧的精神有很大的不同。在臺灣，民主化的過程可以追溯到1987年解嚴前後，經歷了自由化、民主轉型和民主鞏固的各個階段，並且至今仍在不斷深化。臺灣的民主化過程中，長期被壓抑的族群政治逐漸浮現，成為臺灣民主化中不可忽視的因素，臺灣的族群有何特質？臺灣的族群意識如何產生？有何特殊的政經結構？臺灣需要一個怎樣的族群政策？

這些議題學界已經累積相當多的討論，國科會甚至專門徵求族群與原住民族研究計畫。其中國家發展委員會在2016年委託進行「我國族群發展政策之研究」，[2] 其後還陸續進行多次族群主流化議題之規劃研究。例如政府施政措施落實多元族群主流化、族群統計、族群發展指標之研究等，[3] 而客家委員會也有

---

1 張茂桂，2008，〈多元文化主義在台灣與其困境〉，頁308-325。收錄於《知識份子的省思與對話》。台北：余紀忠文教基金會。
2 林修澈，2016，〈我國族群發展政策之研究〉。台北：國家發展委員會。
3 楊文山、詹傑勝、劉千嘉，2014，《我國辦理族群統計規劃之研究》。台北：國家發展委員會。張翰璧等，2016，《我國族群發展重要指標分析與運用規

〈族群主流化與族群影響評估指標政策研究案〉的委託研究計畫案。[4] 可見族群主流研究對於臺灣族群政策的重要性。承此脈絡，下文將以經驗資料來討論族群主流化議題的時代脈絡與相關議題。

二、族群主流化議題的時代脈絡

主流化議題的討論，必須面對具體的族群現象與相關的族群政策，或日常生活態度的族群敏感度。本文為客家委員會獎助研究計畫「族群主流化與臺灣族群政策之探討」的一部分。本文所分析的資料為 2022 年 7 月至 10 月間，書面訪問 47 位國內從事族群與客家研究學者的文字資料。書面訪問的提問一共 13 題，本文分析其中與族群主流化較為相關的五個題目：1.族群主流化的內涵為何？2.族群主流化內涵對臺灣不同族群的意義？3.族群主流化理念可能的政策做法有哪些？4.族群主流化理念的推動有哪些指標可以檢視？5.臺灣社會推動族群主流化的意義？本文為多篇報告連續討論的一部分，著重於這些受訪者意見的整理，有待詮釋與解讀。

時代脈絡方面，在受訪者的回應中，可以清楚的感覺到討論族群主流化的社會脈絡。N34 指出臺灣是多元族群的國家，而不同族群在臺灣社會各方面，尤其是權力和資源分配上具有優／劣

劃》。台北：國家發展委員會編印。江明修等，2012，《政府施政措施落實多元族群主流化之研究》。台北：行政院研究發展考核委員會編印。

4 客家委員會，2022-2023，〈族群主流化與族群影響評估指標政策研究案〉委託研究計畫案。新北市：客家委員會。

勢、主流／非主流之分，因此既往非主流、受歧視及差別待遇的族群，經過族群主流化 [之實施] 後將獲得族群平等的保障（初期將表現在特別保障措施），而原本存在於各族群或眾人間慣常的歧視亦將被指出並避免。因此族群主流化 [之實施] 有助於使臺灣各族群擁有平等的地位，並弭平族群間的矛盾（34-Q2）。[5]

針對個別族群來說，N10指出，早期臺灣會根據語言或文化特性，區分住民為南島語系的原住民、漢藏語系的福佬人與客家人，或是戰後遷入的外省人（外省人又被區分為原鄉是哪個省份的）。現在，無論原住民、福佬人、客家人、外省人或新住民，都應該平權、平等、被重視（10-Q2）。也有受訪者根據更具體的資料，做了這樣的說明：根據行政院111年3月3日的資料顯示，臺灣住民以漢人為最大族群，約佔總人口96.42%，其他2.48%為16族的臺灣原住民，另外1.10%包括來自中國大陸的少數民族、大陸港澳人民及外籍人士。對於在人口上佔優勢的漢人族群而言，可增進對臺灣其他族群文化處境及意見的了解和視野；對於原民、客家、新住民（含中國大陸的少數民族、大陸港澳人民及外籍人士等）等弱勢族群，可讓自身的文化及意見被看見，以達到族群文化傳承及溝通的效果（19-Q2）。

N45更具體地提到，討論族群主流化議題應先了解臺灣民主化進程；1945年二戰結束，國民政府播遷來臺，1949年5月20日，臺灣實施臨時戒嚴，一戒將近50年，1987年解嚴，解嚴先

---

5 符號說明：下方引述資料中，第1個數字代表受訪者的編號，第二個英文字編號，代表問題的編號。例如，39-Q1即是第39位受訪者對於第一個問題的回答。

是解除了軍事統治，人民犯罪不再受軍法的審判，繼之1991年終止動員戡亂時期、廢除臨時條款，終結戰地政務體制；進一步的推動政治改革。1992年《刑法》100條修正，緩解了「言論叛亂罪」的問題，也終結了《懲治叛亂條例》，回歸自由民主體制。在長期戒嚴下，人權受到了相當的限制；臺灣在艱困背景下，基本上完成自由化的改革，也順勢推動本土化，和回應各族群的不同要求（45-Q1）。民主體制的基礎、本土化的理念、多元文化主義，都是討論族群主流化議題的前提，在臺灣社會變遷的過程中，民主體制、多元文化主義和本土化的展開，可說是鋪陳了推動族群主流化的基礎。

N45提到1988年還我母語運動，許多客家人士對於當時語言政策抱持反對態度，此後，推動本土化、各族群運動，催生了後起的《原住民族基本法》、《客家基本法》，是為族群主流化的濫觴。1997年修憲後，「多元文化」成為我國基本國策，「多元族群」引起各方關注（45-Q1）。N45認為臺灣應該可稱具有五大族群，即原住民族群、閩南族群、客家族群、外省族群和新增之新移民（稱作新住民族群）。因此，建構一套和諧族群關係的治理系統，便成為產、官、學界關心的焦點。文獻上，臺灣自宋代以後有紀錄以來，是一個移墾社會，原住民族之外，明鄭時期是第一個在臺灣的漢人政權。日據時代結束，中華民國政府來臺，曾經歷「本省人」和「外省人」之對立衝突；隨著跨境婚姻、現代化與國際產業與勞動力分工，形成不同群體交互融合現象。為建構各族群之主體性，尊重其文化差異、維護其權利，政府在政策之形成、決策、執行等施政時應具族群敏感度，避免以多數或優勢主流族群之單一價值觀為建制標準，造成對其他族

群之壓抑或不公（45-Q1）。

　　族群主流化議題要置於時代脈絡中討論。雖然居住於臺灣的原住民、閩、客及新住民，已成為臺灣族群多元化的重要組成成員，但由於各族群政治、經濟、社會地位之不同，長期以來均受不對等之保障。族群人之間的區辨；族群界線的產生；族群政治、經濟、社會文化之間的差異、不平等；單一族群價值典範過於主導的現象，都是理解臺灣推動族群主流化議題的背景。

三、關心弱勢族群的危機、邊緣化

　　由於過往臺灣社會傾向由單一族群或優勢族群主導，許多國家政策並未考量不同族群之權益，甚至是造成優勢族群對弱勢族群的歧視或壓迫，許多偏見根深蒂固，在日常生活中無意識地傳達出來，長久累積易形成族群間的分歧與衝突。臺灣與許多國家一樣，由來自不同的移民所組成，理想中，多元文化堆疊出的社會應該是豐富且多樣化，但在現實狀況所呈現出來的，仍舊充滿了族群間的矛盾與爭議、對特定族群的汙衊與歧視（33-Q2）。在這樣的社會脈絡之下，反思單一價值典範之下的弱勢議題，族群關係之中弱勢族群的危機、邊緣化議題便是核心的關懷。

　　在強、弱勢族群關係中，族群主流化的理念是：期望人數相對較多的優勢族群對於人數相對較少的少數族群能夠相互尊重、包容（20-Q2）。期望縮小族群間的不平等，凸顯族群特色，以及有具體的族群統計與預算，實踐族群平等（22-Q2）。期望避免少數族群被邊緣化，並能夠建立族群尊嚴及不同族群間的平等（13-Q2）。

具體來說，目前臺灣不同族群間有強、弱之別，仍存在若干不平等現象，因此推動族群主流化或許能藉此矯正過往對弱勢族群的不利影響，為本土社會提供族群平等的發展機會。這方面N27特別提到以下幾層族群主流化的意義：（1）確保族群生存與成長：透過政府的政策制定與資源配置，保障各族群擁有符合所需之生存與成長機會。（2）鼓勵各族群積極參與公共領域：經由政府設計的族群參與機制，讓各族群（特別是弱勢族群）擁有較實際的管道去反映其需求、困難、發展目標等議題，確保不同聲音能被納入政策考量範圍。（3）提升族群認同：經由強調族群平等及多元尊重的觀念，促使各族群提升文化自尊，理解族群文化價值，願意努力維護族群文化傳統，並能發展族群成長所需之理性健康的族群意識。（4）促進跨族群互動交流：藉由對族群平等之理念宣導與政策實施，促使各族群認知文化差異的價值與相互肯認的重要性，進而破除我族中心觀與沙文主義心態，引導多族群之間朝向和諧共處、相互認識與欣賞，營造臺灣不同族群之間更積極正向的族群關係。最後一項是（5）追求族群平等：族群主流化致力於建構平等的族群關係與族群發展機會，相關政策必須關注各族群的過去歷史、現存狀態及未來發展，以此尋求實現具族群正義的社會（27-Q2）。

　　如前所言，族群主流化是希望可以拉近不同族群之間的差距，這些差距可能會表現在人數多寡、權力、資源、文化等面向，也因此會在各種不同面向之中出現優勢族群或弱勢族群，族群主流化的內涵也會因此不同。對於優勢族群而言，族群主流化可能意謂權力的分享或資源的重分配，容易引起不滿或是焦慮；相對地，對於弱勢族群而言，族群主流化則是可能意謂著自主性

的掌握、公平正義的實踐或是文化尊嚴的維護等。對於整體社會而言，族群主流化意謂著族群關係的重建，卻也可能因此提高社會對立或衝突（17-Q2）。面對這種情境，弱勢議題的主流化有其重要性，也就是說將弱勢議題從特殊政策中解放出來，要求非特定相關部門的政策或施政也都應檢討其責任與做法，具有弱勢族群的敏感度，以避免造成結構性或建制性的歧視。楊長鎮指出，以個人主義為觀點的權利平等尚不足以處理族群課題，因此，政策議題的弱勢主流化之目標，應更積極從平等權發展到參與權，進而注意主流與非主流群體間是否因一般政策而造成隔閡或疏離，乃至對立，或制度性地造成弱勢循環（楊長鎮，2016：18）。

族群主流化政策對於相對弱勢的族群而言，對內之意義有重建族群歷史記憶、延續母語之流傳等，對外則包含了在公共場域關於語言、文化的能見度，抑或是促進多元族群互動之觀點，尊重彼此之差異，培養公民之素養，建構出多元而友善的社會（33-Q2）。

四、族群別具有不同的意義

雖然族群主流化並非為了某一個單獨的族群爭取權利，不過因個別族群所面對的情境有所差別，因此族群主流化本身對各族群而言，具有不同意義，議題的內涵也不相同。例如，對原住民、平埔、客家、福佬，皆應再重視其各族獨特歷史，讓多元族群彼此更加認識，在盡量平等的基礎上談族群的認同與互動，對不同族群是否有不同意義，尚待思考（4-Q2）。另外，當社會

在制定法令政策時，需要考慮不同族群的需求與差異，以基本人權的角度尊重所有的族群，致力於所有的族群都享有共同的權利（18-Q2）。N3指出臺灣歷史中，至少形成五大「族群」，當代的族群運動，或是族群議題的討論多集中在原住民（民族國家建立過程中幾乎被剝奪所有權利的族群／種族）、客家（在民族國家建立過程中被剝奪了「文化權」）以及新住民（全球化浪潮下自願移動的婚姻移民）。因為不同「族群」形成的歷史背景、面對的族群議題，以及要求的族群權利不盡相同（張翰璧等，2016），N45也提到，1990年代初期「臺灣四大族群」，加近數十年「新住民」崛起，五個文化群體放在同一平面，每個人都有一個固定名稱、單一的「族群」或「族」之身分現象。因此，族群主流化的內涵，是「生存」與「永續發展、傳承」的競逐，對不同族群就有不同的意義和影響，各族群所爭取與冀求，因族群政經地位之強弱，面臨不同的挑戰（45-Q2）。族群主流化應該平等對待臺灣各族群，從政策、組織與法律等加以討論，使社會有更豐富的文化多樣性、公平性與包容性。

這方面，N45分別說明了族群主流化在各族群身上的意義，值得參考：就以原住民族來說，原住民在解嚴後開始發起自覺運動，爭取族群身分認同，正名、自治、還我土地等等。有鑑於原住民族在國際間特殊的地位，依照憲法或國際對原住民民族自治，肯認原住民族特殊地位與權利已然成為現代趨勢。然而在臺灣，雖然政府試圖積極解決原住民族土地相關的法案、原住民族傳統習慣、成立族群事務推動委員會等等，尋求各個面向的平等與尊重，惟仍須通過立法程序，曠日廢時的必須按部就班，也造成諸多民怨。《原住民族基本法》第四條有關原住民族自治，以

及第二十九條規定：「政府為保障原住民族尊嚴及基本人權，應於國家人權法案增訂原住民族人權保障專章。」但目前尚未完成。正是凸顯族群主流化對臺灣原住民最關切的還是「原住民族主權被尊重與自治議題」（45-Q2）。

福佬人部分，可從臺灣移墾歷史脈絡來說明，漢人移墾臺灣的過程中，墾拓者大部分來自福建沿海漳州和泉州的福佬人，經過三百多年的社會變遷，閩南族群人數多而且分布廣，認為閩南話即為臺灣話。福佬人是針對日常使用閩南語者的族群之稱呼，是閩南民系的一支；多數的閩南族群會以居住地區或使用語言自稱，而不是血緣上的分類，比如說潮州話者自稱潮州人，泉州話者自稱泉州人，漳州話語系人自稱漳州人等，沒有那種血濃於水的親情牽連；早期閩南人不會自稱hoklo。後來因客家人對閩南人的俗稱，近代閩南人也會自稱福佬人，因具優勢人口與語言，在族群主流化屬於強勢族群，很自然的，他們享受族群主流化內涵的一切紅利點數（45-Q2）。

客家人口移墾入臺諸多闡述，惟時間與落戶均無確切，因此散居全臺，以桃竹苗、高高屏、花蓮為主，以大分散、小聚居方式生存，並在部分閩南強勢語言的大城市或邊陲區過著隱形生活，爭取自清以來閩、客械鬥後的生存、語言、文化傳承權力。由於客語流失嚴重，前客委會主委葉菊蘭評析：「閩南語正掛號中，客家語已進入急診室」。如果要推動《國家語言發展法》，客家庄一定要更積極推動，包括學校的母語教學，甚至是地方政府機構應舉辦獎勵制度，從地方政府開始帶頭做，再擴及到全臺各地的市場、社團、機關；至於客家文化運動，則是因為客家語言和風俗習慣、禮制迅速流失，以至於客家認同也逐漸消失，因

此希望喚起民眾意識，政府要扮演一定的角色，並期望在文化復振上，揀擇良風美俗，讓客家許多優美傳統儀式、技藝，繼續傳承。《客家基本法》自2010年通過施行已逾十年，是否加以調整亦有待討論，族群主流化內涵對客家族群爭取「對等尊重」、「創新客家」新活力的意義不言自明（45-Q2）。

外省人族群人口雖少，但處於仍具有政治神主牌象徵群體，對族群主流化代表意義一樣是「生存」與「永續傳承」，不過，由於來臺省份各異，語言與生活習慣不同，無法拼湊成一個整體的外省人族群，造成凝聚不易，且會被各次級團體稀釋、取代；與新住民族群相同，有國族與文化問題，族群認同情感薄弱，沒有太強烈的內聚力量，這個泛稱的族群，其族群主流化的意義也較不明顯（45-Q2）。

受訪者大都認識到族群主流化對個別族群具有不同的意義，新住民、原住民、客家之外，看似主流的福佬和外省，族群主流化的理念對他們也有其意義，除了前述學者所提的意義外，族群主流化還包括一重要的理念，特別是把族群關係放到主流化理念中來思考時，「主流族群與弱勢族群都是族群議題的當事人」。一般而言，臺灣有四或五大族群，也有學者區分為強勢族群與弱勢族群。就族群主流化的內涵對於臺灣不同族群的意義而言，強勢族群應尊重各弱勢族群的參與權、發言權及合法應有的保障政策及措施。弱勢族群更應主動積極爭取參與權、發言權，以及爭取將保障措施納入政府政策或機制中，強勢族群不能壓抑弱勢族群的生存權和發展權，弱勢族群更不能當族群主流化的局外人（26-Q2）。

具體而言，族群主流化對不同族群有不同意義，山地原住民

教育資源、工作機會受到限制，青年勞動力外流至城市，原鄉隔代教養可能在兒童成長過程中引發後續相關問題。因此，族群主流化對於原住民族群來說，主要在於各項機會以及社會對待的平等。對於客家族群來說，主要在於語言及文化的傳承，以及降低隱形化、提升族群意識。對於外省族群來說，主要在於消弭族群對立、族群階級的偏見。對於新移民來說，主要在於降低歧視以及提升社會大眾對新移民的理解及尊重。對於閩南族群來說，主要在於與其他多元族群文化共存之下，也受到重視（14-Q2）。

五、制度化與分群治理機制的反思

族群主流化的目標即是希望達到平權的對等狀態，對於臺灣較為弱勢的族群之語言或是媒體或公共傳播或族群素養，都有非常重要的意義，因為平權的政策有助於這些族群的語言、文化能夠在平等的前提下繼續傳揚發展，而且不會因為少數族裔的身分受到歧視或差別對待（39-Q2）。要達到這樣的目標，可以透過公共政策矯正過去政策所產生的不平衡的權力關係（7-Q2），通過制度性的設計，例如憲法、相關人權法律，釐定合理的族群關係政策。從人權的角度出發，政府在促進族群平等所執行的任何政策，都是在履行落實國際人權標準的責任，並非額外的特殊保障或福利（阮俊達，2015）。族群主流化係為實踐憲法平等權與兩公約保障人權的精神，彰顯人權普世價值，促進族群和諧發展（臺南市政府，2017）。在政策上消除族群歧視、促進族群平等，建構多元族群的友善環境（23-Q2）。

N41指出，民主國家的憲法採取民主原則，行政部門的領導

人是依民主原則選舉產生，立法部門以多數決制定法律，行政部門依法律授權制定行政命令（法規命令）。因此政府施政反應的是當時民意多數的意見，如此一來，佔有人口多數的族群利益會被重視，少數與弱勢族群的權利將受到輕忽。因此，族群主流化可以將少數與弱勢族群的權益帶入政府所有施政之中，並以重要議題看待，對於居於人口少數的族群，例如原住民、客家族群、新住民等就有重要意義（41-Q2）。這方面，N38進一步認為，族群政策的施政方針應該要求「跨部門化」。臺灣未來的族群政策，應該要打破過去所稱主流族群與非主流族群的界線；以建立一個少數與弱勢都能共同參與、共同建置的政府系統（38-Q2）。

一直以來，臺灣的族群政策皆是部門政策，客委會處理客家事務，原民會處理原住民事務，而福佬、平埔族群的人沒有屬於自己的委員會，沒有處理族群關係的政策。此等方式使得不同族群身分的人士，對不同族群的事務全然不知之可能性高，亦可能對其他族群面對哪些不平等權力或權益等情況知之甚微。

N11說，以臺灣的發展觀之，族群主流化應對於客家、原住民，抑或是新住民較有意義。對於客家族群可以提升客家文化，強化客家族群的文化公民權內涵；對於原住民與新住民則是較為全面的改善（11-Q2）。

「跨部門化」族群主流化的推動，將可能使不同族群身分的人士，了解其他族群面臨哪些不平等之情形，更可能對其他族群遭遇之情勢感同身受，對建構真正族群平權的社會有所助益（30-Q2）。對於客家族群與原住民族而言，未來客家族群議題以及原住民族議題，可能不再只是中央或地方客家行政機關的任

務,而是「所有部門」都必須把客家族群以及原住民族(及其他族群)的關心,納入決策過程與政策思維之中(37-Q2)。

六、族群主流化與原住民族及客家族群

如前所述,族群主流化對個別族群具有不同的意義,下文針對過去比較受到關注的原住民族與客家部分做進一步的分析。

(一)族群主流化與原住民族

原住民族與族群主流化的討論,和「轉型正義」有密切的關聯。阮俊達(2015:174)指出「族群主流化包含消極與積極兩個面向在內的定義,闡述族群主流化與轉型正義、修復式正義和國際人權基準的關係,以此作為翻轉族群間不對等權力關係、突破多元文化論述盲點的思考起點」。*Vavauni Ljaljegean*(2017:176)也提到「對於新政府的轉型正義具體實踐,『族群主流化』的觀點會是很關鍵的提醒」、「族群主流化也不該僅僅是原住民委員的責任,而是要讓跨文化共榮的意識真正地落實在政府各部會的思維與執行工作中」。以族群主流化來推動轉型正義或者以轉型正義來實踐族群主流化,對於公部門的行政作為或不作為,族群關係中的當事人都能盡一份心力。

在國家政策層面,這些年來「族群主流化」的理念似乎已經發生指導性的作用。2020年,蔡英文總統出席「2020年原住民族正名26週年論壇」時,明白期盼臺灣持續朝「族群主流化」理想前進。她說很高興看到不只原住民族委員會在推動原住民族的議題,在行政院的積極推動下,各部會紛紛加入參與。如教育

部在十二年國教新課綱上路後,持續推廣教材、培力教師,讓不分族群的孩子都有機會學習到原住民族的觀點;文化部則在原住民族文化資產,特別是歷史紀念碑的調查和設置上,投入不少心力,各個重要的博物館、美術館也有越來越豐富的原住民族展覽;客家委員會最近也推出「客家向原住民族致敬」的活動,鼓勵客家鄉親和原住民朋友,一起重新譜寫族群互動的歷史。蔡總統表示,這些努力都說明我們正朝著「族群主流化」的理想前進,臺灣每一個族群的記憶,共同構成臺灣獨特的歷史;而在這當中,原住民族歷史觀點,絕對是理解臺灣歷史最關鍵的起點。她也期待,在原住民族日這一天,所有的臺灣人都能一起來認識原住民族的歷史、聽原住民族的故事。[6]

　　蔡總統的致詞和民進黨十年政綱的理念與用詞有許多親近性。原住民族相關事務,不再只是原住民委員會內部的事情,教育部、文化部、客家委員會「在行政院的積極推動下,紛紛加入參與」。這方面,阿美族背景的黃之棟教授(2022)指出:「每三個月左右就會召開一次原住民族歷史正義與轉型正義委員會,在裡面會討論滿多跟原住民有關的議題,我也注意到一個現象,因為我有定期追蹤這個會,目前開了17次,有幾次蔡英文總統在開完會的總結或者是發出來的新聞稿,都有提到族群主流化,但很奇妙的是,在討論的過程裡面,其實族人真正用到族群主流化這樣的概念並不多,但也同樣的是,原民會的政策推動裡面幾

---

[6] 總統府新聞,2020,〈總統出席「2020年原住民族正名26週年論壇」〉。《總統府新聞》,8月1日。https://www.president.gov.tw/News/25471,查詢日期:2021/04/12。

乎看不到族群主流化的概念使用」。

　　族群主流化或轉型正義，並不會因為宣示或總統的加持而帶來成果，轉型或主流化還有賴族群關係當事人的行動，或具體的行政組織之運作，方足以成事。國家族群政策的理念如何落實在層層的官僚體制中，是一項具體的考驗。在〈族群主流化的策略與思考〉一文中，*Piho Yuhaw*（林凱恩）探討了族群主流化在地方層次的實踐困境與可能的出路。他指出：「地方行政機關的本位主義甚至比中央還要強，然後再來是官僚化的系統對原住民權益的認識非常薄弱。再來就是部落的參與跟諮商機制未盡落實。部落因為政治地方派系的問題而沒有辦法整合，也因為這樣，部落缺乏具有公共性的參與跟討論的空間（*Piho Yuhaw*（林凱恩），2017：181）。所以，當我們在談權利這件事情，其實基本上部落經常是根本不知道。現在就會形成外面的人在談權利，跟地方的人聽到這些權利變成一個平行的空間。甚至，中介組織也沒有發揮他們既有的影響力」（*Piho Yuhaw*（林凱恩），2017：186）。有些基層科層組織人員甚至對於行政規範也不熟悉，「例如我是阿美族的，我們每年豐年祭的時間是七月中旬，我會有一天可以獲得假日，那個假日有點是國定假日，但那只有對我個人、對我這個族人，但人事室從來沒有聽過這樣的制度，所以到底可不可以放假，那時候引起人事室很多討論，後來他們問了原民會之後，他們才知道說那個假日對我來說算是國定假日，不能不給，這就是跟主流社會有了聯繫」（黃之棟，2022）。此例暗示，需要和主流社會接軌的地方應該還不少。

　　面對族群主流化的議題，根據基層的接觸與觀察，*Piho Yuhaw*（林凱恩）的結論是「主流化的途徑除了考究由上而下之

外,也要思考如何促進由下而上的主動性,甚至去找尋到更多元的可能性。任何有關權益的倡議、促進與落實,其實都必須要奠基於民族跟部落經驗上面,還有文化層面,才有可能促進族群主流化」。(*Piho Yuhaw*(林凱恩),2017:187)。

　　族群議題主流化要求「將原先邊緣性之族群議題提升為主流議題,建立族群敏感度,而從法規、政策、計畫、業務、措施、執行及其成果等面向,均納入族群差別意識、發掘其族群需求特質之關聯性,使整體施政均能體現多元文化主義精神」。[7]與此對應族群關係當事人的角色更是族群主流化理念能否實施的關鍵,族群主流化或與之互相為用的轉型正義之成效,關乎於生活世界中的行動者,族群關係中的當事人的意識與行動。

(二)教會與原住民族之族群主流化

　　族群主流化之於原住民,還有一個特別的面向,甚至牽涉到過往教會宣教過程的傷害,及源於此的教會反思。*Vavauni Ljaljegean*(2017:175)指出教會在族群主流化可能扮演的角色,是深切反省過去宣教過程中對文化造成的破壞與傷害,並且適當地詮釋福音與文化的關係,終止傷痛,不再重蹈覆轍。

　　在長老教會的「決議文」第三段中提到,「檢視我們在原住民的宣教過程,雖在族語的復振、傳統領域的捍衛及自主意識的提升,與原住民一起努力過,卻也要為宣教所犯下的錯誤深感抱歉,如:福音進入部落,尚未深入了解文化意涵,便斷定許多文

---

[7] 臺南市政府,2017,《臺南市推動族群主流化政策實施綱領》。臺南市政府網站。

物、儀式為惡，神學反省不足，否定歲時祭儀，燒毀原住民傳統服飾、污衊生命禮俗。這些錯誤的認知與決定，對原住民造成許多傷害。經過信仰的反省，我們為已知的錯誤及還未察覺的過失，向原住民道歉」（轉引自 *Vavauni Ljaljegean*，2017：177）。將教會的角色帶入原住民族族群主流化的討論，開啟原住民族文化受到「不正義對待」的另一個層面。長時期以來，教會與原住民族的關係，大多以帶來福音，改善生活等向世人呈現，其文化、儀式、圖騰，甚至於生命禮俗，為教會所不喜，其嚴重性不下於「現代國家」視原住民狩獵為不合法。這方面，泰雅青年 *Piho Yuhaw*（林凱恩）提到「在我學習的過程中，長輩時常囑咐我要遵循祖先的傳統、謹守 *Tayal* 的 *Gaga*，我也如此做，並也撐起了一個家，就一直這樣生活到現在。但是，我到現在仍然無法想像，就算我這樣謹守著 *Gaga* 的規範，卻在中華民國律法的規範下是犯罪行為，甚至聽聞許多族人因此受到法律的制裁，那我們該遵循什麼？該謹守什麼？如果我們狩獵開始按照中華民國的律法去做，那我們還是 *Tayal* 嗎？」（*Piho Yuhaw*（林凱恩），2017：182）。

　　族群主流化與（各種）教會的議題方面，*Vavauni Ljaljegean* 指出雖長老教會已經承認過去宣教上的傷害，但教會對文化的認知度仍不夠深，而傷害似乎還在發生。即便臺灣基督長老教會有一些牧者長期從事原住民族文化保存、語言復振工作，但有些教派仍然對此排斥性較高，不能保證他教派會不會仍在焚燒原住民族文物，特別是相關原住民族圖騰的文化表徵。亦此，我們可以了解，臺灣的基督宗教界不應只有長老教會做「轉型正義」，應該是各個不同教派一起面對的事情（*Vavauni Ljaljegean*，2017：

177）。

　　Piho Yuhaw（林凱恩，2017：187）寄望於教會能發揮積極的族群主流化價值，教會不能停留在自我反省、自我解殖。這樣只在教會框架有意義，寄望於進一步發揮教會的角色，像過去的原運一樣，體認到、經驗到部落在當時的環境的困難。期待教會能夠再次作為部落族人權利意識啟蒙的樞紐（*Piho Yuhaw*（林凱恩），2017：187）。

（三）族群主流化與客家族群

　　在原住民族運動的社會氣氛中，1988年的「還我母語」運動，開啟了客家文化在公領域的訴求。在1990年代伴隨著民主化、本土化過程，原住民族與客家更進一步正視文化、語言，進行「族群復興」運動。對族群內部而言，反省語言文化的式微，特別是母語的流失成為當務之急。對族群外部而言，檢視公共體制的偏差與「社會」對於原住民族與客家文化的陌生，甚至於扭曲與偏見也是基礎工程。

　　從客家族群所要求的權利來看，客家文化公民權是其首要，「相對於原住民族，臺灣客家族群被形容成社會中的隱形人，較少以母語積極地參與社會和政治運動，這種發展有其歷史結構的因素，除了移民過程所塑造的不利影響外，民族國家建構過程中，一元化的語言文化政策扮演了關鍵性的角色」（徐正光、蕭新煌，1995；引自張翰璧等，2016：3），因此語言文化的復興，一向為客家族群運動的主軸，1988年還我母語運動後，各種建置性體制都和客家語言文化有關，廢除廣電三法，爭取廣播頻道、客家電視、設立客家文化發展中心、成立客家學院系所，

大多為客家文化復興或客家族群的詮釋權有關。張翰璧等（2016：3-4）指出：「族群面對的首要議題是『文化權』的恢復」。

過去三十年來，臺灣當代的客家族群運動主要是針對被剝奪的「文化權」（張翰璧等，2016：207）。客委會把臺灣客家人口超過三分之一的地區，稱為客家文化重點發展區。把客家文化相關的議題擺在第一優先，顯見客家族群發展議題中，文化議題的重要性。「在『客家文化重點發展區』的基礎上，持續推動語言、文化、產業的深化與活化。蕭新煌曾指出，客家人的後續發展應是客家文化的振興，其中尤以客家傳統節慶的再生存為最主要的特色。客家主題建構式的節慶活動，在全國各類型的客家地方社會均相當可觀，也相當受到地方公部門的重視與參與，例如義民爺的客家傳統節慶和客家文化節，間接地也讓各地的客家人產生集體的族群認同」（林修澈等，2016：34）。

文化權對客家族群來說顯得特別的重要，重建客家族群的尊嚴與認同，一定要深入的去了解客家文化的內涵，甚至不只了解一般性的客家文化，對於客家族群內部的文化差異同樣需要加以重視。就拿臺灣的客家文化來說，粗略的分成臺灣北部和南部的客家，文化特質即包含內部的差異，認識族群內部的文化差異，也是認識客家文化很重要的課題。

從多元族群主流化的角度來思考，除了政策思考要尊重文化差異及其主體性，以全方位保障各族群及其成員之平等之外，更期待在社會中的日常生活世界中具有某種程度的族群敏感度。族群敏感度並不是指開會的時候族群人數的比例，而是指對於客家族群文化的肯認和理解，相同的對於其他族群文化亦然，本文認

為需要理解客家族群的性質及其當代議題。

　　客家人需要理解客家文化，非客家人也需要理解客家文化，政策上如何讓非客家人理解客家文化？本身就是族群主流化的重要內涵，具體來說相關政策制定者，需要有客家文化的素養，以及相關的族群敏感度。總之，各個族群都是主流之一，各個族群不是主流／支流、中心／邊陲的關係。縱使現實層面有族群強弱、大小之別，族群主流化就是強調各個族群應該都是臺灣的主流，其內涵為各族群之間應是互為平等的意義，族群主流化追求的目標，應該是多元族群互為主體、平等發展，共存共榮的理想（12-Q2）。讓臺灣的多元族群能夠多交流、互相尊重理解。例如對原住民族而言，希望能夠更加平等的共享國家資源與權利，更加尊重其文化與歷史，對客家人而言，則是希望能夠促進客家語言文化發展，促進族群交流互動，讓客家文化能夠進入主流社會（44-Q2）。族群主流化對臺灣最大的意義，在於讓多數族群都能具備「了解、理解、尊重並接受每一族群都是臺灣主體」的思維，只有當「少數」不被視為「異類」來思考時，才有所謂的族群平等（35-Q2）。

七、結論

　　族群主流化議題的分析，必須鑲嵌於其歷史脈絡之中，這並非僅因為要了解客家人、原住民、閩南人、外省人及新移民等不同族群的區分過程；合理的族群政策也須了解所面對的具體歷史情境，才能進行具體的討論。在強勢與弱勢族群的互動中，旨在促進人數較多的主導族群與人數較少的少數族群之間的相互尊重

與包容,減少族群間的不平等,凸顯各族群的獨特性,基於具體的族群統計與預算,實踐族群平等。防止少數族群遭受邊緣化,建立所有族群的尊嚴和相互間的平等關係。

展望未來,客家以及原住民等族群問題將不僅僅是中央或地方特定客家行政部門的責任範疇,而應轉變為「所有部門」的政策考量,即所有政府部門都需將客家族群、原住民族群(以及其他族群)的利益和需求融入其決策過程及政策規劃之中。不同族群對於族群主流化的理解各異,對原住民族而言,這一討論與轉型正義的議題緊密相連。對客家族群來說,則更傾向於將客家文化的公民權作為首要的關注點。

參考文獻

Piho Yuhaw（林凱恩），2017，〈族群主流化的策略與思考〉。《臺灣原住民族研究學報》5（4）：181-188。

Vavauni Ljaljegean（法法吾妮・拉樂歌安），2017，〈族群主流化的策略與探討 uri vaik a tjumaq〉。《臺灣原住民族研究學報》7（4）：173-180。

江明修等，2012，《政府施政措施落實多元族群主流化之研究》。臺北：行政院研究發展考核委員會編印。

阮俊達，2015，〈從族群主流化觀點思考原住民族政策〉。《臺灣原住民族研究學報》5（3）：173-200。

林修澈等，2016，《我國族群發展政策之研究》（NDC-DSD-104-002〔委託研究報告〕）。臺北：國家發展委員會。

客家委員會，2022-2023，〈族群主流化與族群影響評估指標政策研究案〉委託研究計畫案。新北市：客家委員會。

徐正光、蕭新煌，1995，〈客家族群的語言問題：臺北地區的調查分析〉。《中研院民族所資料彙編》10：1-40。

張茂桂，2008，〈多元文化主義在台灣與其困境〉，頁308-325。收錄於《知識份子的省思與對話》。臺北：余紀忠文教基金會。

張維安，2023，〈族群主流化理念之探討〉。頁147-171，收錄於張維安、河合洋尚主編，《族群與客家研究理論》。新竹：國立陽明交通大學出版社。

張翰璧等，2016，《我國族群發展重要指標分析與運用規劃》（NDC-DSD-105-002〔委託研究計畫〕）。臺北：國家發展委員會。

黃之棟，2022，〈族群主流化的理論框架與政策意涵〉。訪問資料。

楊文山、詹傑勝、劉千嘉，2014，《我國辦理族群統計規劃之研究》。臺北：國家發展委員會。

楊長鎮，2016，〈臺南市政府民族事務委員會族群主流化政策基礎研究

（一）：族群主流化政策的理念建構〉。《臺南市族群主流分析化政策分析的研究成果報告》。臺南：臺南市政府。

臺南市政府，2017，《臺南市推動族群主流化政策實施綱領》。臺南市政府網站。

總統府新聞，2020，〈總統出席「2020年原住民族正名26週年論壇」〉。《總統府新聞》，8月1日。https://www.president.gov.tw/News/25471，查詢日期：2021/04/12。

附錄一：受訪者編號、時間戳記

編號	時間戳記	編號	時間戳記
2	7/04/2022 11:32:14	26	8/03/2022 07:20:50
3	7/05/2022 11:30:52	27	8/03/2022 10:56:21
4	7/06/2022 09:42:04	28	8/10/2022 17:30:02
5	7/12/2022 17:17:59	29	8/13/2022 17:56:28
6	7/12/2022 17:34:09	30	8/20/2022 11:59:41
7	7/13/2022 17:08:30	31	8/21/2022 13:14:48
8	7/13/2022 19:05:15	32	8/21/2022 18:27:38
9	7/15/2022 20:27:11	33	8/24/2022 22:02:10
10	7/16/2022 01:32:45	34	9/01/2022 11:46:23
11	7/18/2022 13:51:48	35	9/11/2022 21:45:55
12	7/18/2022 14:04:56	36	9/12/2022 09:54:55
13	7/18/2022 18:37:59	37	9/19/2022 11:43:28
14	7/19/2022 00:28:27	38	9/19/2022 11:46:56
15	7/19/2022 18:52:25	39	9/19/2022 13:15:33
16	7/21/2022 00:21:46	40	9/20/2022 16:36:03
17	7/21/2022 10:58:30	41	9/22/2022 23:41:11
18	7/23/2022 00:24:02	42	9/28/2022 00:56:32
19	7/24/2022 16:39:27	43	9/30/2022 15:23:09
20	7/25/2022 16:39:50	44	10/01/2022 23:58:00
21	7/27/2022 15:46:59	45	10/05/2022 09:42:45
22	7/27/2022 22:32:56	46	10/06/2022 12:18:00
23	7/30/2022 15:29:22	47	10/21/2022 12:52:34
24	8/01/2022 09:53:30	48	11/16/2022 19:05:36
25	8/02/2022 01:33:17		

第 2 章 從觀光到自然資源共管——霧臺鄉大武部落哈尤溪觀光發展的個案研究

包清惠

屏東縣霧臺鄉公所社會及行政課課長

　　發展觀光是促進部落經濟發展的重要選項之一，然而臺灣的觀光旅遊一向缺乏多元策略，不管在任何地區幾乎都以量的成長為目標，以開發自然環境、興建或修護道路、開發遊憩設施等硬體建設來導入大量遊客，並由財團或政府經營，地方社區民眾僅能搭配人潮以活動形式提供販售農特產品。觀光創造經濟的光環背後，造成對環境、文化、社會巨大的衝擊，也讓部落族人開始省思旅遊發展的永續問題。

　　從霧臺鄉大武部落哈尤溪旅遊自主發展，與政府推動原住民部落觀光政策來思考，究竟是以原住民傳統知識及慣習來經營部落自然資源，抑或是由政府擬訂政策來推動，較能合於地方的發展利益？Goetze 指出（2004）傳統的自然資源管理常只重經濟或環保效益，少有重視對在地人 / 原住民的權益、利益或需求。因此，本研究嘗試從劃設自然人文生態景觀區自然資源共管機制的設置以及操作的方式，來分析大武部落在自主發展觀光活動一段時間後，如何透過與政府對話、協商，發展出原民與政府共管自

然資源與觀光的模式。

一、觀光發展與部落演變

觀光發展能帶來經濟收益，也可能破壞當地的生態環境、文化與社會生活。原住民部落常擁有吸引人的生態美景與傳統文化資產，也因而更常因觀光所帶來的正負面衝擊而面臨挑戰。如何從共有財悲劇，可以進到共有財的共管與治理，是當代部落自主、共管政策以及學術研究高度關切的課題。

近來，劃設自然與文化生態景觀區也成為臺灣部落觀光發展的新選項。霧臺鄉在2020年成為臺灣第一個完成劃設「自然人文生態景觀區」（以下簡稱自觀區）的原住民族地區。屏東霧臺鄉有五個魯凱族部落，擁有「雲霧上的部落」、「魯凱族聖地」等美名。長期以來，**霧臺鄉觀光政策是以台24線為觀光軸線**，歷經2009年莫拉克風災後的創傷與重建，在2014年谷川大橋通車後，遊客大量擁入，原鄉的自然資源及財產因無人管理遭砍伐及盜取，造成環境破壞及生活的干擾。部落開始尋求政府協助，希望有法源可以管理部落自然資源以及約束遊客行為。

2017年政府啟動劃設計畫，而後於2020年7月正式公告涵蓋大武、阿禮與神山等三個部落的「霧臺鄉自然人文生態景觀區」；其中，因哈尤溪七彩岩壁秘境吸引大量旅客的大武部落，更在2021年率先完成自觀區的經營管理計畫。

傳統上，屬於邊陲地區的大武部落只能靠務農、採集或狩獵為生，雖然莫拉克風災過後，由政府委託屏東科技大學推動產業重建計畫，至部落駐點並開始發展小米、紅藜農業示範區，及推

動養雞、太空包養生菇及有機丹歸等林下經濟產業，還是無法提升部落觀光產業。2016年由部落自發性的開發親水產業，由五人小組開始自主經營，透過克難的交通工具將零星的遊客以接駁及徒步溯溪方式，帶至哈尤溪的七彩岩壁，藉由網路平台的分享，讓哈尤溪一夜成名，成為遊客朝聖之地。從發現到正式營運，短短三年即開始有了收益，在籌組階段，部落核心幹部排除彼此的內在矛盾，進行任務分配，從接單、接駁、送餐等一應俱全，這幾年已經為霧臺鄉的觀光產業帶來近億的產值。

這個發現為部落帶來了機會，惟部落組織運作未臻成熟，開發初期，由部落幹部共同討論並設計運作機制，因為未考量部落參與的能力，也不諳相關法規，因此，除了要面對部落合作遇到的種種衝突，同時要應付行政機關的裁罰。

政府的介入原來應該是居間協調成為部落的後盾，避免族人過度發展造成觸法情事發生，然而，部落已經定型的營運模式讓政府面臨了很大的挑戰，例如哈尤溪七彩岩壁距離大武部落16公里，必須沿著河床溯溪才能到達，為了發展觀光，族人使用改裝的得力卡箱型車載運遊客，觸犯公路法及林務局水源、野生動物重要棲息地的保育政策相關法規，同時也違反了監理站車輛使用規定，最嚴重的是人數無法有效管理，形成一股亂象。後來在族人主動提出下，政府啟動霧臺鄉的自然人文生態景觀區劃設，帶入共管的概念。

本研究嘗試探究霧臺鄉自然人文生態景觀區劃設的源起與過程。大武部落自然人文生態景觀區在劃設前，就已經由部落自主發展觀光產業，而後有政府介入推動自然資源共管機制，在霧臺鄉三部落完成自觀區的劃設後，率先完成經營管理計畫，從鄉到

部落，這個劃設的過程值得深入探究，應有助於提供未來原住民地區自然資源共管的劃設建議。本研究想透過劃設前、後檢視部落觀光發展如何邁向共管模式，具體而言，本研究要探討以下問題：

一、霧臺鄉自然人文生態景觀區劃設的源起為何？何以部落族人主動提出劃設自觀區的要求？

二、在政府帶入資源與介入後，政府如何與部落對話、溝通與協商，完成自觀區的劃設？

三、從自主經營到劃入霧臺鄉自觀區，並產製部落的經營管理計畫，大武部落與政府邁向共管的過程為何？

通過釐清這個劃設過程，將有助於我們了解：1. 部落的發展、組織與文化脈絡對共管劃設的作用。2. 行政機關面對以部落為基礎的自然資源自主管理，如何給予支持與賦權，建構部落與政府之間的互信機制，以減少彼此間的衝突。3. 部落觀光雖然帶來經濟的發展，但在無法源可管的情況下，生態資源過度被濫用造成破壞，政府如何搭建對話的空間及平台，提供在地部落符合環境正義的可能性並兼具使用資源的正當性，且能永續自主治理。

二、族人視角與對話

大武村位於霧臺鄉東北方，面積13,519公頃，為全鄉行政區域最大的村。魯凱族人口佔98%，現有居住戶數158戶、人口516人，居民聚居於隘寮北溪北岸山坡、麻留賀山〈標高2,288公尺〉南側的東川巷及小山巷，兩者隔溪相望。小山巷海拔高度

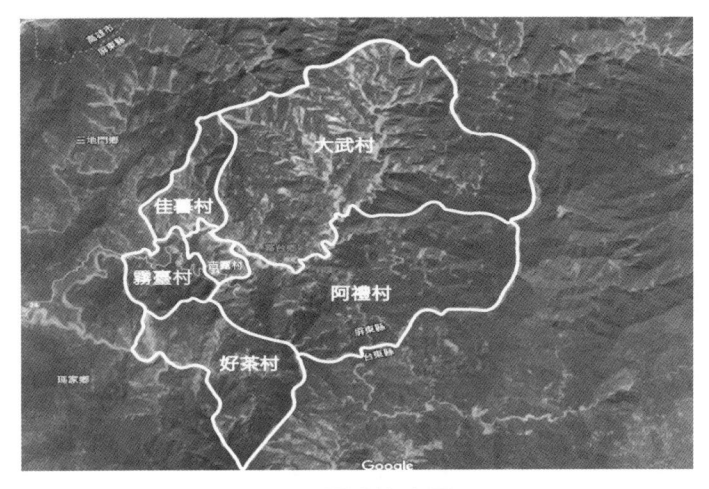

圖1　霧臺鄉全圖

資料來源：霧臺鄉公所，2018：4-19

約460公尺，東川巷海拔高度約500公尺，兩處皆為平坦臺地（圖1）。

2009年莫拉克風災雖然重創霧臺鄉，但大武部落地基未受影響，因此村民經過短暫的避難安置後回鄉居住，目前常居原鄉大武部落族人約為170～190位，平時從事農務工作。

大武村在2017年討論劃設為「自然人文生態景觀區」時，將哈尤溪劃設在範圍內，大武部落稱其為會冒煙的河谷，哈尤溪除源頭湖泊位於臺東縣卑南鄉外，大部分位於屏東縣霧臺鄉境內，屬於高屏溪水系的一條二級支流。哈尤溪發源於中央山脈南段把里志山西南側的巴油池，魯凱族稱之小鬼湖，是涵養魯凱族人的水源地，以地權屬性而言，雙鬼湖下游屬於林務局所管轄的國有林班地。該溪中段有炫麗的彩色岩壁，有紅、黑、黃、白、橘等顏色，是玄武岩混鐵、硫磺、石英。

霧臺鄉自然人文生態景觀區劃設範圍涉及阿禮部落、大武部落、神山部落，就霧臺鄉觀光發展來看，部落觀光的發展及環境特色不同，因此，可以互為連結讓觀光效益擴大，霧臺部落對於大武哈尤溪旅遊至為重要，因為大武部落必須穿越霧臺部落才能進入哈尤溪，藉由圖2介紹霧臺部落與大武部落相關位置與關係。本研究主要採質性研究（qualitative research）方法來收集資料，包括：參與觀察、深度訪談、以及文件資料分析。透過訪談的互動過程（田野調查）及參加會議整理資料、收集各方（媒體報導及客服資料）訊息，觀察部落盤根錯節的利害關係人之演變，尋找相關文獻之理論與實際操作建立對話。收集資料的對象以權益關係人為主，分為四類：（一）核心幹部、參與營運人員，（二）行政機關：屏東縣政府、霧臺鄉公所，（三）業者：民宿、餐飲、導覽人員、旅行社，（四）其他（遊客、法制及宗教人員、媒體、文化工作者）等。

我自2018年任職於霧臺鄉公所觀光課，即開始參與大武部落自然人文生態景觀區之劃設，並於2019至2022年實際參與經營管理規劃，並至現地參與遊程至少五次，透過參與、與族人或其他利害關係者進行訪談，對部落的組織及運作有更深的認識。參與觀察的活動或場合包含：部落工作會議、部落會議、行政機關決策會議、部落與行政機關的協調會議。

此外，本研究的訪談對象有行政機關行政人員、大武部落族人及其他相關人員。進行訪談的時間是2019年6月起至2022年4月，訪問對象包括實際參與霧臺鄉觀光發展決策的行政人員、參與哈尤溪遊程工作人員、魯凱族文化工作者、宗教人士、遊客及媒體。訪談目的是了解部落合作發展過程、目前的經營狀況、面

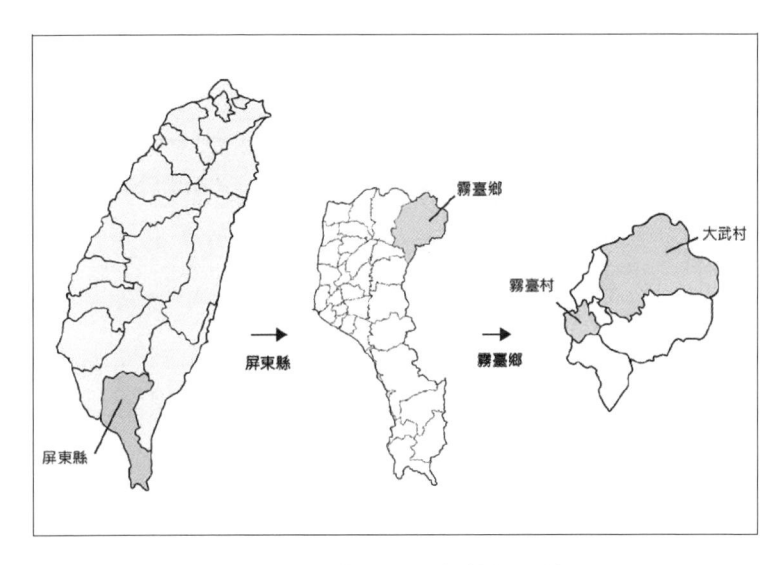

圖2　霧臺部落與大武部落相關位置圖

資料來源：霧臺鄉公所，2017：4-20

臨困境、與地方政府推動公共事務的關係，並提出可能的發展方向。

　　訪談對象分為六類共21人，分別為大武部落利害關係人（編號A01-A05）、行政機關（政策規劃）的屏東縣政府、霧臺鄉公所（編號B01-B03）、文化工作者（編號C01-C02）、遊客及旅行社（編號D01-D04）、媒體工作者（編號E01）、法制人員（編號F01）、宗教人士（編號G01）、業者代表（編號H01-H04）等所組成（表1），受訪者之間的關係密切，彼此間存在著互動關係。

表1　訪談對象

類別	代碼	性別	職稱	訪談時間
大武部落利害關係人	A01	男	主要推手	2021年1月15日
	A02	男	主要推手	2020年11月26日
	A03	女	行政人員	2020年12月17日
	A04	男	主要推手	2021年1月31日
	A05	男	部落導覽人員	2021年2月22日
行政機關	B01	女	屏東縣政府	2022年1月23日
	B02	男	霧臺鄉公所	2020年5月27日
	B03	女	霧臺鄉公所	2020年5月27日
文化工作者	C01	男	文化工作者	2020年5月14日
	C02	男	文化工作者	2021年3月4日
遊客及旅行社	D01	女	遊客	2021年2月20日
	D02	女	遊客	2021年4月2日
	D03	女	遊客	2021年4月25日
	D04	女	旅行社領隊	2021年2月4日
媒體工作者法制人員宗教人士	E01	男	媒體工作者	2021年12月20日
	F01	男	法治人員	2021年3月19日
	G01	男	宗教人士	2020年5月28日
業者代表	H01	女	餐飲業者	2021年3月25日
	H02	女	餐飲業者	2021年4月12日
	H03	女	民宿業者	2021年5月10日
	H04	女	民宿業者	2021年10月11日

三、從國內外經驗反思我們要什麼？

我們從共有地悲劇與共有財治理、國內原住民部落的自然資源共管經驗、部落生態觀光與共有治理加以探討。

（一）共有地悲劇與共有財治理

已經有許多關於共有資源（Common-Pool Resources, CPRs）的著作指出，環境惡化及資源耗竭歸因於政府政策及不當的管理，也發現全球有許多國家對於環境管理採用地方分權（decentralization）的管理和以社區為基本的管理單位的環境保育模式。對於原住民自主治理共有資源的研究中也指出，結合當地原住民傳統管理知識及組織運作，比由政府或者其他單位所制定的規則較有可行性，因此，若能充分利用傳統性的管理組織及制度，將資源的使用者轉化為資源的管理者，透過集體性的行動對共有資源進行更有效率的管理，可能是促進自然資源保護與經濟發展的雙贏策略。

針對共有資源的管理問題，許多文獻都引用Hardin（1968）的「共用地悲劇」理論、Dawes（1973、1975）的「囚犯困境」賽局理論。「共用地悲劇」指出，共用資源若過度使用將造成資源耗竭，最終造成環境的耗竭。「囚犯困境」反映個人最佳選擇不等同於團體最佳的選擇。這二個模型都指向一個結論：個人理性策略會導致集體性非理性的結果。一個人若不須努力就可以獲得其他人努力所帶來的利益，以搭便車（free-riding）方式獲益，就不會為集體利益做出貢獻，如果大多數成員都選擇追求自身最大利益，而不為集體利益付出努力，就不會產生集體利益。

所謂共有資源（common-pool resources, CPR）係指某些因地形或資源型態等因素，無法對採集行為做有效的限制或排除他人使用的自然或人造資源（Ostrom，1990；Hmnna et al，1996；Ostrom et al，1999；盧道杰，2004：8）。共有資源依管理與財產權分為四種類型：公有、私有、共有與無人所有。Berkes and Folke（1998）認為現實社會裡的共有資源產權多屬混合式，少有單一類型的（盧道杰，2004：8）。由於國家對於位處邊陲的自然資源無力可管，私人的市場經濟大都以利益為主，對於資源的永續利用少有顧全，而無人所有產權型態則無法阻止各方的掠奪，基於各種型態的資源若無法有效管理或阻止，將會造成資源耗竭。

對於這種悲劇，Hardin（1968）的因應之道，是從「建立共有財的排他性」來避免此悲劇之發生。他提出兩種建立共有財排他性的方式，一是「重新界定共有財之財產權」，而另一種方式則是「透過國家立法來建立排他性」。Hardin（1968）這二種方式都是解決市場失靈的問題。第一種方式是藉由將自然資源的外部成本內部化，使得價格機能得以發揮調節功能；而第二種方式則是所謂「政府干預」。（林育賜，2013：92）

Ostrom在研究公共政策和新政治經濟中，針對共有資源的自主治理提出「共有財的治理：集體行動制度的演進」（Governing the Commons: the Evolution Institutions for Collective Action）。Ostrom（2011）認為制度具多樣性，一個良好制度的關鍵，取決於治理的效益與公平性，制度的訂定應該使集體的利益最大化，並應依照地方不同的特性產生不同的選擇（姚佳瑩、廖學城，2018：90）。Ostrom（1990）回顧歷來對資源的共有管

理個案，提出一些建構共有管理的設計原則：清楚的範圍、制度規則與地方狀況契合、集體調整運作規則的機制、管理監測系統、漸進性的處罰、衝突解決的機制與在地資源管理權的正當性。

　　Hanna等（1996）針對制度設計補充認為：權益細分、建立使用者參與的規則、提供誘因與永續經營的連結、分享決策權等，有助於共同治理（Steins and Edwauds，1998；盧道杰，2004：8）。Ostrom（1990）所指的「資源自主治理」（self-governance），是指對於資源的使用者原來就有自己的一套管理機制，這種基於文化慣習發展出來的管理方式，在某種程度上已經解決了族人共用資源困境。而政府的涉入，在某些情況下可能會使環境更加惡化。因為政府未能了解到某些原來的部落規範其實已經解決一半的共有財悲劇問題，而貿然引入一項不具備同樣功能的新制度，反而會導致政策失靈。再者，Ostrom（1995）的「資源使用團體來自主治理共用資源」，因為資源的切身使用者除了對資源有豐沛的在地知識（indigenous knowledge）外，對不遵守規範的使用者，也有就近監督之便，甚至可以利用其社會網絡來對違反規範者行使多種的制裁（Dixit et al，2009）。而從公共行政學的觀點來看，更可以降低政府施政的成本（林育賜，2013：95）。

　　這類共有資源管理的論述，盧道杰（2004）認為是在透過經濟的誘因、社會文化的影響來形塑集體的規範，目的是要破除Hardin（1968）提出的「共有財悲劇」。依據Ostrom對制度訂定的原則，認為每一個地區的資源，都有其獨特的人文脈絡，制度的運作機制背後都有複雜的人與環境的關係，所以很難一體適

用。從這個論述中我們認知到各種不同的自然環境、社會、經濟與文化的背景脈絡，將形成地方共有資源最初的決策共識，例如資源的開發，將產生不同的誘因環境，繼而影響集體行動與建立制度的能力，而這些因素會影響共有資源治理是否能達成目標。

上述架構指出了自然資源治理的重要原則，本研究後續的分析將導入上述原則，進一步與哈尤溪所發展出的治理模式對話。

（二）原住民族自然資源的共有治理

對應到原住民的研究，學者指出，「原住民部落資源乃一相對「封閉式共用資源」，若由原住民部落團體共有並自主經營管理，社群內部將可能透過個體的合作，創造共同利益，並進一步達到資源永續利用的目的。」（顏愛靜、孫稚堤，2008：54）。從有關共有資源管理的文獻中也發現，民主制度中公民參與及賦權機制的落實是地方集體治理行動的基礎。過去自然資源管理的思維都是以菁英式與官僚掌控、中央集權為基礎，排除長期在地居住的權益關係人，這樣的模式導致許多自然資源保護區管理單位與資源使用者及在地居民衝突。因此，國際保育社會開始反省及思考，認為自然資源的保育與管理若納入在地居民的參與，即所謂的參與式的保護區經營管理，可以讓政府與自然保護區主要的權益關係人成為「夥伴關係」，這在1960年代以後成為一個新的保護區經營管理取徑。

盧道杰（2002）整理許多國外學者的論述，提出共同管理的普遍核心概念，包括：明確地將共同管理與自然資源管理概念相連結、公部門與私部門參與者之間的夥伴關係。學者強調，共管體制不是呈現一個固定的狀態，而是權利關係的連續質譜、更是

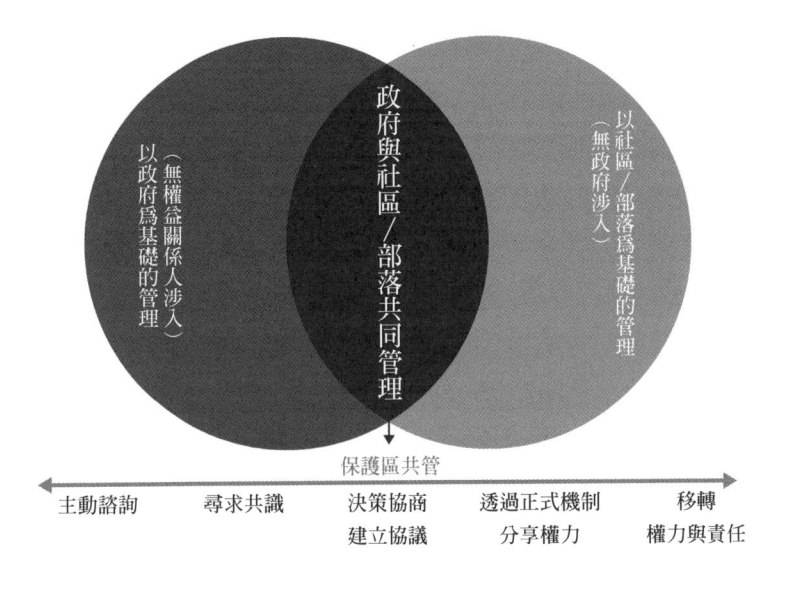

圖3　參與在保護區經營管理的應用

資料來源：盧道杰等，2010：97

沿著連續質譜發生的過程（Carlsson & Berkes，2005；盧道杰、台邦・撒沙勒、裴家騏、王進發、陳律伶、關河嘉、蔡博文，2010：97）。盧道杰等人（2010）列出參與式經營管理的光譜如圖3所示，左邊代表權力與控制集中於政府，即政府全權控制；右邊即權益關係人（社區／部落）資源使用者，掌握管理機制程度越高，即代表社區／部落自主治理的程度越高。若管理機制從左至右，意味社區／部落的權力與責任增強。

從圖3的權力結構意味著共管機制在協商時，須考量在地社群多重的利害關係人發展脈絡、中央與地方政府以及資源使用者的協同合作，在推動過程中進行檢討與修正。雖然共管未必是最好的方法，但是在管理的一些項目上確實有正面的效益，例如任

務分工、資源共享、降低成本、解決衝突等。

　　國內有關共管議題始於2000年，環團與原住民合作提出的馬告國家公園芻議，不過在一些族人的反對下，馬告國家公園未能成立，2005年通過的《原住民族基本法》對於共管機制的設置有明文規定，該法規定政府在原住民地區設置資源治理機關時，應徵得當地原住民族同意。2007年，原住民族委員會公告施行《原住民族地區資源共同管理辦法》，正式將共管納入法規體系。隨著法規的訂定與調整，臺灣陸續出現一些保育區與在地居民形成共好並有良性互動的個案，如無尾港野生動物保護區跟周邊社區共同在保護區經營管理上的努力、墾丁國家公園與社頂部落、太魯閣國家公園與大同大禮部落、崙埤部落與林務單位的林地資源共管及崙埤部落封溪護魚保育計畫等案例，另外，在法規尚未訂定之前，出現像山美達娜伊谷由村民自主發動的棲地保育計畫，成立自主性高的社區發展協會來運行，建立集體護魚的社會機制，在很短的時間即看見成效，在沒有政府補助之下創造出可觀的盈餘。整體而言，由國內案例在自然資源保護區與原住民族建立夥伴關係的環境日漸成熟，創新的經營管理也積極的推動，在學術的研究中也有不少的論述，惟尚未有針對實務經驗進行探討。

　　從社區林業、資源共同管理委員會的設置，到計畫開放原住民族採取傳統領域土地森林產物的管理，臺灣在自然資源管理的政策及制度面已逐漸調整，目前相關法規也已具備擬定及運作共管機制的空間（陳美惠、林穎楨，2017）。但是要具體實現共管仍然有諸多的挑戰，因為不管是制度面或是實際操作面，都必須建立在彼此穩固互信的基礎與共識上，無法一蹴可及，而在地居

民的參與是重要關鍵。

(三) 部落生態觀光與共有治理

因應近年來國際上要求政府尊重原住民權利之思潮崛起，原住民族開始積極發起爭取土地及自然資源權利運動，2005年發生在新竹縣尖石鄉「司馬庫斯櫸木事件」是其中一例，該爭議起因是族人於傳統領域內將被颱風吹倒的櫸木取走，卻遭到判刑及易科罰金的處分，引起部落族人的不滿進而發起爭取土地資源權利的運動。政府旋即公布實施《原住民族地區資源共同管理辦法》，做為政府與部落共同管理之法源。但是從案例中發現政府機關與在地原住民對於傳統領域範圍的界定顯然有所差異，另外，這是政府首次賦與當地部落在傳統領域自然資源利用的權利，在雙方對法規細節及操作不熟悉的情況下，引發不少爭辯。從本案例中發現，政府和在地社群，特別是原住民部落在研商自然資源利用的權力分配上的認知有顯著的落差。究竟原住民土地資源管理涉及哪些政府主管機關，各項法令或規範中，政府與當地原住民部落之間的權力及責任分配如何，皆是建立共同管理機制是否具有可行性的關鍵。

回顧政府在管理山林的相關政策中，有許多是基於行政的便利性與國家發展需要之考量，對於原住民在長期使用的山林及土地管理上，認為是不符合經濟與科學的，應該由政府「教化」原住民，以指導、利用、開發與管理山地資源，卻忽略了原住民長期在傳統領域的生活知識與管理規範，讓位處權力弱勢的原住民無法對抗，只能無奈接受制度，對於土地利用與管理更遑論有任何的發言及決策權。《原住民族基本法》及《原住民族地區資源

共同管理辦法》雖已訂定,但是從櫸木事件可見,政府分層複雜的行政流程及行政人員思維僵化,不可能輕易讓步與協商,只能在協商過程中請原住民提出意見,或徵詢其政策制訂的見解。政府是否採納仍由其決定,因此,原住民沒有實質的參與權。

隨著觀光旅遊的興盛,有部落開始利用鄰近自然資源發展觀光產業,如1980年代後期,宜蘭縣崙埤社區在地原住民也於2002年開始進行封溪護魚,在地居民以義務性的集體行動落實溪流保育,再現傳統規範的精神與意涵。由於護溪成效顯著,獲得民眾及公部門的肯定,部落藉著這個優勢,成功獲得政府的經費支援,讓原來自發性的護溪行動逐漸變成仰賴政府計畫補助而失去了方向,與政府間的互動協商也受到了限制。為了開闢財源,崙埤社區也多次表示希望透過收取規費的方式,達到社區自主經營,但苦無法源依據,遲遲無法落實。最終因為政府經費減少且人力短缺,讓護溪行動無以為繼,轉由大同鄉公所負責,這讓社區參與治理的主體性降低,無法參與環境治理的決策,僅是建議及協助的角色,還是無實質的參與權。

2007年花蓮縣秀林鄉公所為提升銅門部落經濟、社會及環境之永續發展,解決部落族人長期缺乏工作機會,及旅遊行為造成交通、垃圾等亂象並發展觀光產業,委託國立東華大學研擬「秀林鄉銅門村慕谷慕魚自然人文生態景觀區劃定說明書」。2010年11月經花蓮縣政府審議通過同意位於秀林鄉銅門村的慕谷慕魚劃定為全國第一個「自然人文生態景觀區」。然而,在規劃之初,鄉公所未與部落族人取得共識,即提出劃設申請,因此,發生2011年起,部落陸續發動族人至花蓮縣政府陳情停工,在鄉公所辦理公聽會時,遭致部落族人反彈而無法順利召

開，同年部落族人發起籌組自救會，除了遞送陳情書給秀林鄉長表達堅決反對慕谷慕魚劃設為自然人文生態景觀區之訴求，也召開部落會議表決通過拒絕劃定「慕谷慕魚自然人文生態景觀區」並簽署聲明連署書。部落因立場不同形成二派，反對的一派認為政府應保障原住民族基本權利、居住與生存權，尊重部落意見，拒絕劃定「慕谷慕魚自然人文生態景觀區」，並認為部落應掌握自主經營管理權。贊成的一派則認為透過劃定「慕谷慕魚自然人文生態景觀區」，可以引進相關經營管理機制，以永續發展並活絡部落經濟，就二派主張而論，都是希望部落自主並朝向永續發展為目標。其癥結在政府規劃時未至部落與居民充分溝通並說明政策內容，造成族人彼此猜忌，終究走上分歧之途。

從上述相關資料的整理發現，從政策擬訂至部落反對的過程中，這些執行上產生的盲點，在原住民地區都遇到共同的問題。

政策成功與否之關鍵除了計畫本身的周延性外，同時取決於政府部門與地方政策利害關係人之間的互動關係，特別在原住民部落涉及了多重的組織如社區發展協會、部落會議、教會組織（各教派）、其他人民團體、村辦公處等，政府部門則有中央目的事業主管機關及地方機關，乃至還有觀光業者及遊客等。重視利害關係人的相關意見除了有助於意見的整合之外，也可減少反對的勢力，擴大決策的民意基礎。如何建立兼顧原住民族權益與公共利益之可行運作模式，將是政府與部落在推動共管機制重要的課題。

政府應賦予部落對傳統的自然資源有什麼樣的權利是值得再深入討論的問題。政府是認可大武部落在哈尤溪具有專屬使用權？還是只有某種優先權或特權？排他性的使用其特定的河域的

權利,是否應該是一種可以隨時受到檢視與再評估的「使用權」。由此看來,要落實自然人文生態景觀區部落與政府協同管理的政策,從國家政策、市場的機制、部落自主治理三方條件都缺一不可。

四、霧臺鄉觀光發展歷程

自1992年起至2001年為霧臺鄉觀光發展草創時期。當年有行政院農業委員會計畫,內容主要是農村規劃及農村建設、改善山地原住民的生活、推動生活輔導政策,也提供民宿、餐飲的輔導。當時的政策僅止於這種個人產業的經營,還未涉及整體的觀光發展,但是在鄉公所努力的輔導下,特色民宿快速的掘起,居民開始就地取材,利用頁岩及木頭將住屋做了整體的規劃與重制,還原部落石板屋的樣貌,住宿的客人口耳相傳,從此啟動了霧臺鄉的觀光發展。

2002年,霧臺鄉公所正式成立觀光課,開始投入觀光業務,除了持續輔導民宿合法化,也開始盤點鄉內觀光資源,同年,交通部觀光局茂林國家風景區管理處(茂管處)也成立,為了推動原住民鄉觀光發展,茂管處挹注經費協助霧臺鄉景點的開發,開始是做步道修復、河川維護及護魚,並且在大武塔羅羅灣及谷川開發了二條賞魚步道。其次是規劃部落深度文化之旅,針對舊大武、舊好茶聚落進行修復,另外也建置了部落文化藝術走廊「岩板巷」。本研究的受訪者表示:

觀光發展因為政府資源大量注入,觀光局也開始有了整合型

的行銷活動，霧臺鄉觀光蓬勃發展，但好景不常，2005年海棠颱風橫掃臺灣，霧臺鄉各項觀光景點設施大量損壞、河川的樣貌改變，部落還來不及回神，2009年莫拉克颱風又重創原鄉，霧臺鄉因台24線對外交通柔腸寸斷，讓已經逐步成型的觀光政策全部歸零。（受訪者：B02）

莫拉克風災後，「臺灣88送暖聯盟」於風災第一時間號召北部共17個民間團體共同組成，由臺灣樂活聯盟秘書長擔任志工執行長工作。聯盟召集人邀請希望基金會董事長紀政女士一起南下勘災，在走不進霧臺的斷路殘骸端，紀政女士提出了「久安計畫」的想法，並委託聯盟執行長兼任久安計畫專案執行長，另邀請經濟日報總主筆馬凱教授擔任計畫總顧問，共同協助扶持霧臺鄉公所一起為族人進行短、中、長程的重建規劃工作。

2012年災後產業重建計畫，政府推動一鄉一產業，霧臺鄉公所結合久安計畫提出「三年產業重建計畫──屏東縣霧臺鄉文化生態旅遊產業重建計畫」，規劃生態體驗再造、季節性主題、體驗行程規劃、培育業者的共識，創造鄉內共同成長的生命體，有效整合地方特色、融合自然、人文提升產業邁向「心觀光、樂農莊」的方向，並逐步構築霧臺成為一座「悠遊慢活城」。為了提升產業經營及服務能量，鄉公所邀請學術及產業相關人員到部落進行民宿、餐飲業診斷，並與業者進行交流，將原住民具有的美學觀念加入專業的建議，提升各店家的環境特色，同時提供專業有感的服務模式，讓遊客體驗具有魯凱味的專業服務，奠定店家經營發展基礎。受訪者B03表示：

> 爲了提供深度的文化之旅，鄉公所辦理專業導覽人員訓練，希望透過訓練讓部落族人學習如何接待遊客，提供優美的部落文化，讓遊客用眼、用心看部落，享受悠遊、慢活的文化之旅。（受訪者：B03）

霧臺鄉從2002年起，在台24線沿路及阿禮部落種植適合臺灣高山天氣的山櫻花及八重櫻，但在2009年莫拉克颱風造成山區崩塌，道路柔腸寸斷，尤其賞櫻最佳的阿禮部落，也無可倖免的遭受蹂躪，所幸在災後部落族人及鄉公所、公路總局共同努力下，台24線及部落有計畫性的種植櫻花，讓失色的部落及道路逐漸找回昔日風貌。省道及部落的櫻花至2021年已種植約1,000株，每年櫻花季都會吸引遊客來霧臺鄉走春，其中由霧臺部落族人於自家院中種植的一顆櫻花樹，原來是爲了久病的老婆可以在樹下乘涼，刻意的以鉛線拉出花傘的形狀，歷經四十年的細心照顧，成爲一株像大傘一樣的櫻花樹，在2014年櫻花季時因遊客走訪巷道不經意發現後口耳相傳成爲霧臺鄉賞櫻地標，「櫻花王」因此產生並一舉成名，爲霧臺鄉每年的觀光帶來千萬的產值。霧臺鄉遊憩人口變化如圖4。

發展觀光是雙面刃，當霧臺鄉因觀光的發展逐漸成爲南臺灣觀光勝地時，也面臨必須承擔觀光帶來破壞的困境。當一群又一群年輕的遊客騎著重型機車在部落巷道呼嘯而過噪音四起時，族人再無寧靜的生活，規律的生活節奏與秩序失調，路上穿梭無數隻的流浪狗及一袋袋的垃圾，族人開始反思，若觀光發展要以付出部落的生活做爲代價，怎麼算都不會是划算的生意。因此，基於環境保護、還原部落生活並有效的管理遊客秩序，族人開始透

2011-2021年霧臺鄉遊憩人口變化

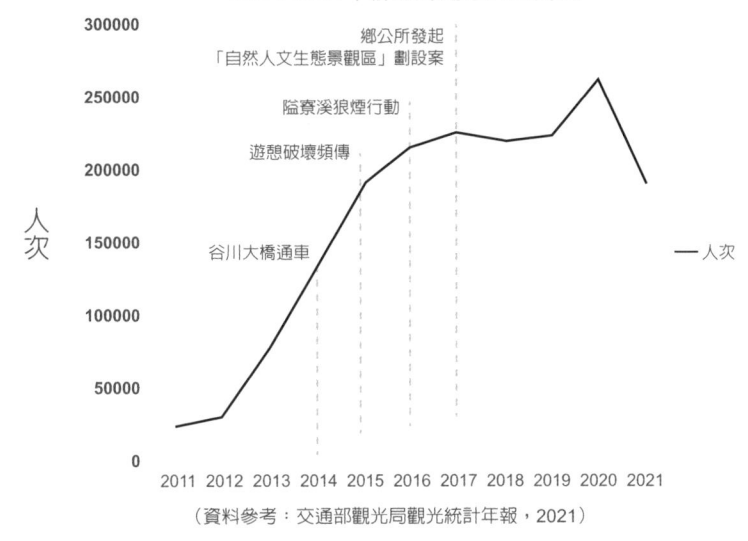

（資料參考：交通部觀光局觀光統計年報，2021）

圖4　霧臺鄉遊憩人口變化

過會議討論管理的方式，並請民意代表協助，經過層層的行政程序開始了劃設「自然人文生態景觀區」的構想。

五、自然人文生態景觀區劃設源起與過程

（一）劃設源起：部落主動提出

2009年莫拉克颱風重創霧臺鄉造成阿禮及吉露部落全面遷村，讓原鄉部落處於空城狀態，沉寂五年後，谷川大橋通車，霧臺鄉觀光復甦，遊客日益增加。原鄉的自然生態及部落文化藝術氣息常常是遊客嚮往之處，阿禮部落位處雲端之際，因無人管理，自然生態及留在山林裡的石板屋板建材遭到破壞甚至被盜

取，族人因此提出透過法律限制遊客進出的構想。2015年8月，部落會議決議請民意代表正式提案，要求行政機關協助尋求相關法規以維護部落生態環境及安全。劃設規劃由阿禮部落發起，其他四個部落響應後達成初步共識，由族人主動向政府提出申設。

1. 規劃書內容

劃定「屏東縣霧臺鄉自然人文生態景觀區」的目的在於維持自然環境資源能處於長期穩定之平衡狀況，如自然環境容許人類活動的消化承載量，避免生態環境因為開發觀光而造成破壞。霧臺鄉公所針對霧臺鄉自然資源做了盤點並與部落討論發展的方向後，訂定了下列幾點：

（1）保護霧臺鄉之特殊自然人文景觀

藉由自然人文生態景觀區之劃定，保護無法以人力再造之特殊景緻，應嚴格保護之自然動、植物生態環境，以及重要史前遺跡所呈現之特殊自然人文景觀，減緩遊客的衝擊問題及規範遊客行為，建立生態旅遊環境監測機制，在發展觀光和維護自然生態保育間取得平衡，以達到環境資源永續與旅遊品質兼備的目的。

（2）建立共管共營之夥伴合作關係

長期以來對於觀光遊憩的發展，公部門與在地部落之間，常因管制與利用的角色分歧而產生對立關係，因此，邀請當地部落共同參與討論自然人文生態景觀區之劃設範圍，確保與當地居民進行充分溝通，整合公部門與在地部落居民之共識。此外，在自然人文生態景觀區之規範下，涉及旅遊發展的培力與工作權，將優先考慮部落民眾的參與及落實回饋在地的理念，以達共同創造和諧的共管共營夥伴合作關係之目的。

（3）發展工作機會、提升當地經濟效益

劃設的目的是為了確保在地專業導覽人員及相關業者的工作機會，並透過解說培力訓練與認證，建立專業導覽人員制度，保障其工作權。遊客進入部落必須由認證通過的在地解說員帶領下才能進入，以維護在地環境並提升觀光品質。（霧臺鄉公所，2018：1-2）

2. 劃設範圍

屏東縣霧臺鄉為《自然人文生態景觀區劃定作業要點》中明訂之「原住民保留區」、「山地管制區」、「風景特定區」。劃定範圍分布於霧臺鄉神山、大武、阿禮部落與霧臺、好茶部落等四村五個部落，劃定總面積計約1,564.20公頃，佔霧臺鄉總面積約5.6%（表2），分別有線狀及及面狀範圍，部分不相連（圖5）。

表2　霧臺鄉四村五個部落之地籍清查結果

土地權屬	管理單位	筆數	面積（公頃）	公私有土地面積（公頃）	比例
公有地	原住民族委員會	466	492.47	1,226.00	78.38%
	林務局	70	733.09		
	內政部營建署	14	0.41		
	屏東縣政府	2	0.03		
共有地	原住民族委員會	14	7.36	7.36	0.47%
私有地	-	1,092	297.94	297.94	19.05%
無地籍		-	32.90	32.90	2.10%
總　計		1,658	1,564.20	1,564.20	100.00%

資料來源：霧臺鄉公所，2018：2-2

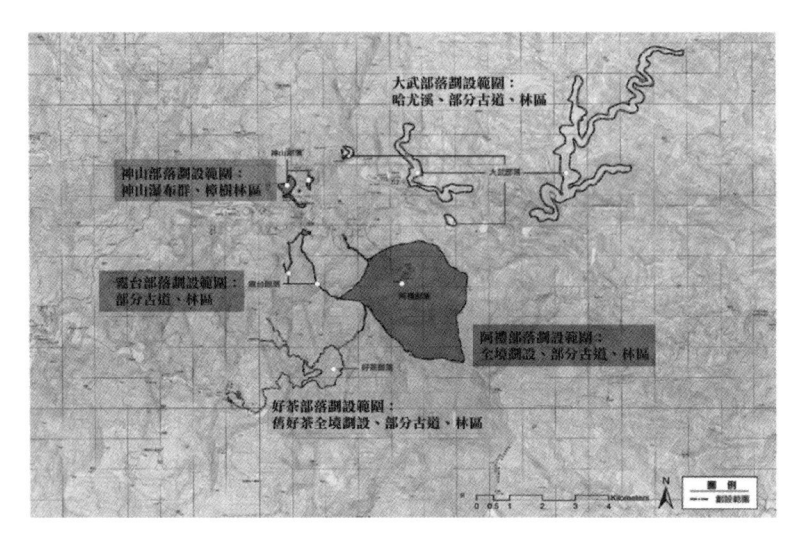

圖5　部落與劃設區的區位關係

3. 土地使用分析

霧臺鄉自然人文生態景觀區劃設範圍包含：國有林班地、原住民保留地、山地管制區、非都市計畫土地使用分區、茂林國家風景區、雙鬼湖野生動物重要棲息環境、國定古蹟及文化景觀區等。土地使用規範應遵循其相關法規之規定（表3）。另外，劃設範圍內，土地使用、以及劃設範圍內的土地權屬清查結果，請見表4。

（二）劃設過程

霧臺部落岩板巷的石板聚落、阿禮部落重要動、植物生態環境、哈尤溪景觀的特殊性、舊好茶部落遺址等，都具備劃設自然人文生態景觀區的要件。根據《發展觀光條例》第二條第一項第五款規定：自然人文生態景觀區之定義為：無法以人力再造之特

表3　土地使用類型及分區

部落名稱 土地類型	大武部落	阿禮部落	好茶部落	神山部落	霧臺部落	土地使用 依循法規
國有林班地	部分	部分	部分	部分	部分	森林法、森林法施行細則
原住民保留地	部分	部分	部分	全區	部分	原住民保留地開發管理辦法
山地管制區	全區	全區	全區	全區	全區	人民出入臺灣地區山地管制區作業規定
山坡地保育區	部分	部分	部分	全區	部分	非都市土地使用管制規則
森林區	部分	部分	部分	無	部分	
鄉村區	無	部分	部分	部分	部分	
河川區	部分	無	無	無	無	
茂林國家風景區	部分	部分	部分	全區	部分	風景特定區管理規則
雙鬼湖野生動物重要棲息環境	部分	部分	無	無	無	野生動物保育法、野生動物保育法施行細則
國定古蹟及文化景觀	無	無	部分	無	無	文化資產保存法

資料來源：霧臺鄉公所，2018：5-1

殊天然景致、應嚴格保護之自然動、植物生態環境及重要史前遺跡所呈現之特殊自然人文景觀，其範圍包括：原住民保留地、山地管制區、野生動物保護區、水產資源保育區、自然保留區、及國家公園內之史蹟保存區、特別景觀區、生態保護區等地區。劃

表4　劃設範圍內土地權屬清查

部落名稱	劃設範圍內土地權屬清查	相關單位
大武部落	共計101筆土地，包含68筆公有地；33筆私有地	分屬林務局、原民會
阿禮部落	共計1,055筆土地，包含299筆公有地，744筆私有地，12筆公私共有土地	分屬林務局、原民會、屏東縣政府
好茶部落	共計480筆土地，包含178筆公有地，300筆私有地，2筆公私共有土地	分屬林務局、原民會、營建署
神山部落	共計19筆土地，包含18筆公有地，1筆私有地	分屬林務局、原民會
霧臺部落	共計1,017筆土地，包含320筆公有地，695筆私有地，2筆公私共有土地	分屬林務局、原民會、公路總局

設過程如圖6。

　　2015年阿禮部落生態環境意識形成，透過部落會議決議請民意代表正式提案，同時籌設「阿禮部落自然人文生態景觀區劃設推動委員會」。大武部落因親水產業資源豐富，經幾次勘查後，2016年決定開發部落觀光，部落希望自主營運，在召開住戶會議後，決議依循阿禮部落方式申請劃設。此外，鄰近的霧臺及神山部落也因為過度觀光而面臨生態環境破壞、在地特色消失、民眾生活受干擾、文化沉淪等等問題，而相繼提出劃設的需求。

　　在阿禮、大武、霧臺與神山部落均提出劃設需求下，族人委

劃設過程
START TIMELINE

2016年5月屏東縣政府召開「屏東縣霧臺鄉自然人文生態景觀區劃設」協調會議。

2018年7月局茂林國家風景區管理處召開會議討論「屏東縣霧臺鄉自然人文生態景觀區」劃設公告相關事宜。

2019年8月19日召開「屏東縣霧臺鄉自然人文生態景觀區」劃定說明暨審查會議的審查結果。範圍確認

2020年初,阿禮、大武及神山部落體賓依程序函送屏東政府辦理審查,2020年7月8日正式公告。

2015　2016　2017　2018　2019　2020　2021　2022

部落共識形成階段(2015-2016)

TIMELINE END

劃設執行階段(2016-2020)
一、行政機關程序的往返研商
二、景觀區劃設實作

這二個階段分別有發展重點,但部分工作項目在時序上有所重疊

圖6　霧臺鄉自然人文生態景觀區劃設過程

由兩位鄉民代表分別於霧臺鄉民代表會第20屆第四、六次臨時大會中提案:建請鄉公所向上級政府爭取協助阿禮、大武等部落劃設「自然人文生態景觀區」,並確認相關可援用的法規,以維護部落生態環境及居住安全。此提案在鄉民代表會審議通過後,責陳霧臺鄉公所協助族人釐清劃設的相關法規與預算編列等行政程序。霧臺鄉公所隨後展開幾項重要作業:首先,鄉公所函請屏東縣政府、交通部觀光局茂林國家風景區管理處協助經費補助及推動劃設事宜。其次,依《原住民族基本法》、部落會議實施要點,確認阿禮及其他部落共識、劃設區域範圍、保護標的等事項是否完備等相關作業。再者,為加速劃設計畫啟動,由霧臺鄉公所依部落需求編列劃定工作預算後,函請交通部觀光局茂林國家風景區管理處、原住民族委員會及屏東縣政府爭取經費補助以利推動劃設案。

在具備這些條件下,2017年由交通部觀光局茂林國家風景區管理處及屏東縣政府補助經費,霧臺鄉公所委託專業團隊,展開為期一年的自然人文生態景觀區劃設規劃案,此後開啟了一連

串的劃設工作。我將部落劃設自然人文生態景觀區的歷程分為二個主要階段，這二個階段分別有發展重點，但部分工作項目在時序上有所重疊。

劃設執行階段（2016-2020年）：包含以下兩項幾乎並行的重點工作。

（1）行政機關程序的往返研商：由鄉公所依據代表會議決案，函請屏東縣政府協助召開相關會議確認劃設法源使劃設程序完備，另函請交通部觀光局茂林國家風景區管理處協助經費補助，全案經交通部觀光局及屏東縣政府補助完成後，再由屏東縣政府邀請專家學者成立自然人文生態景觀區劃設審查委員會。

（2）景觀區劃設實作：霧臺鄉公所獲得經費補助後於2016年委託中華民國永續發展學會，透過調查前的各部落說明會、現地勘查、現勘後討論、各部落劃設範圍說明會、公聽會及私有土地取得同意書說明會等程序後，彙整符合條件及資源調查成果，再繪製成圖於期末報告提出，委託劃設案經期末報告審議通過後，由鄉公所將範圍圖再次帶至各部落辦理說明及確認劃設範圍，經各部落同意後始完備劃設的過程。

歷經上述過程，最後由屏東縣政府在2019年8月邀請計畫審查委員、各機關代表，召開「霧臺鄉自然人文生態景觀區公告前劃設圖資確認」會議，會議確認後，函請交通部觀光局、國防部、內政部及屏東縣政府就管轄範圍及權責審認後用印，並於2020年7月8日核定範圍及公告。

六、劃設的實作過程：族人從疑慮到參與、共管

（一）規劃書產出階段

　　回溯這個劃設過程，在釐清法源與爭取經費後，由鄉公所委託的中華民國永續發展學會與各部落討論後，決定會勘期程，自2016年開始辦理劃設說明會、公聽會、私有土地同意納入劃設範圍說明會、公有土地目的主管機關協調會議。其中劃設範圍與土地的使用是經過部落參與討論與諮詢過程，私有地的取得是由鄉公所逐一與土地所有權人確認後取得同意書，其中神山部落範圍因為未涉及私有土地，只針對公有地劃設範圍討論，時程較短。範圍確認後再與各中央目的事業主管機關協商，產出各部落劃設範圍。各部落在劃設前所召開的工作會議時間、項目、地點與人數彙整如表5。

　　霧臺鄉自然人文生態景觀區的劃設主題為部落，然而部落無人力也無法源依據自行劃設，因此由霧臺鄉公所依循族人需求提供協助，委託專業團隊與部落共同進行所有規劃程序，為深入了解部落對劃設範圍想法，團隊至各部落進行訪談，由團隊先說明目的，針對欲劃設範圍以Google earth線上地圖方式進行討論，並請受訪者（部落幹部、耆老、獵人）協助辨認範圍並指稱各點之概略位置，繪製雛型圖然後進行現勘，再提交各部落住戶或部落會議討論與確認。

　　在部落討論劃設過程中遇到許多問題，從族人的角度，可以發現至少有以下問題：

1. 土地及部落權利喪失疑慮

表5　劃設前部落工作會議彙整

部落別	時間	工作項目	辦理地點	參加人數
阿禮部落	2016/12	部落調查前說明會	長治百合阿禮部落活動中心	59人
	2017/2	劃設範圍現勘及討論		14人
	2017/7	劃設說明會		59人
	2016/8	部落共識會議		49人
	2017/7			52人
	2017/10	私有土地說明會		157+97
大武部落	2017/1	部落調查前說明會	大武部落活動中心	60人
	2017/3	劃設範圍現勘及討論		30人
	2017/7	劃設說明會		25人
	2017/1	部落共識會議		56人
	2017/7			42人
	2017/10	私有土地說明會		42人
好茶部落	2017/3	部落調查前說明會	好茶部落活動中心	96人
	2017/5	劃設範圍現勘及討論	陳再輝理事長自宅	2人
	2017/7	劃設說明會	好茶部落活動中心	88人
	2017/3	部落共識會議		85人
	2017/7			68人
	2017/10	私有土地說明會		161+108
神山部落	2017/4	部落調查前說明會	神山部落活動中心	33人
	2017/4	部落共識會議		42人
	2017/7			37人
	2017/7	劃設說明會		50人

霧臺部落	2017/3	部落調查前說明會	霧臺部落活動中心	59人
	2017/3	劃設範圍現勘及討論		13人
	2017/7	劃設說明會		68人
	2017/3	部落共識會議		65人
	2017/7			63人
	2017/10	私有土地說明會		291+98
霧臺鄉	2017/9	公聽會	神山多功能活動中心	80人
霧臺鄉公所	2017/10	私有土地同意納入劃設範圍說明會	霧臺國小風雨球場	90人
	2017/3-5	各部落調查	霧臺鄉境內	

我們拒絕我們的部落被劃設主要是那個政府會騙我們，那個土地就收不回來了，劃那個公有地就好了，比較沒有影響啦。（受訪者：B02）

希望明確點出何項法條有說明劃設自然人文生態景觀區之後，不會限制私有土地及建物興建、改建事宜，以解除部落的疑慮。（引自 2017 年 4 月 9 日神山部落調查前說明會）

劃設範圍內有私有土地該怎麼辦？有相當的回饋措施嗎？（引自 2017 年 7 月 9 日大武部落說明會）

劃設範圍內的公有土地需要經過部落整體同意嗎？（引自 2017 年 7 月 23 日霧臺部落說明會）

族人對於劃設自然人文生態景觀區後是否會影響部落的權利，例如土地權利及部落主權等相關政策存在許多的問題，儘管公部門在許多的會議上提出說明，仍然無法改變族人對景觀區劃設後的影響。

　　好茶部落因劃設範圍涉及舊好茶部落二級古蹟，目前由文化部執行屏東縣霧臺鄉好茶舊社整體保存與再發展中長程計畫，部落討論未來經營管理方式是以整體規劃部落發展。另有許多土地所有權人已遷出或土地未辦繼承等種種問題，因此，部落決議將私有土地全部排除，只劃設部落周圍的公有土地。對於是否排除私有土地的劃設部落仍在協商中。在辦理私有土地說明會時部落提出劃設後私有地是否可以買賣、地主是否有相關的補償或補助政策、景觀區的管理機制是否可由部落自己制訂等，針對舊部落遺址又如何管理等提出問題。

> 劃設後舊好部落二級古蹟由文化部推動的文化資產維護管理計畫中有管制機制，與劃設景觀區的管理機制有所差異？二者如何釐清？（引自2017年10月17日好茶部落私有地主說明會）

　　在各部落參加會議的族人大部分對既有法規認識有限，需要時間溝通協調，才能讓族人充分了解現行體制與相關法規。但因為政府長期的山林政策造成原住民在土地及自然資源的使用上受到種種的限制，影響族人參與的意願。

　　我知道剛開始的討論是為了解決遊客在部落的種種行為，比

如說機車族造成的安全問題，還有亂拿部落的石板或者是一些植物等，但是鄉公所沒有清楚的說明劃設的相關規範，然後又有一群人在各部落進行有關國土計畫及土地相關政策的說明會，強化過去政府如何變相收取部落土地的種種的案例影響老人家，我們聽多了也覺得應該是這樣，所以，就算我們討論的時候有通過要劃設，但是有很多私有土地的人都不願意簽同意書。（受訪者：B01）

族人擔心部落主權與土地喪失，針對土地主權及保育的看法有不同意見，而鄉公所在之後也未能進一步與部落溝通。

之後，鄉公所也沒有再積極到部落討論才會這樣，如果一開始鄉公所跟部落好好說明，私人土地不會變成公部門的土地，而且說清楚規劃的方式，就算只有部分的人了解，但是可以成為鄉公所的協力者，幫公部門解釋，我相信應該會很快就有共識。很可惜……（受訪者：B01）

在劃設前需要與部落充分溝通才能取得共識，但是在部落各項說明會時，大部分是由受委託單位說明，而部落幹部的意見是否經過所有族人的參與討論再提交會議，再者，鄉公所所提出的劃設辦法是否回應族人相關的疑慮，值得再討論。

我還是那句話，就是溝通不良，鄉公所跟我們部落沒有好好溝通，因為鄉公所一直聚焦在導覽人員，但是我們看自然人文生態景觀區的條例是它有一些它的限制，然後也有影響我

們的居民,但是這是共榮的事情,如果你溝通好,這不是好事嗎?但是我們不能為了訓練一些導覽人員,然後以後我們就受到很多的限制啊!但是,當時鄉公所委託的團隊並沒有好好跟我們溝通。(受訪者:B03)

族人拒絕參加劃設景觀區的原因,除了對使用的法規有意見,而公部門未能針對相關問題提出說明外,其次,也認為彼此溝通不良。

而且,自然人文生態景觀區條例是人訂的嘛!是不是有些不適合我們的,我們可以去跟上面反應然後請他們修訂嘛,那麼,誰是橋樑?一定是公所嘛,所以變成是我們部落堅持不劃入的原因⋯⋯部落青年在每次會議中提出的問題鄉公所未能即時給予回應,所以就隨它去啦,我們部落就不參與劃設計畫。(受訪者:B03)

我在訪談中發現,有族人提出主管機關若為內政部,擔心同意劃設後土地主權會喪失,應由原住民族委員會來管理,會增加部落對政府的信任感。

那個時候我們的意思是說,如果是以那個,如果法源依據是原基法及國家公園法,你也知道嘛,我們原住民的土地,國家公園法我們看到那個我們就敏感嘛!是因為從過去我們的土地就是國家公園法略奪我們的土地啊,如果是用基法來講,原基法是那個也有提到這個嘛,原基法比較穩哪,是針

對我們比較向著我們,像土地的土地權力啊,只要土地的權力抓穩的話你要幹什麼都可以啊。(受訪者:B02)

族人對於劃設所涉及的中央各部會充滿了不安全感,有多次提到既是政府希望共同管理,就應該授權給地方機關,也就是將主管機關為霧臺鄉公所,這樣在溝通上比較容易,計畫要修正會更有效率。

主管機關放在鄉公所,因為他的主管機關是放在交通部哩!而且他們說明的時候把那個是第十九條嘛!那個,把那個解說員的那個法條拉出來嘛,因為大家憑良心講,比如說河流啊主管機關還是他們啊,那最起碼你要給鄉公所當主管機關嘛,但是一直放在交通部到時候我們被騙了,而且我們要做什麼建設或是什麼,喂!你會給我打臉哩,比如說,我要做溯溪,你又會講說有沒有跟河川局溝通,每次都是這樣啦……我們不是為反對而反對,也不是什麼仇恨,我們只是希望主管機關放在鄉公所,像他們來說明的時候總是很籠統,沒有好好解釋法律……。(受訪者:B02)

從訪談中發現族人對於劃設自然人文生態景觀區的法源有誤解,原授權法令係於《發展觀光條例》而非《國家公園法》,公部門在協助推動劃設政策時應先針對族人對於土地權利相關規範提出說明,對應族人原先提出為環境保育及維護自然生態、降低部落生活干擾等議題,避免因法令的誤解讓民眾退卻,一起邁向部落自主管理的方向前進。

2. 對法規架構存有疑慮

鄉公所委託的單位在部落召開的相關會議中，部落的意見大部分都針對劃設前後的土地權利與部落主權有關，針對土地劃設，從表6彙整的族人意見可以看到族人主要的疑慮為何。

表6　劃設前部落各項會議意見

會議時間及會議名稱	居民意見
2017年9月17日 劃設公開說明會	1. 只要不妨礙到私人土地使用，目的只是在防止外來遊客隨意進入部落，⋯⋯關於私有土地利用方面，規劃團隊有提出說明最終還是得回到私人地主的意願，地主有權利同意或不同意被納入劃設範圍內。 2. 進行劃設區域時，是否有書面通知土地所有權人或其使用人？如何通知？ 3. 居民住宅區域是否可劃設為自然人文生態景觀區？ 4. 自然人文生態景觀區內私有土地是否可增建家屋或變更家屋外觀？
	5. 劃設區內進行狩獵、漁獵及採集草藥等傳統文化習慣行為是否受到管制？ 6. 建議在尚未取得部落共識之前，撤回霧臺鄉自然人文生態景觀區劃設計畫，同時邀請法律專家，針對相關待釐清的法案做更進一步的專業分析，並以尋求其他法源，如《原住民族基本法》第20條或《地方制度法》第25條等來擬定自治管理要點，回歸地方實質管理。 7.《自然人文生態景觀區劃定作業要點》第五點，說明書是否在劃定前公布，在該條文內容提到土地使用、旅遊管制說明，依據過去的說明會都只提到遊客限制，對私人土地使用之規範未放入說明書，劃設以後主管機關是屏東縣政府，這樣鄉公所對原住民保留地還有沒有管制權利。 8. 鄉公所目前正在推動劃設自然人文生態景觀區的共管機制，也同時推動魯凱民族議會轉型正義的自治權利，請問霧臺鄉未來發展是趨向共管還是自治？

	9. 霧臺鄉公所辦理自然人文生態景觀區範圍劃定說明會議，公所如何認定徵得部落諮商同意權？參與說明會決議人員的代表性如何認定。 10. 部落會議要按照住戶數來進行開會表決幾乎是無法進行。
私有土地說明會	1. 若劃設後，私有土地是否會限制土地買賣？ 2. 部落居民私人住宅區劃設為自然人文生態景觀區是符合哪一項條件？ 3. 自然人文生態景觀區劃設後，劃設區域範圍內之所有居民共同討論相關管理方法的作業程序是依據哪一個法或哪一個要點？

3. 溝通渠道不順暢

在各項說明會及工作會議中，皆由委託單位進行報告，雖然有安排翻譯人員，族人還是無法充分了解，其次族人認為在會議中對於提出的疑問公部門未能即時回應，也未安排進一步至部落跟族人溝通，造成政策不明，降低了族人的意願。

綜合來看，共識形成階段遇到的各種問題，關鍵在於雙向溝通的渠道是否順暢，在民主社會裡民眾對於生活的相關改變有知的權利，因此，政策溝通不應該只是單方面的傳遞，而是推動政策者與民眾雙方要有足夠的時間進行溝通、協調，尤其是在部落召開會議時應該由族人使用族語來說明，除了說明劃設是基於族人的要求外，同時提出劃設政策的利弊得失，並且廣納不同意見，甚至安排至各都會區針對旅居在外的族人辦理說明會及參與討論，針對現有的商業行為或店家提出合作的可能模式，開誠布公的營造族人共同決策的情境，溝通越細緻越會減少推動政策的阻礙與限制，亦可提高共同承擔決策的風險，同時增加族人對政府的信任感。

(二) 擬訂經營管理計畫階段

屏東縣霧臺鄉自然人文生態景觀區於2020年7月8日公告，公告之後不管是行政機關，或是各部落都要重新啟動討論營運管理機制，因為計畫是由下而上，都是各部落經過多次討論後才決定劃設範圍，惟因各部落環境條件、發展的方向、經營管理組織不同，需要投入更多的時間來協商。首先，屏東縣政府要先訂定「屏東縣自然人文生態景觀區管理辦法」，另外各部落必須重啟部落會議訂定相關規範，包含成立推動自然人文生態推動小組、遊程設計、生態監測路線、導覽動線規劃、收費基準及任務分配等，並擬訂營運管理規範送鄉公所備查。霧臺鄉公所彙整各部落營運管理規範後擬訂「霧臺鄉自然人文生態景觀區經營管理計畫」送屏東縣政府審查，經審查通過後公告才能實施（表7）。

表7　公告後行政機關擬訂管理辦法及營運計畫歷程

2020/11/17	屏東縣自然人文生態景觀區管理辦法公告	屏東縣政府	
2020/12/24	霧臺鄉自然人文生態景觀區經營管理計畫初稿審查	審查委員、屏東縣政府、鄉公所	25人
2020/12/26	哈尤溪啟動工作會議	大武部落、鄉公所	15人
2020/12/27	阿禮部落會議	阿禮部落 vs 鄉公所	56人
2020/11/17	屏東縣自然人文生態景觀區管理辦法法源依據	依據《屏東縣法規標準自治條例》第13條規定辦理	
2020/11/20	屏東縣自然人文生態景觀區管理辦法函送交通部備查、屏東縣議會備查照	依據《地方制度法》第27條、《屏東縣法規標準自治條例》第11條辦理	

日期	事項	內容
2020/12/30	交通部觀光局函復意見	請屏東縣政府釐清專業導覽費及觀光保育費收取之法律規定，釐清之後應依法規授權修正收取費用名稱並依辦法公告送交通部備查
2021/1/20	縣政府函復	1. 本辦法所列「專業導覽費」係指依專業導覽人員管理辦法第14條規定向旅客收取申請專業導覽人員陪同之費用，核與「觀光保育費」不同。 2. 依專業導覽人員管理辦法第8條規定專業導覽人員培訓及管理費用，由自然人文生態景觀區主管機關編列預算支應。第14條……導覽津貼所需經費，由旅客申請專業導覽人員陪同之費用支應。
		3. 為順利推動景觀區之營運並達成永續發展之目標，使導覽人員費用更臻周延，於本辦法第6條明定得提撥導覽費部分比例應用於培訓及管理之用途，核與有無法律授權無涉。
2021/3/26	召開屏東縣自然人文生態景觀區管理辦法備查案討論會議	結論：依觀光局意見修正，管理辦法不涉及導覽津貼之實際收取
2021/5/31	修訂屏東縣自然人文生態景觀區管理辦法發布令	管理辦法法規程序： 修訂屏東縣自然人文生態景觀區管理辦法發布令
2021/6/7	函送修訂辦法予交通部觀光局備查	
2021/7/5	交通部同意備查	

2021/7/9	函送交通部同意備查函予屏東縣議會查照	
2021/6/16 2021/6/29	交通部函示： 觀光保育費之收取及委辦霧臺鄉公所等二案意見：應以自治條例為法律依據	參採交通部觀光局意見：委辦事項因中央法規未授權，應以縣自治條例為依據，爰訂定自治條例送議會審議
2021/9/29	屏東縣自然人文生態景觀區經營管理自治條例草案送屏東縣議會審議	
2021/1/14	霧臺鄉自然人文生態景觀區經營管理計畫送屏東縣政府審查	邀請自然人文生態景觀區審查委員辦理審查
2021/2/8	屏東縣政府函示	請霧臺鄉公所依委員審查意見修正霧臺鄉自然人文生態景觀區經營管理計畫再送審
2021/12/1	核定	霧臺鄉自然人文生態景觀區經營管理計畫
2022/3/28	交通部觀光局同意備查	霧臺鄉自然人文生態景觀區經營管理計畫 觀光保育費收取辦法
	霧臺鄉劃設自然人文生態景觀區（阿禮、大武、神山部落）收取觀光保育費有法源依據	

　　自然人文生態景觀區計畫重視在地脈絡，強調部落為經營主體，其中生態監測及導覽路線、經營管理的取向、行政機關的支持與授權等，都需與部落的需求配合。另外，部落組織本身的組織運作、財務管理、法規體制的連結等都是在推動自然人文生態景觀區時應注意的議題。從劃設至公告的脈絡來看，是部落開始參與自然資源管理的第一步，與行政機關的協同管理是第二步，

在看似春天的喜訊裡，蘊釀著的是暗潮洶湧的權利結構。誠如Cumming、施正鋒及吳珮瑛所指出：就參與式的民主（participatory democracy）的角度來看，不管是透過地方分權（decentralization）還是權利下放（devolution），原住民族如果能掌控傳統領域的自然資源使用，可以打破來自政府所採用的父權決策模式，也是種「賦權」（empowerment）的實踐（Cumming，1998：15；施正鋒、吳珮瑛，2008）。

如何進行共管機制？從許多國外學者的論述中整理，都強調共同管理是一個連續發生的過程，而不是呈現固定的狀態。並且公部門與私部門參與者之間的夥伴關係應該被強化，而其中共管協定是機制的骨架，做為自然人文生態景觀區推動委員會進行決策的規範。過去政府在推動公共政策成立推動委員會時，委員會組織結構的代表性、角色以及權責往往被簡化為各級政府、部落或社區雙方，忽略了在地參與的各種利害關係人，造成許多政策無法落實，為使每一個生活在公共領域的居民了解政策對自身的影響，也有權利義務參與公共政策，「霧臺鄉自然人文生態景觀區推動委員會」的代表產生設計時，特別重視與部落充分溝通後，並授權給地方進行推舉，因此，霧臺鄉自然人文生態景觀區推動委員會的組織為多元化，除了政府機關3名，也包含劃定景觀區部落代表3人、專家學者3人、產業代表2人合計11人（圖7），這樣的組成可以提高民眾參與的意願，讓地方業者也了解政策的發展，排除民眾對政府機關的不信任，透過委員會的平台，傾聽彼此的意見與想法，讓共管的機制在逐步的滾動中被建立。

劃設法制程序完備後，部落與公部門針對各部落經營管理計

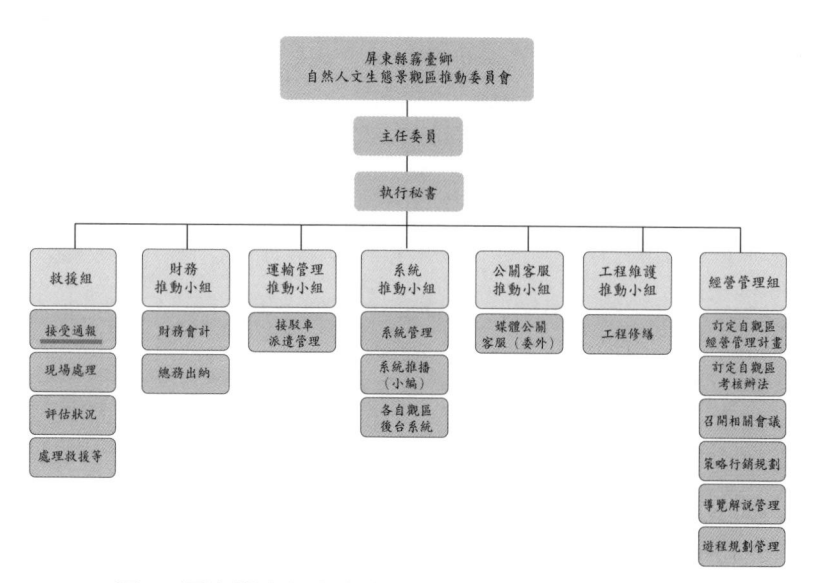

圖7　霧臺鄉自然人文生態景觀區推動委員會組織圖

資料來源：霧臺鄉公所，2020：4

畫進行協商，因為各部落自然人文生態景觀區分散在不同的區域，為不完全相連的線狀、面狀範圍，溝通協調進入困局，分析如下：

1. 遊客管制

劃定自然人文生態景觀區牽涉土地所有權人與管理單位，需各方認同並配合執法，才能落實管制目標。劃設目的是為了管理遊客行為，有居民表達希望儘快劃設的原因：

> 這個要趕快動作啦，那個那麼多的摩托車的聲音我們受不了啦，我們說的時候也不會聽，警察不能管嗎？為什麼他們一直這樣呢？那個台24線就算了，這個從第四鄰、第六鄰到

第九鄰那條路也是這樣,那麼危險,老人家跟小孩子很危險哩,鄉公所要趕快啦!(資料來源:2021年8月10日霧臺住戶會議)

2. 商家管制

在地居民生活雖然不受限制,但仍應依循現行相關法規,其中私有土地有民宿與餐飲商業行為,在部落討論時,大部分族人希望進行管制,但業者提出合作疑慮,甚至提出不要被劃設在內。

部落討論劃設範圍的時候,認為會影響生意,一位店家表示:你們有想過我們已經在這裡做生意的店家嗎?我們的客人要怎麼辦,難道還是要到鄉公所的網站報名才能進來嗎?他們只是要來這裡用餐,但要多付導覽費及保育費,那還會有人來嗎?先請鄉公所規劃好合作的模式,不然,我拒絕我的土地被納入劃設範圍。(引自2021年11月20日霧臺第十鄰住戶會議)

也有店家提出願意給清潔費,但不希望被納入劃設範圍內。

你們的規劃是很好啦,但是我的客人已經習慣直接開車到我們這裡,如果我住的巷道要被劃設,我們會遇到成本增加而且遊客不願意來的困難,影響很大,我們可以不同意嗎?我們願意每個月給部落清潔費呀!而且我們已經開始這樣做了。(引自2021年11月20日霧臺部落第十鄰住戶會議)

但是，若劃設範圍是一個不完整的面，要管理實屬困難，協商取得共識後，有三個部落（阿禮、神山、大武）取得私有土地同意劃設後，參與第一階段劃設範圍審查，而霧臺部落及好茶仍在努力協調中。

3. 閘門管制、遊客總量管制

依據《自然人文生態景觀區劃定作業要點》第五條第五款之規定，應劃設旅遊管制範圍及管制點，設置閘門並立告示牌、由部落安排人力在門口進行管理。族人也認為應該儘快做管制。

> 我們覺得那個還是要設閘門啦，因為我們的開放時間有規劃，但是有很多遊客會在沒有人管理的時候自己進去，所以才會發生那麼多意外事件嘛，既然是要部落自己管理，就要按照我們的意思啊，那個沒有人的時候，有人會進去玩水，甚至於有人在抓魚，垃圾亂丟，那個要趕快做門啦！（受訪者：F01）

在訪談或者會議中，每個部落都希望能設置閘門，以有效管理遊客的進出。

> 我們為什麼要設置閘門，因為有很多那個車子很好的遊客，他們會自己進去，然後在裡面搭帳篷露營，我們就去叫他們離開，他們就會說我們憑什麼要阻止他們進來，然後就越來越多的人跟著進來，我們沒有辦法管他們啦，溪裡面很多垃圾，然後那個他們會亂去旁邊那些地方上廁所，我們怎麼辦，當然要管理嘛，不然會很嚴重。（受訪者：A02）

但是,因劃設的範圍為不完全相連的線狀、面狀,必須在各部落劃設範圍找出入口管制點,以利控管每日進入部落的人數,部落與鄉公所經過多次的溝通,在三個部落確認管制點,針對入口處如何安排人力各部落有不同的意見。有部落強調,要由部落自己管理。

> 我們的部落有成立那個劃設推動小組,那我們也討論了很多次,我們的共識是安排在台24線上設閘門,然後我們的人去管理啊!(受訪者:B04)
> 遊客管制中,散客要怎麼管理呢?(引自2017年7月23日霧臺部落說明會)

在各部落都同意設閘門時,卻遇到共同的問題,部落沒有人力及財力,即使有人願意當志工,但因部落人力不具執法權力,針對告發擅闖遊客,無法立即執行公權力,這個問題涉及各部落在規劃營運機制及行政機關法制程序是否完備才能開始執行,因此,即使劃設範圍已經公告、委辦程序也完備,卻因阿禮及神山部落營運機制遲遲未能定案,直至2022年3月前仍無法執行。因大武部落在劃設前即有營運的經驗與組織,與鄉公所協商後希望哈尤溪遊程先行試營運,做為霧臺鄉自然人文生態景觀區示範點。

4. 策略與管理

自然人文生態景觀區經營管理計畫管理策略包含:管制規劃、總量管制設施與管理、公共運輸轉乘服務、遊客管制方案、預約系統、專業導覽人員費用以及金流系統等,都需要公部門財

力及人力的挹注,這無疑是加重行政人員的業務量,為了建立部落與機關成為夥伴關係,屏東縣政府及霧臺鄉公所召開無數次的協調會議,為解決與日俱增的複雜問題。

> 劃設後,管理負責的人是誰,部落嗎?還是政府部門或者是委外?族人帶原住民族籍或非原住民籍友人進入自然人文生態景觀區,是否需申請專業導覽人員陪同進入。(2017年7月23日霧臺部落說明會、2017年9月17日公聽會)

部落族人在規劃階段即提出管理權責問題。

> 經營管理方案建議可由部落理事會來協商擬訂,劃設後交通如何管制?相關之安全措施或規劃要由哪個單位擬訂。(引自2017年7月23日神山部落說明會)

5. 經營模式

自然人文生態景觀區的經營操作模式,挑戰既有市場機制,走向共有共管的模式,其中也為族人帶來就業的機會,改變原來的部落就業市場(表8),經部落與行政機關協商、分工及整合,從既有的市場機制與劃設後發展出的營運模式討論出更具體且永續經營的管理方式。從表8中看出部落就業人數增加,而且環境及遊客行為可以有效管理,但是部落的人仍在觀望中,所幸的是劃設自然人文生態景觀區計畫可以隨時修正,甚至可以取消,這種滾動式的規範減少了族人反對的聲浪。

表8　市場模式與共管模式之比較

項　目	既有市場操作模式	自然人文生態景觀區操作模式	就業機會
遊客入山	自由進出	劃設範圍入口處設管制公告 告知遊客即將進入景觀區	使用數位技術設 QR code 以利辨識入山申請
遊客行為限制	1. 檢查哨 2. 免費入山	1. 須有專業導覽人員陪同才能進入部落 2. 導覽人數配比：採 1 比 15 人服務模式	阿禮 10 人 大武 16 人 神山 12 人 霧臺 13 人
生態監測人員	無	1. 每年委託專業團隊做生態環境監測工作 2. 收生態補償費 3. 辦理環境監測人員訓練（導覽人員兼任）	
套裝行程	遊客無法做部落深度旅遊，都是走馬看花或在同一季節大量湧入，形成環境壓力	每個自然人文生態景觀區內皆規劃部落套裝行程，費用由部落規劃及訂價	提高民宿住房率、餐飲使用率及文化體驗活動、促進部落伴手禮之研發與製作
預約報名系統	無	霧臺鄉公所官網設置自觀區漫遊霧臺——部落小旅行報名系統	專案人員 3 名 各部落 2 名
遊客金流服務系統	無	鄉公所官網報名系統設有旅遊行程訂金繳費服務，透過銀行綠介分流費用	系統人員 1 名
部落接駁車	遊客自行開車，造成交通壅塞，部落無停車場可供停車	行程都自官網選取後，由系統後台人員對接至部落安排交通接駁車	大武部落： 60 輛 其他部落： 30 輛

七、結論

　　霧臺鄉自然人文生態景觀區之劃設由部落主張資源自主管理要求後,由屏東縣政府邀請各目的事業主管機關進行討論與協商,劃設範圍公告後,由屏東縣政府依據《觀光發展條例》第十九條規定,訂定屏東縣自然人文生態景觀區管理辦法。辦法第二條訂定,在自然人文生態景觀區之經營管理事項行政委辦霧臺鄉公所。這是行政機關與部落之間合作的一大步,擴大了政府與部落合作的空間範圍。經過鄉公所與各部落會議產生的管理機制,充分運用各部落內部組織的特性,發展出可以彼此監督與約束、分層組織管理的模式,不但降低政府管理自然資源的成本,也可回應部落族人參與自然資源共同管理的需求,建構一個合法、專業、安全、永續發展的觀光政策。逐步實踐權益責任共享的共管機制。

　　檢視霧臺鄉自然人文生態景觀區的劃設過程,在各部落都有不同的意見與期待,經過部落內部多次的討論與修正,終於邁出第一步,在其他部落尚在籌組營運組織及運作機制時,大武部落先行試辦,回顧整個執行過程,筆著耙梳出幾項依《觀光發展條例》劃設的霧臺鄉自然人文生態景觀區,政府與部落協商共管機制可以成功的重要因素:

1. 參與規劃,建立共識

　　在規劃書產製、圖資確認以及經營管理計畫的制訂過程,都經部落諮詢與強調部落的參與,藉著各種會議讓族人充分參與討論及提出意見,化解歧見爭取部落意見最大公約數後再與政府進行協商,經營管理的設計上尊重各部落特色,訂定部落管理機制

並進入體制化。

2. 行政機關的支持與賦權

霧臺鄉自然人文生態景觀區範圍涉及交通部、內政部、國防部、農業委員會林務局、原住民族委員會、屏東縣政府等相關單位,依據《原住民族基本法》第22條規定:「政府於原住民地區劃設國家公園、國家級風景特定區、林業區、生態保育區、遊樂區及其他資源治理機關時,應徵得當地原住民族同意,並與原住民族建立共同管理機制;其辦法,由中央目的事業主管機關會同中央原住民族主管機關定之」。

世界各國政府與原住民族的關係,發展出不同的模式,例如美國主要採取「國中之國模式」(Domestic dependent nations),以特定的保留地讓原住民自行管理且有自己制定的法律與規範,多數情況使用保留地的法律;加拿大則採取自理模式(self-administration),類似於有個地方政府來自己管理;紐西蘭採取類似臺灣的國家公園模式,由原民社區跟國家共管。臺灣的大武哈尤溪管理,大概介於加拿大跟紐西蘭兩者之間,一方面有國家法律的介入,但是也透過自然人文生態景觀區的劃設,讓在地原住民族部落可以自己管理、規範,相對於司馬庫斯的情況,或是目前針對地熱開發的諮商同意權,本個案相當不同,可以說是對當前國家與原住民族關係,提出了另外一種重要類型,可以供未來施政上的參考。

霧臺鄉自然人文生態景觀區的劃設,政府的支持與賦權是重要關鍵。依據《原住民族基本法》資源共管之規定,配合《自然人文生態景觀區劃定作業要點》第五條有關各目的事業主管機關之相關規範,大武部落自然人文生態景觀區的經營管理計畫已經

建構共管的基本條件，憑藉部落成熟的組織運作及政府有力的協助與支持，讓經營管理機制逐漸成熟。研究分析部落內部的趨於穩定的合作機制，政府機關在現行的法規使用上提供更彈性及更周延的方法之外，對於政策的框架範疇與項目清楚，確實掌握決策權，也是促成共管機制主要的因素。本研究希望透過大武部落自然人文生態景觀區的實務經驗，可以提供未來自然資源共管的參考。

參考文獻

林育賜，2013，《資源邊界與共用資源自主治理：以蘭嶼飛魚漁場衝突事件為例》。

周運泓，2015，《從利害關係人的觀點評估花蓮縣慕谷慕魚自然人文生態景觀區劃設政策》。

吳昀蓉，2015，《誰來參與共管：巴壠部落、都歷部落和萬鄉部落共管經驗》。

范佐東，2011，《陽明山竹子湖地區共有資源管理機制之研究》。

紀駿傑，2001，《生物多樣性保育與原住民文化延續：邁向合作模式》。國家公園多樣性保育策略研討會論文集，林燿松主編。

施正鋒、吳珮瑛，2008，〈原住民族與自然資源共管〉。《臺灣原住民族研究季刊》，第1卷，第1期，頁1-38。

姚佳瑩、廖學誠，2018，〈原住民族參與集水區治理之制度分析：以宜蘭縣崙埤社區為例〉。《地理研究》，第68期。

陳美惠、林穎楨，2017，〈整合協同經營與里山倡議的森林治理：以阿禮與大武部落生態旅遊及資源保育為例〉。《臺灣林業科學》32（4），頁299-316。

陳美惠、李來錫，2011，〈災後重建推動原鄉部落參與保護區監測行動計畫——以霧臺鄉阿禮部落為例（2/3）〉。《行政院農業委員會林務局保育研究系列100-16號》。

張哲源，2018，《原住民族土地共管之理論實務探討——以花蓮縣銅門及港口為例》。

盧道杰、闕河嘉、高千雯、裴家騏、顏家芝、劉子銘、台邦·撒沙勒、蔡博文、趙芝良，2011，〈臺灣保護區共管的情勢分析與挑戰〉。《臺灣原住民族研究季刊》，第4卷，第2期，頁1-37。

盧道杰、台邦·撒沙勒、裴家騏、王進發、陳律伶、闕河嘉、蔡博文，2010，〈自然保護區發展共管機制的挑戰與機會〉。《臺灣原住民族

研究季刊》,第3卷,第2期,頁9-130。

盧道杰、陳怡安,2016,〈探究慕谷慕魚自然人文生態景觀區無法劃設的原因〉。《臺灣原住民族研究學報》,第6卷,第4期。

盧道杰,2004,〈臺灣社區保育的發展:近年來國內三個個案的分析〉。《地理學報》,第37期,頁1-25。

顏愛靜、孫稚堤,2008,〈原住民地區共用資源自主治理之研究:以馬里克灣河域的護魚行動為例〉。《地理學報》52,頁53-91。

顏綺蓮,2019,《鄉村生態旅遊永續發展關鍵評估指標暨實證研究:以屏東縣鄉村生態旅遊社區為例》。

蘇霈蓉,2006,《山地社區在自然資源管理的角色:新竹縣尖石鄉司馬庫斯、鎮西堡及新光部落為例》。

魏成達,2015,《司馬庫斯部落共同經營模式關鍵成功因素之研究》。

霧臺鄉公所,2013,《屏東縣霧臺鄉莫拉克颱風災害重建紀錄中活出歷史見證霧臺》。

霧臺鄉公所,2017,《屏東縣霧臺鄉自然人文生態景觀區劃設規劃案》。

霧臺鄉公所,2018,《屏東縣霧臺鄉自然人文生態景觀區劃定說明書》。

霧臺鄉公所,2020,《霧臺鄉志初稿》。

霧臺鄉公所,2021,《屏東縣霧臺鄉自然人文生態景觀區經營管理計畫》。

第二篇

族群產業變遷與原—客關係

第 3 章 福佬客的產業變遷與客閩原族群互動：以高雄兩溪流域為例[1]

劉正元
國立高雄師範大學臺灣歷史文化及語言研究所副教授

洪淑芬
國立高雄餐旅大學旅運管理系兼任助理教授

鄭育陞
國立高雄師範大學地理所博士生

一、離散族群研究觀點與方法

　　過去對於族群的研究，往往以原初情感論（primordialism）的觀點——意即認為一個人的族群特質在出生之際即被賦予。Geertz（1973：295）進一步解釋了原初情感論的說法。Geertz 指出：原初情感論者強調文化所賦予的基本情感對於族群認同具有決定性的影響，因為這群人具有共同血緣、語言、宗教、風俗習慣與思考模式，而這些特徵皆具有不易改變的特性。上述原初情感論的說法往往忽略了族群的自我定義，及特定的族群在歷史中的動態行為。晚近發展出來的離散族群概念，提出了許多不同的

---

[1] 本文承蒙蔡芬芳老師審查並提供論文修正意見，謹此致謝。

概念。其中，本研究者引用了Renato Rosaldo（1988）關於文化公民權（cultural citizenship）和Aihua Ong（1996; 1999）彈性公民（flexible citizenship）的概念作為主要探討的理論架構。Ong研究海外華人在美國社會（特別是加州地區）及東南亞的移民社會時，觀察到這些海外華人會發展出自己一套關於「公民」（citizenship）及「主權」（sovereignty）的彈性概念，以作為個人與當地主流社會之間協商（negotiation）的策略。而在協商的過程中，Ong（1996：738）強調的是一種「在國家及公民的社會權力網絡中，個人自我決定及被決定的雙向過程」（a dual process of self-making and being-made within webs of power linked to the nation state and civil society）。

彈性公民的概念是否可以適切地解釋臺灣的福佬客現象呢？基本上，臺灣的福佬客並非Ong所研究的具有雙重（或多重）公民權的海外華人移民，前者並沒有公民權等政治國籍上的問題。即使如此，本研究者仍假設兩者在政治經濟層面上，同樣地也遭遇到Ong（1996）提到的，伴隨著全球資本主義發展而來的紀律（discipline）及管制（regulation）問題。其次，文化層面上，也同樣面臨到雙重（或多重）認同的問題。以福佬客為例，他們所面對的是一個福佬／客家的兩難處境，這與海外華人所遭遇的華人／非華人的兩難處境，在本質上是十分類似的，因此，嘗試利用Ong理論中所提出的彈性（flexibility）、移動（mobility）及重置（repositioning）等三個主要概念來詮釋高雄兩溪流域的福佬客，希望在學術上能夠提供福佬客研究方向上的一個新的觀點。

目前研究福佬客的相關文獻仍顯不足，且缺乏全面性的民族

誌書寫，本研究採取的是個案研究，民族誌的對象為六龜地區的福佬客族群。六龜地區的客家人與臺灣的歷史息息相關。依照歷史文獻的記載，六龜地區幾百年來就是一個閩／客／番等多族群互動頻繁之地。自日治初期之後，隨著樟腦業的發展（張維安等，2000：69），自新竹州移入的客家移民湧入（王和安，2007）兩溪流域兩側，他們透過親屬組織招募了許多來自原鄉的親朋好友，樟腦業的大量體力勞動模式符合了客家人的勞動文化個性，同時隨著移民進入，也改變了兩溪流域區域的族群關係的文化邊界及內涵。在歷史變遷的過程中，這群客家移民逐漸融合成在地化的福佬客。然而，我們對於福佬客的具體形成的原因、歷史過程變遷、範圍、策略、及深度等均缺乏全面性的了解，而且缺乏完整民族誌的資料佐證。期望透過對六龜、甲仙等兩溪流域個案的田野調查，我們可以深入地了解福佬客族群移動、彈性及重置的具體過程，並且在微觀的分析中是否展現出福佬客的主體位置？

因此本文製作「兩溪流域宗教寺廟地圖」及「六龜南／北客家後裔調查點地圖」，透過宗教信仰變遷與互動、客家後裔族群分布來釐清了解六龜甲仙地區北部客家族群與當地原有族群互動情況及空間分布特色，以利進行個人生命史訪談過程中，釐清當地信仰變遷和族群互動之間的關聯性。在六龜、甲仙進行的耆老生命史訪談，是以北客後裔為主要對象，藉由深度訪談來彙整及分析，探討此區域內北客族群福佬化具體形成的原因。

其次，會以福佬客與鄰近地區原住民族群的歷史互動過程中，相互文化涵化過程進行討論，具體的面向包含地名、婚姻關係、宗教信仰、貿易等。

二、樟腦產業與日治時期北客產業移民

本文檢視六龜、甲仙、福佬客與樟腦相關史料、期刊文獻共計82筆，初步釐清日治時期六龜樟腦產業拓殖與北部客家族群南遷之因。以下介紹關於樟腦、福佬客、六龜與甲仙地區之重要文獻資料，以建構時代背景對社會發展影響之時序。

（一）福佬客

福佬客方面的論述，許嘉明和陳緯華由祭祀信仰及地緣意識探究福佬客形成之因，都指涉出「境」（或邊界）的重要性。許嘉明（1973）以祭祀圈概念探討聚居於彰化縣（埔心、永靖及附近地區）境內客家居民，聚居大多以祖籍的地緣關係為認同基礎，此區許多客家人已經福佬化，有些甚至不知自己為客家人。從彰化地區的漢人移民來看，呈現出泉漳客雜居情形，而先後是以泉（海邊平原）漳（山邊平原）客（山區邊緣）為順序，人口數多寡順序也是如此。此區客家人分布大多在彰化平原，作者推斷是因此區土地較貧瘠與利用價值較低而吸引客家人（具刻苦耐勞的特性），另一個因素是客家人只能以偷渡方式入臺，故人數較少。

漢人移民至臺灣，首先面臨的是適應生態環境與番害問題，再者是族群生存上的衝突；為了生存以共同信仰為社會群體的區域範圍，因此地方廟宇會逐漸發展成當地的經濟、社會、防禦與政治中心。透過介紹廟宇（霖肇宮、永安宮、天門宮與南瑤宮）沿革、祭祀圈範圍與主要祭祀活動，來闡述地域組織與廟宇的關聯性。而此區客家的地域群體可分三種類型：「同姓氏的聯

繫」、「客家村落間的聯繫」，以及「超祖籍人群的聯合」。

陳緯華（2006）認為「地緣意識」（對居住土地與人具有特殊情感與認知）是重要的社會分類原則，地緣意識是以「庄」為空間單位，透過祭祀儀式來界定成員與區域，並讓此空間內的人有著「氣運共同體」的概念。漢人社會的地域單位，是以民間信仰的祭祀活動界定，又民間信仰的活動大多以「庄」為單位，是比較合適作為理解地緣意識的基本單位。祭祀圈主要是從社會組織來討論地方社會結構，他認為從文化觀念可以更進一步闡明祭祀圈對地方社會構成的重要性，也認為地方人們透過集體儀式（祭祀活動）來組織與界定區域內成員，是為地緣意識的文化內涵。

什麼祭祀活動界定了庄？祭祀圈研究以地方守護神界定了庄與成員，他研究彰化平原東南區的福佬客區域，以地方守護神來界定是有困難的。另外，此區域內各村莊現今大多都有地方守護神廟宇，但時間尺度若延伸到日治或清代來看的話，這些區域內沒有地方守護神廟宇反而是常態現象。因此以三部分來探究：

1. 早期村莊大多沒有全村公共的地方守護神廟宇

強調地方守護神不是「庄」的必要條件，以「七十二庄」資料分析來看，從康熙末期（1720）到1920年間，七十二庄只有15個庄有地方守護神廟宇，許多廟宇都是成立於1920年之後，故認為應會先有土地公廟。以庄是否擁有地方守護神廟宇說明的三種狀況：A.沒有全村性的地方守護神；B.有全村性地方守護神但沒有該守護神廟宇（過渡期）；C.有全村性地方守護神也有其廟宇。

2. 公共土地公與庄的同時出現

土地公廟與庄幾乎同步出現，地方守護神則是普遍遠晚於庄的形成，因此從土地公祭祀來了解庄，會比地方守護神更合適。

3. 以土地公與天公祭祀來了解庄的內涵

人們共同舉行祭祀活動可畫出區域與成員的界線。陳緯華以彰化平原福佬客區域的三種現象說明：A. 許多村莊並沒有收取「丁口錢」；B. 收丁口錢的廟宇是年尾的集體天公祭祀（謝平安）；C. 此區域的村界是透過土地公廟管轄範圍確認，因此有角頭土地公與管轄全境的土地公。要注意到土地公的境與祭祀圈成員可以重疊，但天公祭祀只屬於「本庄」的成員才可參與。

當地人土地公的五種形象：地理神、地方行政小吏、土神、后土與財（福）神。土地公祭祀以地理風水層面將居民連結起來，天公祭祀從業報、福禍層面將居民命運聯繫，這兩者所界定的庄是種「平安境」的概念。土地公、天公此兩者與地方守護神的差異在於具開放性與社會性，因地方守護神是具宗教功能與社會交流性質的存在，可以隨居民遷移，土地公則否。

韋煙灶（2013）指出過去學界對於清代廣東省籍移民的祖籍地，在閩、客族群與方言的地理空間分布有些混淆不清，歸咎於清代當時的省籍觀念與化約後的分類方式，客家被模糊成自廣東而來，日本政府也沿用此種區分方式大致區分為福、廣兩種類別。故採取田野調查、文獻分析（以族譜為主）與地圖分析並行方式，將祖籍地或研究區的族群互動關係，放到主題地圖上呈現，以驗證相關假設。並利用閩、客式地名所繪製的原鄉閩客歷史方言圖，將研究區世居家族祖籍放到此歷史方言區圖中，藉以推斷各世居家族的族群歸屬。也指出同宗族最容易聚居，其次為同鄉鎮祖籍，再其次為同音系區社群。但即使屬於同一族群，由

於彼此原鄉相距較遠，口音差異大，語言溝通較為困難，相對不容易毗鄰而居。

另外，更指出祖籍被認定為「客底」或「福佬客」的理由，大抵有七種理由：（1）因為信仰三山國王；（2）祖先來自廣東（或饒平）；（3）有人告訴我，祖先是客家人；（4）以前曾經被附近的人稱為客仔或客人；（5）祖堂有姓氏堂號；（6）保留部分與現今臺灣閩南話優勢腔不同的辭彙或唸法；（7）有客家式的祖先或祭祀活動（如過天穿日）。並強調在未進行多方面詳實的研究調查之前，不可驟然論斷研究區特定世居家族是「客底」或是「福佬客」。

（二）樟腦產業

關於臺灣樟腦產業方面，以陳正哲（2008）探討臺灣樟腦產業與空間之互動歷程及切合經驗現象，他認為各區域中的製腦歷史為一組連續的動態過程，說明著樟腦業組織與生產力維持間的關係。期望有助於臺灣樟腦業產業文化及客家產經特色的理解。研究取向著重（1）提出臺灣樟腦業製腦群體擇址之環境特性與支配因子的樣貌說明。（2）根據樟腦業生產脈絡下製腦空間的建構過程，呈現腦寮空間安排與生活方式間的共構關係。

其研究以文獻資料分析為基礎，加上田野調查、參與觀察與深度訪談之資料，進行史料歸納、深度訪談與實質空間此三方面資料間的交互比對辨證。並說明製腦區的條件與型態方面，在政策（申請制度、活動範圍）影響下，以集團組織共同伐樟熬腦的方式進行擴展，形成集中生產且獨立活動的經營樣貌。再者，以利於生產為考量前提下，原料、水源與地形等三者為選址條件，

促使製腦區域形成不規則狀的「散居式」區域空間型態。

　　黃紹恆在〈客家族群與臺灣的樟腦業史〉中指出，回溯臺灣樟腦生產的歷史，臺灣客家與臺灣的樟腦生產，事實上形成不可分離的關係。這批因「採樟拓墾」而從北部下來的客家人分布主要地區以甲仙和六龜地區為主。王和安根據其日治戶籍資料整理發現，在西元1895至1945年之間，甲仙地區來自新竹州的移民共有499筆有本籍紀錄，其中廣東籍有467人、福建籍27人、熟番5人。其廣東籍移民人口佔甲仙庄移民總人口數的93.6%，探究其移民之原居地，最多分別是來自竹東峨眉、竹東竹東、竹東北埔、苗栗公館、大湖大湖、竹東橫山、竹南頭份、竹南南庄、苗栗苗栗、竹南三灣等新竹州之郡庄。至於六龜的北客移民，多居住於六龜里庄、荖濃庄和土壠灣庄一帶，然而這群「北客」與隸屬於右堆之新威、新興、新寮等三村的「南客」，在語言的使用、信仰型態及社會生產結構上均存在著相當大的差異性，因此在六龜地區形成了兩區迥異的客家人口結構。

　　邱正略（2014）表示關於南投縣的客家區域研究，一直是被忽略的，以往中部客家研究大多集中於東勢、卓蘭一帶，以及彰化永靖一帶的福佬客研究。因此透過從與樟腦業較相關的「腦丁」、「隘勇」資料建檔分析，來探討埔里、魚池的客家族群遷移。是何時遷居過來？是清代？還是日治？這兩地客家族群原居地在哪裡？轉居地又是哪裡？腦丁與隘勇有多少是本地人？族群類別分布又是如何？

　　邱正略主要研究目的在於透過樟腦業，導入客家島內移民問題，而非探討水沙連地區的樟腦業發展。並提出以「客家再移民」來稱呼這群因招工前往中部內山的客家族群。研究資料是以

運用日治時期臨時臺灣戶口調查統計資料、戶口調查簿,以及《臺灣總督府公文類纂》等史料,來釐清遷移時間點、路線與族群類別;並同時利用《臺灣堡圖》、《臺灣舊地名之沿革》,來整理腦丁、隘勇的「原居地」與「轉居地」。

(三)六龜甲仙區域研究

六龜與甲仙的區域研究方面,從區域開發探究來看,鄭安晞(2010)研究指出臺灣南部山區是比較晚的,因為原住民聚落不多,也沒有專司伐木官方或民間組織進入,所以在日治時期還保有相當完整之林相。為了防範高山原住民的侵擾以及進一步開發邊區,官方制定了移住平埔族政策以及允許採腦的助長下,山區的移民日漸眾多。南部地區的較早製腦在鳳山支廳的蕃薯寮(旗山),明治36年由荒井泰治在甲仙埔成立臺灣採腦拓殖會社(由樟腦局台中支局管轄),也讓甲仙埔形成聚落。而今日的六龜沿山地帶為了「防蕃」政策與經濟開發而移民。在明治36、37年時,因平埔族人協助總督府討伐下三社,後被安排至荖濃溪沿岸13里(約51公里)間的守備工作。日治初期因對樟腦需求量日增,在官方計畫下移民,以苗栗廳移民居多。後因採腦事業擴大,舊蕃薯寮廳的新威、狗寮、荖濃、四社蕃、排剪、雁爾(桃源)等地移民增多,於1909年時設立「六龜里支廳」,管轄日益包容的荒埔與增加的蕃地。後有專賣局的小川技師對蕃薯寮廳內樟樹調查,造就日後在六龜、甲仙、茂林、那瑪夏與桃源等五處的樟腦業發展。

而關於六龜及甲仙兩地區域的研究,則是以王和安(2007)〈日治時期南臺灣的山區開發與人口結構:以甲仙六龜為例〉

（碩論）最為直接相關，其研究有三個層次問題：（1）論述當時的山地開發情形，主要以樟腦業的開發與經營為主；（2）分析移民的生活與工作情形，以及對於該區開發的影響；（3）探討移民對於當地人口結構影響與當地地方社會的關係。因此在文獻史料方面，透過地方誌、官方統計、調查報告與戶籍資料為主要討論依據。從「地方誌」來看人口數量變化問題；「官方統計」則以1915年第二次臨時臺灣戶口調查來看祖籍／族群、年齡層、婚姻狀況、鴉片吸食、纏足等人口結構的人口數及性別數，但第二次調查未詳盡記錄「職業」（需依據戶籍資料來看）；以「調查報告」分析與考證；最後在「戶籍資料調查統計」方面以：篩選、分類及統計，以取得相關數據資料，如職業、祖籍、婚姻關係等項目，進行分析探討。建立日治時期戶籍資料庫後，以職業比例、婚姻狀況的比例，祖籍人數所佔的比例等，以進一步分析當地的人口結構情形。

　　王和安指出目前現存於甲仙與六龜的日治時期戶籍資料，主要包括「寄留戶口調查簿」與「除戶簿」兩大類。依甲仙與六龜戶政事務所的編號分類，甲仙鄉日治時期戶籍資料現存共24冊，六龜現存共22冊。另外，日治時期樟樹呈現北少南多的情況，南部的樟樹也大多分布於山坡地帶，不利開發。因此南部地區開發樟腦而產生的腦丁招募問題，成為日本殖民當局必須面對與解決的重要課題。如1904年時蕃薯寮廳外來戶口增加為469戶，人口增加1,282人，與廳內之石油開採和樟腦開發事業的勃興有密切的關係。

　　他提出北客南遷（新竹州移民）的原因是：（1）勞動力不足──余清芳事件（1915）造成勞動減少，以及臺灣總督府專賣

局和臺灣採腦拓殖合資會社，與腦丁簽訂契約，明訂契約的主要目的是防止腦丁任意逃亡，導致勞動力不足，而影響到樟腦業的開採；（2）移民本身的因素——生活出現問題來此區投靠親友、工資為平地3倍、獲得比原居地更大的滿足。來自新竹州的移民算是因為官方政策下所造成的「經濟性移民」，而其後陸續亦有移民現象產生，表現在投親、收養、婚姻關係上。

劉正元（2010）以高雄沿山兩溪流域地區福佬客歷史遷移（1900年迄今）的個案，來探索福佬客的族群認同變遷過程，並以社會／信仰重置的觀點，來討論福佬客的族群界線變遷機制。高雄六龜里及甲仙埔之北客移民，因日治時期後社會經濟的改變，造成客籍族群人口大規模的南移。北客在新的移居地重新進行一連串迥異於原居地的族群互動、社會生活、信仰組織等的重置，而這些重置的過程，北客移民會發展許多在地化策略，目的在延續既有的認同，但也同時造成北客族群的族群界線認同的改變。隨著移民世代的增加，北客族群後裔信仰歷經如此重置的過程：從一神逐漸變為多神的信仰；從原鄉信仰轉變為在地信仰；從單一族群變為混同族群的信仰。並將強調這些信仰與認同的改變，是導致本區北客移民在地化的重要機制。

這些重置的過程，使得北客族群認同的方式、型態及內容發生重大改變。這些改變說明了：1.北客移民的信仰並非保持一成不變的形式，相反地，原鄉信仰的形式會受到社會文化變遷的影響；2.北客可能會因為時空、環境的變化產生一些處境式或選擇性的客家認同；3.北客的信仰重置過程並非是福佬化而已，他們同樣會以相同的方式與其他族群（如在地的平埔族群）作融合，並發展出許多在地化的策略，例如與其他民間信仰神祇結合、神

祇偶像化、招募跨族群的信徒等。於是，在彈性、重置及延續的在地化的策略中，保有客家認同與失去客家認同這兩個看似矛盾的概念，在歷史文化重置的過程中不期而遇且同時發生。（劉正元，2010）

　　藉由上述文獻可得知兩溪流域間北客後裔福佬化發展因素是不同於其他區域，可惜的是目前仍鮮少有生命史陳述來做為具體之例證。此外，近年來有「洪捆源商店」的史料出土，或許可以藉由洪捆源商店的書信往來、日記或貿易資料，來逐漸建構荖濃溪一帶之漢人、客家族群（南北客）、平埔族及原住民之經濟貿易及族群關係。

三、田野地介紹

　　高雄兩溪流域之客家族群主要分布的行政區域有甲仙、杉林、美濃及六龜，其中以甲仙與六龜客家族群最為特殊，因分布在這兩區域中的客家族群有著在日治時期時因樟腦產業而南遷的北客族群，以及從南部六堆地區遷入的客家族群。

　　首先，在六龜區域主要的族群分布有客家、外省、平埔及原住民，其中以客家族群最為特殊，因在六龜區有「採樟拓墾」而來的北部客家移民，和自乾隆以來由美濃或高樹遷入的南部客家移民。六龜北部客家移民多居住於現今之六龜里庄、荖濃庄和土壟灣庄一帶，然而這群「北客」與隸屬於右堆之新威、新興、新寮等三村的「南客」，在語言的使用、信仰型態及社會生產結構上均存在著相當大的差異性，因此在六龜區形成了兩區迥異的客家空間結構（圖1）。

圖1　六龜南北客分布區域

資料來源：鄭育陞繪製

圖2　甲仙北客分布區域

資料來源：鄭育陞繪製

再者，甲仙區域曾經是屬於卡那卡那富族傳統領域，之後因受到臺南玉井地區大武壠族往東遷徙的影響，到清末時期時，族群分布以平埔族群為多數。直到日治時期後，因「腦樟」產業開發，以及國家和資本雙重力量的影響下，讓甲仙一度成為繁華之地，之後也因樟腦業沒落而變為蕭條。而甲仙地區主要的客家族群分布相對六龜來說較為單純，以現今甲仙區行政中心為主要分布區域。

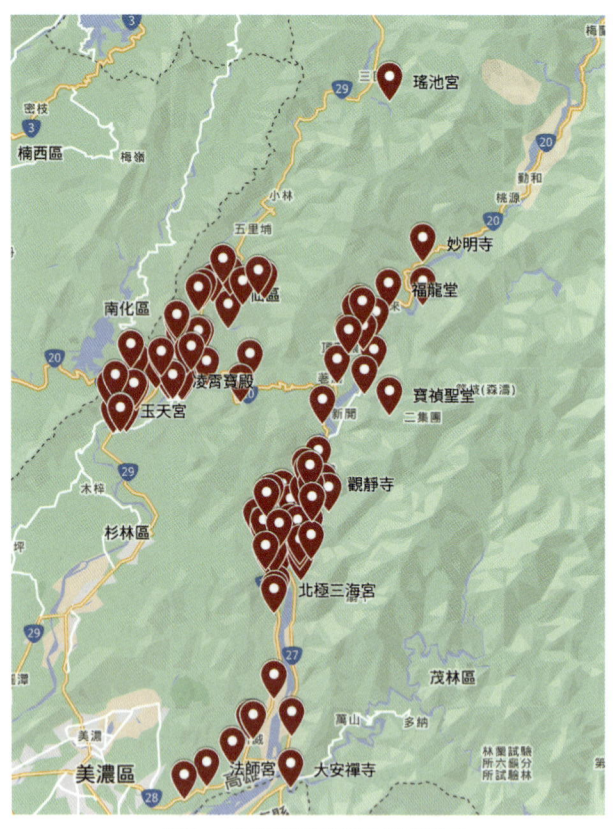

圖3　兩溪流域寺廟位置圖

另外，本文利用進行兩溪流域客家族群田野調查之際，建立「兩溪流域寺廟位置圖」（圖3）以釐清族群與信仰的空間區域，也藉由伯公廟沿革所記載之人、事，來了解六龜及甲仙地區北部客家族群與當地原有族群互動情況以及分布概況。

兩溪流域中有閩南、客家及原住民（大武壠族為多數）等三個主要族群，當這三族群相互接觸互動後，讓當地宗教信仰慢慢產生融合或改變，當然有些區域因較早開發、與其他族群互動較少而保持著原來樣貌。依據劉正元（2010）討論顯示兩溪流域的宗教互動是影響著族群關係主要因素，但詳細情形仍須詳加討論。

首先，以六龜區來看，如新威里（新民庄）在乾隆年間就是屬於美濃客家移民（南客）形成的聚落，也是以伯公作為地方守護神。因此，在聚落內可找尋到守護庄頭各方位及因環境或其他需求有著不同性質存在的伯公信仰。此種現象和北客族群較多的六龜里和義寶里不同，如神農宮與太平福德宮，位於義寶里的神農宮以前曾是平埔族的公廨，太平福德宮則是強調與旗美褒忠義民廟之間的互動，而旗美褒忠義民廟正是屬於北客的原鄉信仰。

再者，以甲仙地區來看，甲仙義民廟是個明顯將閩客原三者融合的最佳案例，祖師祠曾經是四社寮部落公廨；中正大福德宮不僅保存伯公信仰也融入了地基主信仰。

最後，兩溪流域內的宗教寺廟信仰與分布型態，不僅種類繁多，更是受到族群多元性及互動所影響。因此，由本文上述所舉例來說，只能顯現出在宗教的互動下逐漸拉近了族群的距離，但同時也讓宗教產生變化及融合的狀況。另外，宗教與族群兩者互動下產生的社會關係及變化，仍有待日後進一步討論。

四、兩溪流域客家族群生命史訪談

本研究對六龜地區北客後裔及甲仙地區客家後裔進行生命史深度訪談，兩溪流域個案的田野調查，可以深入地了解福佬客族群移動、彈性及重置的具體過程，能否展現出福佬客的主體位置？六龜地區訪談了四名北客後裔，個別為吳盛璿、林坤龍、劉耀源和江有福；甲仙地區訪談四名客家後裔，三名為北客後裔，各別為陳誌誠、鄭添德、林何建梅，一名為六堆南客廖邱菊貞。訪談時間為2024年1月份到8月份。

（一）吳盛璿（六龜）

吳盛璿民國25年（1936）出生於甲仙，為甲仙腦長吳明凰[2]與妻廖月妹[3]所生之六子，在三歲時過繼給無子嗣的親姑姑吳鳳妹扶養，吳鳳妹與其生父吳明凰是雙胞胎姊弟。吳明凰與吳鳳妹祖籍廣東梅縣（嘉應州），從新竹州竹南郡頭分庄蟠桃遷至甲仙開發樟腦事業，吳明凰在甲仙開設了腦寮，吳鳳妹則在桃源鄉的腦場進行製腦作業。

吳鳳妹住在桃源鄉梅山口，與夫婿戴阿水以製腦為業，兩位皆是苗栗南遷採樟焗腦的北客，直到吳盛璿七足歲時為了讓他念書，而舉家搬遷到六龜里居住。吳盛璿讀六龜公學校一年級下學期時適逢太平洋戰爭美軍轟炸臺灣，每日空襲時，一聽到水雷聲響就得趕快揹起書包跑往學校後面的水田田邊路疏散回家，到了

2　明治22年（1889）生。
3　明治28年（1895）生。

二年級時空襲更加嚴重，公所指示人員疏開，因此全家便疏散進入桃源鄉樟山村住了一年，待戰爭結束後才又搬下來六龜。但是因為疏開而沒讀到二年級，復學後老師說你同學都念三年級了你也直接念三年級，便請識字的人教導臺語漢文。到了三年級下學期才有教育廳編書開始上注音符號、國文、算術、作文。到了五年級上公民、自然、地理、歷史等等，畢業時全班47人以第三名成績畢業，但似乎因為窮人子弟的關係，前二名都有獎狀及鋼筆字典等獎品，吳盛璿就只有拿到一個木製放墨盤盒。原本要就讀旗山農校，家裡也因賣了兩大袋香菇收入了兩百萬元，本以為儲金利息足夠作為學費，奈何當時遇上臺灣惡性通膨，錢一下子就變薄了，二百萬最後竟然僅能買下一匹粗白布，因此書也沒再繼續讀了，舉家便搬遷到紅水坑，以務農為生。

　　甲仙的二哥盛琨曾帶著盛璿到甲仙去待業三個多月，欲尋找公所的工作機會，然而卻一無所獲，盛璿只好回到紅水坑，在家後面的47、48林班地伐木、燒木炭、造林、苗圃、擔柴賣樣樣都做，直到17歲時劉祖銘先生來請他幫忙雜貨店生意，因此才在「源興百貨行」當了店員三年多。

　　21歲時父母親賣了三分多的水田地幫盛璿娶了一門媳婦，成家後便開始負擔起家庭的生計了，有天盛璿到六龜里買辦日常用品，經過大番伯母[4]的麵店，大番伯母問他現在在做什麼工作，盛璿回答說還在找尋新工作，大番伯母說你如果有興趣，我這麵攤盤讓給你，我年紀大了做不來了！盛璿便回家與妻子商

---

[4] 六龜國小校長劉耀源的母親。

量,然後招了一個互助會,盤下麵店[5]後,夫妻倆即搬下來六龜里經營麵店生意,賣麵做了36個年頭。27歲時盛璿買下太平路的房屋開飯店做生意,也將母親接下來一同居住,定居在六龜里。

　　吳家來自苗栗頭份後庄,先祖十世汝讓公來自廣東梅縣(嘉應州)堂號渤海。盛璿是第十六世。盛璿常聽養父母親說,當時民國30年左右,六龜里至隧道那邊的地很便宜,如果要買我們可以買十甲地,但是因為心裡還是想著回苗栗,所以一直沒有大量置產。直到盛璿這一代就深根在六龜了。而其生父吳明鳳則因在甲仙從事腦長,所以盛璿的五位哥哥也就都在甲仙落地深根了。盛璿雖深根在六龜,但對於原鄉苗栗的族親鏈結也相當緊密,例如在民國68年間祖地為了重做風水墳墓,盛璿也出資二萬元,民國88年祖墳重修及生父母遺骸入金也有出資二萬元。盛璿喜練字,並利用月曆背面空白頁,寫下許多對聯及生活節慶禮俗用語、勵志詩句、歷朝年表,例如食新婚茶句聯、百家姓發祖地號等(圖4至圖9)。

(二)林坤龍(六龜)

　　林坤龍民國32年生,2023年已80歲,出生在六龜里,退休於六龜鄉公所之鄉民代表會。父親林乾水生於1907年,家中有妹為旺妹、登妹、貴妹及一弟乾輝,林乾水為了採樟焗腦的工作,攜家帶眷的與母親張喜妹以及坤龍的大姊炳妹與大哥坤祥南

---

5 在日治時期舊市場內。

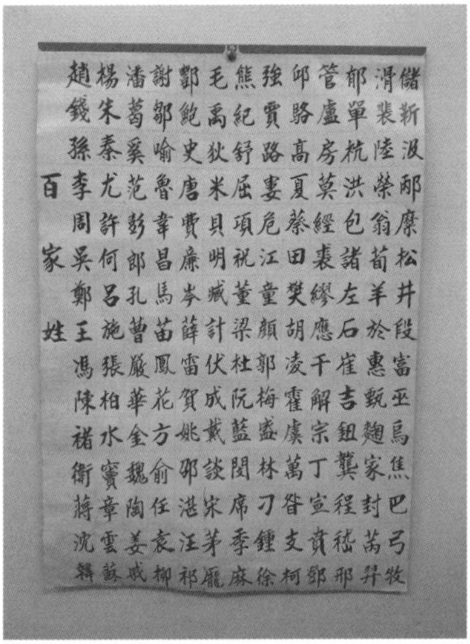

圖4　百家姓
（洪淑芬攝）

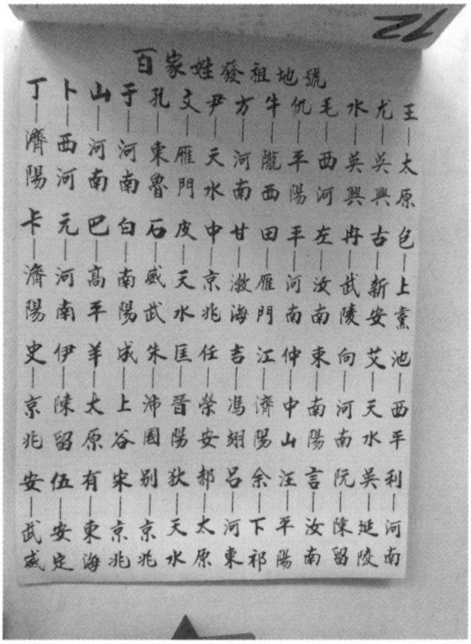

圖5　百家姓發祖地號
（洪淑芬攝）

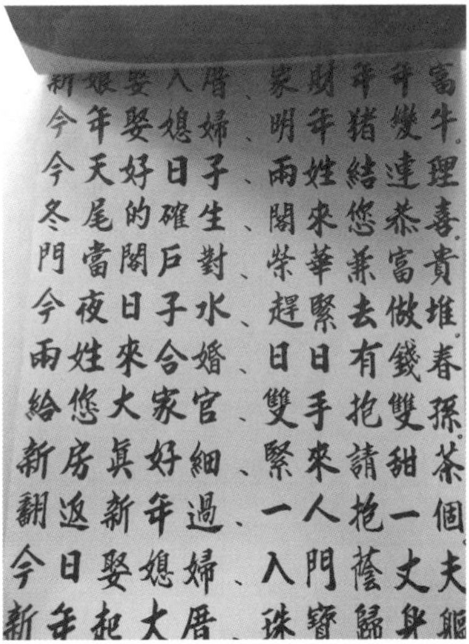

圖6　新婚禮慶用語
（洪淑芬攝）

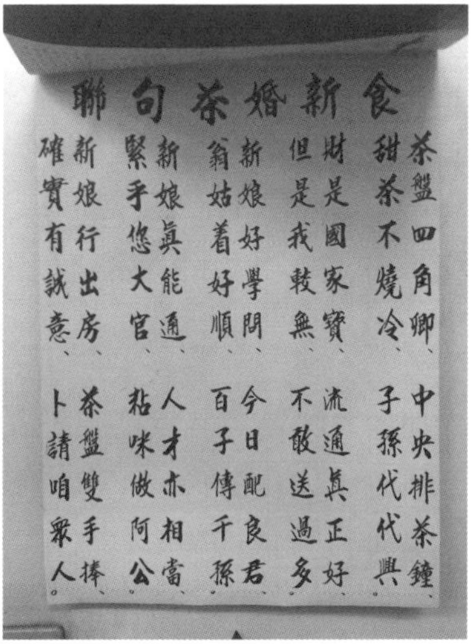

圖7　食新婚茶句聯一
（洪淑芬攝）

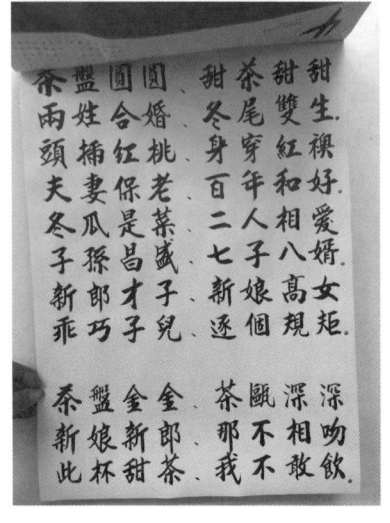

圖8　食新婚茶句聯二
（洪淑芬攝）

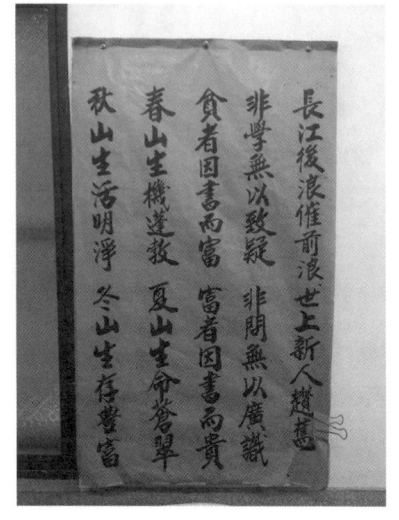

圖9　勵志詩句
（洪淑芬攝）

遷至高雄六龜。林坤龍在家中排行第七，也是三子，上面有二個哥哥坤祥及坤松，與四個姐姐炳妹、戊妹、秀英、玉英，下面還有弟弟坤和。

　　林家來自於廣東潮州府饒平縣扶陽樓高都水口社，來臺祖是第九世的玄伍公，起先落腳於苗栗公館，坤龍的爺爺德安公時再移居至大湖郡獅潭庄。坤龍的父親林乾水為了生計則舉家南遷至六龜參與製腦工作。初來時住在紅水坑，經過二、三年後才搬遷到六龜里內和平巷。起初工作於腦長鄭萬福之腦寮擔任收納人（擔夫），協助運送樟腦成品下山及物資上山。在昭和13年時，32歲（虛歲）轉任到腦長呂傳露之腦館。直至1977年辭世都一直從事製腦相關工作（圖10、11）。

　　坤龍在六龜和平巷出生，也在六龜成家立業，雖是北客卻是

圖10　林乾水工作證照
（林坤龍提供）

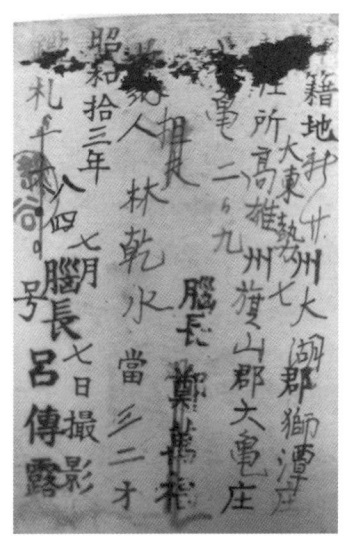

圖11　林乾水工作證照後腦館
　　　資料註記（林坤龍提供）

土生土長的六龜人。國民政府來臺後終止了製腦業後，林家成員則大多任職於政府機關，如林業試驗所、電信局、區公所等。在六龜因為製腦業的興盛，所以有很多北部來的客家人，大家平時在生活上就會相互照應，諸如張氏家族、范氏家族、楊氏家族、邱氏家族等等。主要祭祀神祇為六龜里的土地公與位於扇平的媽祖廟（圖12、13）。

坤龍與原鄉的互動連結緊密，不僅將族譜保存完整，更進一步用電腦整理謄寫打字族譜（圖14、15），以及參與林氏宗族於苗栗成立的「祭祀公業林玄伍公嘗」，並於每年清明節後的第二個禮拜日於苗栗公館定期召開宗族會議。而在坤龍家則因父母皆安葬於六龜第一公墓，因而於每年元宵節後的第一個禮拜日為掃墓日。

圖12　林玄伍派下系統表
（洪淑芬攝）

圖13　六龜里福德宮
（洪淑芬攝）

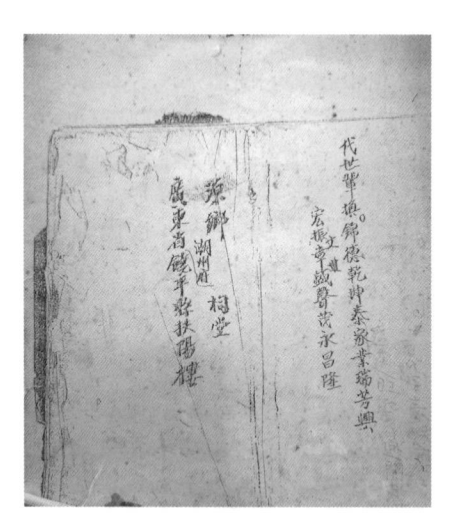

圖14　林氏族譜（林坤龍提供）

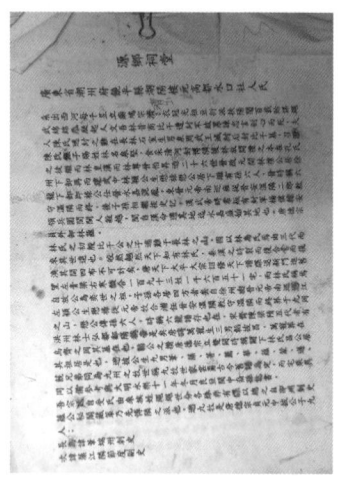

圖15　林坤龍重新打字整理之族譜（林坤龍提供）

在六龜里聚落中與福佬的互動則多是在農作時的換工會有比較多的接觸，以及在迎神廟會時比較有機會一同參與。與同樣來自苗栗、嘉義、南投的客家人會相互照應，一起時也以客語交談。而在一般日常的朋友互動、物品買賣及工作場合便會與福佬人說福佬話，在家中則是會說客家話，目前自己的小孩與孫子在家還能聽說客語，但平時社交用語則多為華語與福佬話。

（三）劉耀源（六龜）

劉耀源出生於民國21年（1932），現今91歲高齡，身體與精神很是硬朗，其祖父為六龜第一間腦館的主人劉明檢先生。劉家原籍廣東陸豐，來臺首處祖地為苗栗獅潭大湖，明治年間劉明檢先生南下在六龜開設了第一家腦館「蘭記腦館」，並號召了很多劉姓、范姓的親戚一同下來打拼，並在甲仙和六龜都擁有製腦場。明檢一心想打拼事業，在入贅到賴家後，接著南下六龜經營樟腦業。其子劉德祿精通漢文及日文，在日治時間當兵時，曾被調派到廣東當通譯兩年，婚後育有2女1男，耀源為其獨子。

劉明檢因為一心想衣錦還鄉，從沒想過在六龜終老，因此從未在六龜置產，無奈劉家的腦館事業在劉明檢先生60歲腦中風後，身體與腦館的經營皆走往下坡，其子德祿平日疏於正業，並無法把腦館生意經營好，最終腦館走上關門一途。耀源憶起腦館過往說：

> 我出生時祖父已經往生，都是聽祖母說的，她說我父親常常借錢給員工，腦館以前有留下4本帳簿，裡面都是被欠帳的帳目，家道中落後看到就心徒傷悲啊。帳本裡啊，哪個人借

圖16　劉耀源先生
（劉耀源提供）

圖17　家戶門口名牌
（洪淑芬攝）

圖18　劉耀源與樟山國小同事（劉耀源提供）

圖19　樟山國小校長宿舍前合影（劉耀源提供）

圖20　六龜吊橋（劉耀源提供）

圖21　全家人於家門前合影（劉耀源提供）

5塊、哪個人借3塊，很多啊！那些腦丁啊很多沒錢還就溜了，跑到花蓮啊去當腦丁或者入贅，找不到人啦！我也覺得錢是要不回來了，便將帳簿全部都給燒了！

耀源小時候面臨家道中落，卻更發奮努力唸書，光復後，民國36年適逢屏東師範學校招考，耀源媽媽為了籌措讓他去參加考試的車資，拿了家裡一塊布去賣，賣了50元，讓他坐車去屏東考試，耀源也不負母親的期望，順利考上屏師。民國40年畢業後便回六龜教書，成為六龜子弟中第一位校長，最後也退休於六龜國小。在杏壇中耀源任職於六龜、桃源、甲仙、美濃之間，也曾在桃源樟山跟朋友一起養鹿。婚後生了5女1男，耀源夫婦非常注重孩子的教育問題，辛苦拉拔，借錢也讓孩子接受教育，每位孩子皆為大學畢業，也有多位從事教育工作，兒子更是旅美學成歸國。

耀源現居住地為原來祖父到六龜時居住的房子，從一開始的茅草屋頂，到後來的黑瓦屋頂，現在則已蓋成磚造透天厝了，就是一直沒搬家過。而先祖們的墳塋墓碑上還有刻上「苗栗」的祖地。耀源平常的語言使用上會說四種語言，其中客語也會說四縣腔和海陸腔，耀源小時候都是講日語，光復後才說漢語和客家話。因為長年在山區教書，跟原住民則說日語，平常教書說華語，生活中與鄰居朋友互動多用福佬話，四種語言在使用上都相當流利。

（四）江有福（六龜）

江有福出生於民國20年（1931），現今92歲高齡，為江金

蘭先生入贅於劉家後所生之六子，劉氏為六龜福佬人，因此在家日常用語為客語與福佬話並用。江金蘭先生原籍新竹州苗栗廳，因採樟焗腦的工作而南下，一開始全家住在位於寶來的腦寮，在製腦工作式微後才舉家搬遷至六龜里。江有福先生與妻陳登妹（六龜人）育有6男3女。

有福自小在腦寮長大，熟悉山林中的環境，長大後從事測路、林班伐木等工作，後來更與兄弟一同投資，在藤枝與寶來等地從事林木伐木業。直到民國49年，有福29歲時在六龜里斥資20萬元，買了百坪的地，蓋起房子開起了「百貨行」。大誠百貨服飾行位於現今六龜鬧區太平路71號，在臺灣經濟起飛時期曾有三位化妝品專櫃品牌美容師進駐在這裡，在當地可說是相當具有規模的百貨行。尤其有福之妻登妹，是六龜人也是福佬人，卻能在生意往來中善用客語、福佬話、原住民語和日語等等數種語言，與各族群人士互動融洽，也因此迎來好人緣與好生意。

有福因為從小生長在腦寮，雖然母親為福佬人，但日常生活中是福佬話和客語並用，但是結婚後身為福佬人的妻子雖也會說客語，但多用於生意往來上，或者與聚落中的客家人談話時會使用客語之外，在家庭互動中，與孩子卻都是使用福佬話交談，因此有福的下一代就都已經不會說客語，也聽不懂客語了。

六龜里太平路因為是台27甲線，也是通往南橫的主要道路，所以此處可說是商

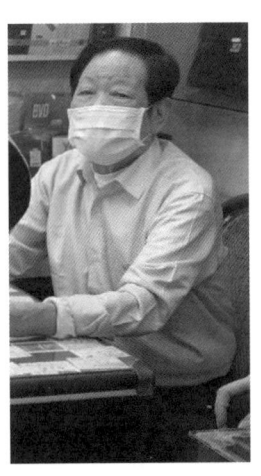

圖22　江有福先生
（洪淑芬攝）

機蓬勃、店家林立。有福表示在此地做生意的店家大都是客家人，主要姓氏有林、江、蕭、邱、鍾、劉等家族，本地之福佬人及平埔族人則多居住於六龜老街以北的區域。

（五）陳誌誠（甲仙）[6]

陳姓宗族來臺始祖十五世特賢公，原籍廣東省陸豐縣南河鄉下園村坑尾祠。特賢公之子：毓道、毓戴、毓蒼、毓燕四兄弟渡海來臺（年代不詳）。初期落籍於苗栗西湖鄉，後逐步擴展至坎頭屋、外獅潭、造橋等地，俟事業有成後於乾隆39年（1774）遂還廣東原籍地迎接特賢公及家眷來臺定居。特賢公過世後葬於苗栗西湖鄉五湖村，其夫人蘇氏逝世後葬於頭屋鄉外獅潭的番仔坪，民國68年（1979）一起遷葬於西湖鄉楝榔埔陳氏墓園內。目前十五世來臺神祖牌放置於苗栗縣頭屋鄉獅潭村85-1號二十三世陳宅。放置來臺神祖牌的對聯上書寫：「積善家風揚祖德、書香世第紹宗功」、「潁水善容投客轄、川波遠照聚星垣」、「潁迎祥光騰碧宇、川繞春色映華堂」。

毓道公派下生有仁錦、仁海兩子。毓戴公派下生有仁茂、仁貴、仁芳三子。毓蒼公和毓燕公因被原住民殺於頭屋外獅潭，為繁衍後代，因而將仁芳繼嗣毓蒼公派下，仁海繼嗣毓燕公派下。

清道光10年（1930）仁海逝世葬於苗栗縣頭屋鄉象山村孔廟旁之獅茅坪。清道光12年（1932）仁海公派下六大房衆房族叔姪等42人，創立祭祀簿並成立祭祀基金會，規定入會會員每

---

[6] 資料來源：〈陳家族譜，來臺組特賢公派下〉，2021年10月編。

人捐助壹銀圓，總計收到會底佛銀四十大元整。祭祀簿上載明的宗旨為：「今寄臺灣，兄弟叔姪離散，既無宗祠，又無祖墓可以統會，日久必忽親疏而忘上下，我族人無忘祖德，敬起一會以時祀之，上可報祖宗之恩，下可辨尊卑之分。」

日治時期大正元年（1912）11月20日仁海公後裔陳福官等20名，贈與土地成立祭祀公業陳維和公嘗，成立管理委員會。大正8年（1919）公嘗又向日本政府買下頭屋鄉外獅潭段923地號山林地。仁海公派下六大房輪番於每年農曆2月初一祭掃祖先墓園，輪流耕作祭祀公業公嘗嘗田，並決議當年輪耕公嘗嘗田者，隔年負責祭拜仁海公墓園。目前各大房除二房外，均有各房墓園，分別為：一房福德穎川佳城（1975）、三房中興塔（1969）、三房光福公墓園（1988）、四房友武墓園（2003）、五房中興庄穎川墓園（1975）、六房墓園（苗栗頭屋2000年重修、高雄甲仙1989年重修）。

民國68年（1979）1月29日公嘗召開派下會員大會，決議興建特賢公派下陳氏墓園於原毓戴公墓園（西湖鄉棣榔埔），並於當年農曆2月初三日辰時開工興建，同年農曆7月16日巳時舉行圓盆，民國69年（1980）農曆元月26日開青。管理委員會決議每年清明節為共同祭祖日。

陳氏宗族自十五世特賢公後，各世代分別以：毓世輩、仁世輩、泰世輩、安世輩、標世輩、福世輩、承世輩、世世輩、業世輩命名。祖譜更規定自二十五世輩以下依次以下列順序命名：衍、慶、家、聲、克、昌、其、德、瑞、雲、景、星。並在族譜內記註清明節請神送神之祭儀與進金之流程及相關事項。

日治時期部分房族遷往大湖、南投、甲仙及花蓮發展，其中

仁海公派下六房的陳阿和[7]、陳番古[8]、陳學老[9]三兄弟於明治41年（1908）陸續遷往甲仙發展，一開始到甲仙時，寄留於當時的臺灣採腦拓殖合資會社支配經理人渡邊國重之處，爾後輾轉到阿里關庄及簡仔霧社、紅花子社（今那瑪夏），陳阿和與陳番古也曾到六龜媽哩散社的寶來溪、邦腹溪等地，皆是從事採樟焗腦的工作。三兄弟隨著鄉里其他的腦丁南下甲仙時，也將父親的骨灰帶下來。

在大正8年（1919）起，三兄弟中的最小的弟弟陳學老戶籍便寄留在贊生堂中藥行吳阿祥之處，吳阿祥介紹了原鄉苗栗銅鑼的林阿妹予陳學老，兩人並於大正15年（1926）5月時結為連理，婚後生了9個孩子，只活下了3個，唯一的男丁為生於昭和15年（1940）的陳基助。

陳阿和與陳番古均無子嗣，而陳學老與陳林阿妹唯一的男丁陳基助，則擔負起了祭祀大伯父與二伯父神主的任務。陳基助與其妻陳徐阿妹育有2男2女，並於甲仙埔中正路創建了「皇都飯店」，現則為其子陳氏二十三世的陳誌誠接管。

陳誌誠於民國58年（1969）出生於甲仙，接管父親留下的皇都飯店後，一邊在家鄉從事甲仙的文史保存工作多年，蒐集文物及老照片，並將老照片數位化，誌誠堪稱是甲仙的年輕耆老，對於文史保存工作不遺餘力。

明治年間，陳家三兄弟在南下甲仙時即將父親的骨灰帶下

7　明治11年（1878）生。
8　明治19年（1886）生。
9　明治24年（1891）生。

圖23　陳誌誠先生（鄭育陞攝）

圖24　陳誌誠先生及母親陳徐昭妹女士（洪淑芬攝）

圖25　甲仙埔皇都飯店及好客標誌（洪淑芬攝）

圖26　皇都飯店內之骨董收藏品（洪淑芬攝）

圖27　皇都飯店內展示之甲仙老照片（洪淑芬攝）

圖28 和安吊橋（皇都飯店提供）

來，因此家族便在甲仙修建祖塋。誌誠憶起在民國70年代，當時要將阿祖、大伯公、二伯公、阿公等墳塋從油礦巷遷出至甲仙第一公墓時，正擔憂手邊資金預算不足，就在此時，竟有位老先生透過鄉里耆老及警察來找到他，說要還錢給陳番古先生！但此時陳番古早已往生多年，而他的神主牌是由其弟基助之子誌誠供奉著。原來事情的來龍去脈是這樣的：約莫在光復前後的時期，這位老先生向陳番古借貸了一筆金錢救急，陳番古當時從事腦丁工作，不用當兵，收入也相當穩定，遇到鄉親有難也很熱心的慷慨解囊，後來這位老先生舉家搬離開了甲仙到都市去打拼，並輾轉到了中部發展，爾後子孫也是事業有成家庭和樂，便漸漸淡忘了當年與陳番古的借貸一事。但就在甲仙陳家準備遷移祖輩墳塋而苦惱於經費不足時，這位老人竟作夢夢到了陳番古來跟他追討

當年借他的那一筆錢，他從夢中驚醒後，也憶起借貸這一事，便趕緊透過各種管道到甲仙尋找陳番古的後人想要歸還這筆錢，而在幾番尋訪後，找到了誌誠，最終就在警察與耆老的見證之下，將當初借貸之金額換算成當時的幣值現值，歸還給陳家。而巧的是，這筆錢的數目，用於祖輩新墳塋的遷建恰恰剛好，真是令人嘖嘖稱奇啊！

在甲仙埔的客家人多為腦丁，都是呼朋引伴共同下來打拼的北部客家族群，很多都有親戚關係或朋友關係，在腦寮工作時都用客語，一直到光復後不採樟焗腦後，這群腦丁家族紛紛搬到山下來並開始新的生活模式。客家人刻苦耐勞的族群特性在異鄉更顯堅毅，客家人除了耕作務農之外，更多的是做起生意來，在甲仙埔有一半以上的店家都是客家人經營的。誌誠的阿公和阿婆搬下來甲仙埔後就開起了雜貨店，然後是飯店，接著擴大營業開分店。阿婆除了顧雜貨店生意之外也會自己做些客家食品在店裡販售。此時陪伴在阿婆身邊的女兒和兒子，一個照顧雜貨店的生意，一個開起飯館生意。誌誠的媽媽是新竹竹東的客家人，跟隨著誌誠的外公舉家遷移至臺南楠西從事務農的工作，但因為喜歡烹飪，因此婚後在民國66年便開了飯館經營小吃，原本在老街開，後來才遷到中正路上來擴大營業。

誌誠因為小時候是跟著阿婆住，所以聽得懂客語，也能說上一些，雖然媽媽也是客家人，但是父母親反而在家庭生活中，與孩子之間的對話都多為福佬話，只有在長輩間的對話，或者遇到客家人的客人時才會使用客語，否則平常大多數的客人也都是使用福佬話交談。因此從誌誠這一輩開始，跟兄弟姊妹之間、同學朋友之間的互動也都是使用福佬話了，在客家移民的第三代便已

漸漸不會使用客語了。在甲仙埔一共有五種族群的人共同居住，平埔族群、閩南族群、客家族群、原住民族群與外省族群。所以在這五種不同的族群所建構的社會關係中，共同使用的語言是福佬話。

雖然無法使用客語，但是誌誠對於自己是客家人的身分認同，卻有堅定而強烈的認同情感，也與原鄉苗栗西湖的公嘗保持著緊密的互動。即便甲仙的義民廟已經變成閩南廟了，雖然自己的信仰是觀世音菩薩，但是他也會在固定時間到甲仙埔的四個土地公廟拜拜，在清明節前選一個日子去掃墓，並驕傲的告訴別人「我是客家人」。

（六）鄭添德（甲仙）

鄭添德父親入贅甲仙陳家，陳氏宗族自十五世特賢公後，各世代分別以：毓世輩、仁世輩、泰世輩、安世輩、標世輩、福世輩、承世輩、世世輩、業世輩命名。祖譜更規定自二十五世輩以下依次以下列順序命名：衍、慶、家、聲、克、昌、其、德、瑞、雲、景、星，並在族譜內記註清明節請神送神之祭儀與進金之流程及相關事項。

日治時期部分房族遷往大湖、南投、甲仙及花蓮發展，其中仁海公派下六房的陳阿和[10]、陳番古[11]、陳學老[12]三兄弟於明治41年（1908）陸續遷往甲仙發展，一開始到甲仙時，寄留於當

10　明治11年（1878）生。
11　明治19年（1886）生。
12　明治24年（1891）生。

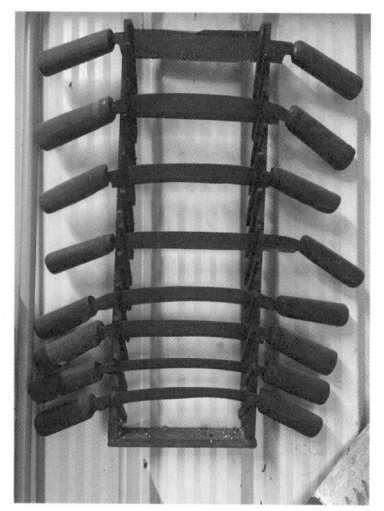

圖29　鄭添德先生（吳宜庭攝）　　圖30　鄭添德收藏的百年刨刀
（吳宜庭攝）

時的臺灣採腦拓殖合資會社支配經理人渡邊國重之處，爾後輾轉到阿里關庄及簡仔霧社、紅花子社（今那瑪夏），陳阿和與陳番古也曾到六龜媽哩散社的寶來溪、邦腹溪等地，皆是從事採樟焗腦的工作。三兄弟隨著鄉里其他的腦丁南下甲仙時，也將父親的骨灰帶下來。

在大正8年（1919）起，三兄弟中的最小的弟弟陳學老戶籍便寄留在贊生堂中藥行吳阿祥之處，吳阿祥介紹了原鄉苗栗銅鑼的林阿妹予陳學老，兩人並於大正15年（1926）5月時結為連理，婚後生了9個孩子，只活下了3個，2女1男，其二女陳秀英因此招了贅婿，但在入贅時，其婿鄭金海已表明其入贅為協助陳家管理雜貨店家業，但將來生下之孩子仍然必須姓鄭，兩人婚後生下4男3女，其中最小的孩子即為鄭添德。

圖31　五齒鋸（吳宜庭攝）

圖32　自製解說牌（洪淑芬攝）

　　添德回憶父親鄭金海,他是來自竹東的客家人,原鄉因為發生水災,所以父親舉家遷徙到了美濃,金海是在美濃出生的,一共還有2位兄弟與4位姊妹,但因為太窮了,所以最小的妹妹被送養,金海一直惦記著,後來在花蓮有找到了妹妹,但再回老家已找不到任何親戚了。因為家貧的關係,所以金海從小工作就很

圖33　錦昌商店老照片（吳宜庭攝）

圖34　鄭添德解說採樟刀鋸（鄭育陞攝）

勤奮，想要努力開創出一片天地，婚前在杉林的製材所工作，與陳秀英結婚之後，在陳家獨子基助去當兵時，協助經營陳家位於甲仙埔和安街的雜貨店，金海人緣好，又會講客語、福佬話、日語，所以能和各種族群的人做生意，也讓鄉親賒帳，因為大家都務農要有收成時才能變賣農產品成現金，所以店裡的賒帳簿是一

整疊的,有的欠了一、二個月,有的則欠了半年。甚至有到現在人往生了錢也沒還了,都變成呆帳了。

從只有二排商品展示架的阿婆店,經營到店面一間一間的擴展到擁有五間店面的規模,至此原本的小雜貨店也轉變成了超市名為「錦昌超市」,成了甲仙埔生意最好的雜貨店,爾後大兒子又在甲仙大橋橋頭前開了分店。金海在超市生意穩定後,大舅子陳基助也退伍回來了,遂將經營權交給妻子、大舅子和孩子,然後開始在甲仙附近買地,建地、農地、林地都買,後來大舅子搬出來中正路的地蓋了房子經營飯店。金海自己則在甲仙周遭種植各種果樹,荔枝、龍眼、芒果、柳丁、橘子、橄欖等等,還有種麻竹筍外銷日本,一共請了十多位員工幫忙。

添德的阿公和阿婆搬下來甲仙埔後就開起了雜貨店,接著添德的父親擴大營業開分店,都展現客家人勤奮刻苦的精神。阿婆除了顧雜貨店生意之外也會自己做些客家粿,還會出去「ㄎ粿」(叫賣)。不僅賣菜、賣水果,還會做加工品,如高麗菜酸、鹹菜、橄欖蜜餞、芒果乾等等在店裡販賣。

鄭添德於民國56年(1967)出生於甲仙,接管父親留下的果園之後,也因為父親留下了以前在製材所工作時的四把鋸子,以及祖父是腦丁的關係,開始蒐集木鋸、刨刀等與製腦產業相關的工具。以前進山前要先將鋸子等工具先揹運進去,先蓋一座腦寮讓腦丁舉家進駐,所以這些工具之於腦丁是工作之要,抱著想延續祖輩採樟製腦與伐木的產業,添德多方蒐集相關器具並將它們展示出來,說著先祖的故事,懷抱著傳承客家文化的精神。

在甲仙很多腦丁的後代,這些客家人的生活記憶都有樟腦,添德回憶小時候念甲仙國小時,還有很多小朋友頭上會長頭蝨,

然後就會塗上樟腦油再用布把頭包起來，那時候的樟腦油還都是純天然的，這是屬於甲仙客家後代的回憶。

添德的爸爸媽媽都是客家人，但在家父母親跟孩子說客語，孩子聽得懂但回話都是用福佬話，因此他們這一代都是聽得懂客語，但無法說客語。跟兄弟姊妹之間、同學朋友之間都是福佬話對談，有時雖然知道對方是客家人但也都是用福佬話對談，在客家移民的第三代便已漸漸不會使用客語了。在信仰分面則跟著父母親信奉甲仙的義民廟和土地公廟。雖然無法使用客語，但是添德對於自己是「純」客家人的身分認同，卻是無庸置疑的，並能驕傲的大聲說出「我是客家人」。

（七）林何建梅（甲仙）

居住在甲仙阿里關的林何建梅，民國28年（1939）生，祖籍廣東饒平，出生地為新竹州苗栗公館的福基（出磺坑），再搬到銅鑼，但因為當地土地貧瘠，水源不夠導致稻子收成不好，所以在建梅的姊夫楊光輝移墾到甲仙鄉小林村北勢坑後，建梅的父親何發松與母親劉春妹也帶著18歲的建梅和兄姊南遷到了小林村北勢坑。這個時候的北勢坑幾乎都是族親好友相互介紹來的客家人，原以為這裡水源足夠農作物能有好收成，誰知道一來沒多久卻又遇到了民國48年的八七水災，這大水硬生生地把田和農作物都給沖走了，但何家仍刻苦勤儉的繼續在這塊土地耕耘。

建梅在24歲時嫁到阿里關羌埔，當時阿里關還有一些客家人，如彭姓的腦丁後代，但是現在幾乎都已搬離此地了，僅剩少數幾位老人家是客家人，但都還能用客語進行交談，只是有些是四縣腔有些是海陸腔，有部分聽不懂。

圖35　林何建梅女士（吳宜庭攝）

圖36　檳榔攤小店（洪淑芬攝）

　　建梅的先生是從臺中東勢角來的福佬人，在阿里關羗埔開雜貨店有菸酒牌，嫁過來也是務農，很少出門，就務農照顧家庭小孩，一直到50幾歲時女兒才幫建梅在羗埔中和巷開了一個檳榔

攤做生意，建梅每天早上三點就要起床炊碗粿、炊肉粽忙著做生意。

日常祭拜都照著原鄉苗栗的禮一年八節，過年、正月半、清明、端午節、七月半、八月半、重陽、冬至都會做節日，平常則拜庄頭的土地公。掃墓則都是在清明前看日子去。

建梅能用流利的客語交談，女兒因為嫁回苗栗頭份，所以也會說客語，但是其他的孩子就不會說了。建梅平常會用到客語的機會只有回娘家裡以及附近的客人對話才會用到。

（八）廖邱菊貞（甲仙）

居住在甲仙阿里關溝尾的廖邱菊貞（圖37），民國24年（1935）生，娘家在屏東內埔，嫁來阿里關，先生是福佬人，加上因為海陸腔與四縣腔不同，所以雖然能說客語但是也很少有機會說客語，下一代也就只能聽懂但不會說客語了。家裡務農，種植芭樂、香蕉等果樹，也種植竹筍和加工竹筍製品。因為在山裡物資比較缺乏，在家裡就會自己做粿，鹹粿或紅龜粿，紅龜粿會包花生、紅豆和一種特別的餡，將米炒過後磨成粉再加入糖做餡。信仰祭拜方面，在娘家是拜五穀王，嫁來阿里關後就拜震威宮裡的五穀王和庄頭的土地公。

五、結論

高雄兩溪流域的福佬客為例所面對的是一個福佬／客家的兩難處境，這與海外華人所遭遇的華人／非華人的兩難處境，在本質上是十分類似的，雖然後者牽涉到的是一個跨國移動的現象。

圖37　廖邱菊貞（吳宜庭攝）

本文嘗試利用 Ong 所提出的彈性（flexibility）、移動（mobility）及重置（repositioning）等三個主要概念，來詮釋高雄兩溪流域的客籍移民的歷史人群遷徙。本區域客籍移民主要源自於日本大正時期因樟腦產業移動的移民，少部分才是因婚配移入的南部客籍。第一批客籍移民職業以腦丁為主，以親屬網絡關係再招募來自新竹州的客籍親屬，隨著山區採樟焗腦產業的發展人數不斷遷入兩溪流域，戰後樟腦產業逐漸沒落，北客移民也逐漸落地生根。六龜北客移民的祖籍地以廣東嘉應州梅縣、饒平、陸豐等地為主；甲仙則較為多元，甲仙埔以福建汀州府武平（曾屋）、漳州府詔安（游屋）、廣東陸豐（陳屋）為主，甲仙少部分客籍移民來自六堆（阿里關邱屋）及從嘉義梅山（游屋）等地

遷移而來的再次移民。

　　首先，隨著殖民情境及在地宗教之間的互動，逐步打破了自清代以來牢不可破的客／閩／原族群界線。自20世紀初北客移民進入前，清代中期以來自臺南逐步移入兩溪流域的四社熟番已經漢化，成為說福佬話的平埔族群。接下來1895年後日本人的殖民情境意外讓在地內部的不同族群差異性變小，日本殖民政府於1911年六龜設立蕃薯寮公學校六龜分教場，部分受訪者表示：他們在公學校教育場域逐漸學習使用福佬話，促使被殖民者內部形成彼此認同的群體，藉以區別殖民者。其次，來自於宗教上的共融機制促成社會群體內部宗教上的融合，迄今北客的原本信仰逐漸與在地福佬人、平埔族群形成交疊現象，例如本文中提到的甲仙褒忠義民廟，原先是由北客移民所信仰，後加入玄天上帝、地基主等原存於當地的信仰形式並存；六龜地區的北客仍以伯公信仰為主、與在地福佬人的福德正神信仰共疊等；那瑪夏的北客則集中在民族村，以媽祖信仰為主。

　　客籍移民後裔的在地化過程十分迅速，但個別人士對於客家文化底蘊的理解及認同歧異性之間差異性不小。以六龜的林坤龍家族及江有福家族為例，兩者是客籍移民第二代，且皆娶當地福佬人為妻，但前者仍保有高程度的客家文化認同，會教第三代子女客家話，且定期返回桃竹苗原鄉參加營會，保有高度的客籍認同與祖先崇拜。相反地，後者早已不參與原鄉親屬網路活動，第三代子女已完全不了解遷移史細節及不會使用客語。基本上這些歧異性來自與個別家族對於客家認同程度、族群婚配關係及鄰里社會互動等因素影響。最後，研究發現：對北客而言，語言使用僅是社會需要，並非是決定客家文化認同的關鍵因素。此外，決

定北客自我定義文化認同的關鍵來自於族譜中的自我定位、祖先崇拜的形式、與原鄉間的連結,以及日常生活中的客家實踐行為(例如命名、宗教行為、飲食、祖先崇拜等)。

# 參考文獻

Certeau, Michel de., 2004, "The Practice of Everyday Life." Pp. 474-485 in *Cultural Theory and Popular Culture: A Reader*, edited by John Storey. Hertfordshire: Harvester Wheatsheaf.

Cohen, Myron L., 1968, "The Hakka or 'Guest People': Dialect as a Sociocultural Variable in Southeastern China." *Ethnohistory* 15 (3): 237-292.

Constable, Nicole (ed.), 1996, *Guest People : Hakka Identity in China and Abroad*. Seattle : University of Washington Press.

Jolly, Margaret and Martha Macintyre (editors), 1989, *Family and Gender in the Pacific: Domestic Contradictions and the Colonial Impact*. Cambridge: Cambridge University Press.

Long, Norma and Ann Long (editors), 1992, *Battlefields of Knowledge: the Interlocking of Theory and Practice in Social Research and Development*. New York, Routledge.

Mills, Mary Beth, 1999, *Thai Women in the Global Labor Force: Consuming Desires, Contested Selves*. New Jersey: Rutgers University Press.

Ong, Aihwa, 1987, *Spirits of Resistance and Capitalist Discipline*. Albany: State University of New York Press.

——, 1996, "Cultural Citizenship as Subject-Making: Immigrants Negotiate Racial and Cultural Boundaries in the United States." *Current Anthropology* 31 (5): 737-762.

——, 1999, *Flexible Citizenship: The Cultural Logics of Transnationality*. Durham: Duke University Press.

Rosaldo, Renato, 1988, "Ideology, Place, and People without Culture." *Cultural Anthropology* 3 (1): 77-87.

Stoler, Ann Laura, 1977, "Rice Harvesting in Kali Loro: A Study of Class and Labor Relations in Rural Java." *American Ethnologist* 4 (4): 678-698.

Walker, Andrew J., 1999, *The Legend of the Golden Boat: Regulation, Trade, and Traders in the Borderlands of Laos, Thailand, China and Burma*. Bangkok: Curzon Press.

王和安，2007，《日治時期南臺灣的山區開發與人口結構：以甲仙六龜為例》。中壢：中央大學歷史研究所碩士論文。

林瑞珍，2004，《遠嫁似曾相識的他鄉——廣東梅州客家女子於臺灣南部客家庄的生活》。臺東：國立東華大學碩士論文。

林衡道，1963，〈員林附近的福佬客村落〉。《臺灣文獻》，14（1）：153-158。南投：臺灣省文獻委員會。

邱正略，2014，〈腦丁、隘勇與客家移民——埔里、魚池比較研究（1875-1945）〉。《興大人文學報》52：1-48。

吳中杰，2007，〈雲嘉南福佬客的語言與文化〉。《高雄師範大學國文學報》，96年12月號。

徐正光，2000，《第四屆國際客家學研討會論文集：聚落、宗教與族群關係》。臺北：中研院民族所。

許嘉明，1975，〈彰化平原福佬客的地域組織〉。《中研院民族所集刊》，36：165-190。臺北：中研院民族所。

張維安、黃毅志、黃紹恆、張翰璧、洪馨蘭、馮建彰、陳玉苹，2000，《臺灣客家族群史》。南投：臺灣省文獻委員會。

張翰璧，2020，〈「客家帶」的歷史與空間形成：以臺灣和馬來西亞為例〉。頁269-282，收錄於張翰璧、楊昊主編，《進步與正義的時代：蕭新煌教授與亞洲的新臺灣》。臺北：巨流圖書公司。

張翰璧，2000，〈桃竹苗茶產業與客家族群經濟生活間的關係〉。頁88-89，收錄於張翰璧等編著，《臺灣客家族群史產經篇》。南投：臺灣省文獻委員會。

莊英章，1998，〈客家研究的人類學回顧〉。《客家文化研究通訊》，創刊號：22-29。

莊雅仲，2006，〈客家發聲：從隱形人策略到承認的政治〉。中央大學客家學院「全球視野下的客家與地方社會：第一屆臺灣客家研究國際研討會」。中壢：中央大學客家學院。

韋煙灶，2013，〈彰化永靖及埔心地區閩客族群裔的空間分布特色之研

究〉。《地理研究》59：1-22。

陳正哲，2008，〈臺灣樟腦業製腦空間中的區域性格與生產方式之研究〉，行政院客家委員會獎助客家學術研究計畫。

陳緯華，2006，〈傳統漢人社會中的庄與地緣意識：彰化平原福佬客地區祭祀圈文化的歷史考察〉。《臺灣宗教研究》5：105-126。

黃紹恆，2000，〈客家族群與臺灣的樟腦業史〉。《臺灣客家族群史－產經篇》。臺灣省文獻委員會，51-85。

游振民，2001，《當客家遇上福佬——中壢地區的社會變遷研究（1684-1920）》。中壢：中央大學歷史研究所碩士論文。

黎淑慧，2003，〈客家人與福佬族群的互動——從福佬客談起〉。《白沙人文社會學報》2：237-254。

賴志彰，2004，〈夢裡不知身是「客」——認識福佬客的歷史和文化〉。《文化視窗》67：84-89。

賴閔聰，2004，《員林的福佬客》。臺北：政治大學民族學系碩士論文。

鄭安晞，2010，〈昔日鬱鬱，今之濯濯——臺灣南部原住民傳統山林經驗與現今山區開發之對話〉。《臺灣社會研究季刊》78：327-353。

劉正元，2010，〈福佬客的歷史變遷及族群認同（1900年迄今）：以高雄六龜里、甲仙埔之北客為主的調查分析〉。《高雄師大學報》28：93-112。

劉正元、簡文敏、王民亮，2010，《大武壠：人群移動、信仰與歌謠復振》。高雄：高雄市立歷史博物館。

蕭新煌、黃世明，2001，《臺灣客家族群史－政治篇》。南投：臺灣省文獻委員會。

戴寶村、溫振華，1998，《大台北都會圈客家史》。臺北：北市文獻會。

第 4 章 原民農產銷系統中的族群關係：
以高雄那瑪夏原鄉龍鬚菜產銷為例

周曉鳳

國立中山大學社會學系碩士，高雄市那瑪夏鄉公所

王宏仁

國立中山大學社會學系教授

一、前言

　　本研究希望調查高雄原民地區的經濟作物發展下的族群關係。在高雄、屏東地區，高比例客家群體（依據客委會的定義）居住在原民鄉村西邊的行政區，包含六龜、杉林、美濃、高樹、內埔、萬巒、新埤，相鄰著桃源（布農族、Hla'alua 族、Kanakanvu 族）、茂林（魯凱族）、三地門、瑪家、泰武、來義、春日（排灣族）等原民部落。這兩個群體（原民、客家）沿著屏東 185 縣道（俗稱沿山公路）分布公路兩旁。有關此交接地區的族群互動，有不少的歷史研究，但是對於當代該地區的族群關係，很少探討，特別是不同族群之間的經濟關係如何合作、競爭，幾乎沒有看到，因此本研究希望釐清這個當代的族群關係。

　　近年來，那瑪夏龍鬚菜逐漸從甲仙往那瑪夏方向移動，進入那瑪夏第一個南沙魯部落的河床邊就有龍鬚菜田，再往瑪雅部落前進，會發現沿路上道路兩側越來越多龍鬚菜田，再前往台 29

線起點達卡努瓦部落，龍鬚菜種植的面積越來越大，可以發現龍鬚菜在那瑪夏農作已佔有一席之地，而種植的農民主要都是當地原住民，然而那瑪夏農作收購，主要來自外地漢人大盤，那麼這裡族群關係如何呢？而如果有原民加入大盤的收購行列後，會出現什麼情況呢？族群之間的關係會有什麼變化呢？因此本文的問題意識是：

　　1. 原民大盤，向族人收購龍鬚菜，是否有族群優勢？

　　2. 加入大盤收購以後，原來的原漢族群關係是否會變化？呈現什麼變化？

二、族裔經濟關係相關研究

　　Light and Gold（2000）對於族裔經濟研究的分類，概念上區分為族裔經濟、族裔圈地、族裔所有權經濟、族裔控制的經濟等四類，其中「族裔圈地、族裔控制的經濟」屬於族群的結構鑲嵌議題，「族裔經濟、族裔所有權經濟」則偏向族群關係鑲嵌議題。本研究採取「關係鑲嵌」的理論視角，從族裔所有權經濟，以及族裔企業的經營角度，來思考原住民的經濟產業跟漢人（客家族群）之間的社會網絡，是如何建立、發展、維繫，透過探討原民作物的產銷網絡情況，來理解龍鬚菜農作經濟網絡裡頭的族群關係。

　　對於族裔經濟的解釋，一個理論是「少數團體的中間人（middleman minority）」觀點（Bonacich，1973），也就是因為少數族裔鑲嵌在更大的社會結構之中，這樣的結構位置使得這一群少數族裔無法進入主流社會，因此只好往另外的商業發展。不

過如此的觀點受到不少批評，例如少數族裔不一定是經濟上的弱勢者，像馬來西亞的華人所掌控的經濟；也不一定是政治上的弱勢者，如二戰後的臺灣外省籍佔據了政府部門的高階位置，或是日治殖民者佔據了政經統治的高位階。或是說，在原鄉地區的漢人蔬菜水果盤商，雖然是少數，但也不一定弱勢，「少數中間人」的觀點忽略其他可能更重要的因素，例如資本的大小。

張翰璧（2013）對於東南亞客家的族裔經濟，做了詳盡的調查與書寫。她從「時間歷史」與「東南亞空間內部行動者（族群）」兩個面向，探討兩者如何構築了「東南亞客家」的組織特性與文化內涵。她的發現之一，是認為客家族群在東南亞當地是「雙重的中間少數人團體」（張翰璧，2013：67），但是她並沒有說明，為何這樣的社會位置就會讓客家人經營某些特定的行業。另外一個發現是：「新馬客家的族群產業，是鑲嵌在以方言、宗族組織為核心的整體華人社區結構中，主要運用的是族群資源」（張翰璧，2013：76）。雖然她探討了客家族群經濟內部的網絡連結，也稍微探討跟其他方言群的互動，但是這個方言群如何跟外在族群進行連結（例如跟馬來人、印度人、英國殖民者）與互動，進而形塑自己的特定族群認同，則比較少討論到。本研究的目的之一在於補足此部分的研究空白：不同族群之間的互動情況如何，而不是強調族群內部的網絡關係。

對於臺灣的族裔經濟研究，已經有不少文獻，例如黃登興、蔡青龍、蕭新煌主編的「臺灣越南配偶的族裔經濟」（2012），探討了臺灣各地越南裔女性配偶經營的「微型企業」情況；或者王志弘、沈孟穎（2009：2010）的族裔經濟地景研究，或是潘美玲（2011a）對於印度藏人毛衣貿易的研究。也有部分是關於客

家族裔經濟的探討，例如有關南部客家產業的研究，有討論國家政策對於特定客家地區的產業影響，例如美濃的煙葉發展（洪馨蘭，2004），但是比較少族群關係的探討。

跟本研究高度相關的臺灣原民－客家族裔產業經濟研究，是潘美玲（2011b）針對新竹尖石梅花部落，以及橫山鄉內灣的「藺草產業」調查。該研究指出，在日本殖民政府當年的理蕃政策下，原鄉開始種植藺草，進而成為經濟作物。而藺草產業的整個生產供應鏈過程，具有清楚的族群分工現象：原料生產與供應是由原住民負責，中間商的通路則是客家人掌握，終端的藺草製造業則是福佬人經營，這樣的產業族群分工鏈，歷經百年也沒有改變，一直到整個產業沒落為止。該研究顯示一個有趣地方是：尖石鄉、橫山鄉是比鄰著原鄉部落、且客家人比例佔總人口比例60％以上的兩個鄉鎮，因此如果是原鄉產物出口的話，空間上必然要經過這些客家庄，在當年交通十分不發達的時刻，位居原民、福佬人中間的客家人，可以利用地利之便而擔任經銷人員。那麼在當代社會，交通已經非常便利，即使空間上位居原民－福佬之間的客家社區，是不是也同樣具有如此的產業經濟優勢呢？

屏東185縣道沿山公路兩旁的當代原漢族群關係，研究並不多，有比較多的平埔族跟漢人關係的研究，但是目前有關排灣、魯凱與漢人的互動研究不是很多，如果有的話，都是偶爾提及而已。其中一個研究，是林淑玲（2010）調查屏東縣內埔鄉、萬巒鄉的客家族群，訪問了一些客家地區的商業經營者，這些訪談記錄了日治時期、二戰後初期的客家人跟原住民經濟關係，它包含了以下三類：因為通婚而取得原民區域的經濟特權（例如開採山林、取得土地所有權、經營雜貨店）、設立交易所／供銷會跟原

住民交換物品、雇用原住民來耕種田地（包含稻田、蔗田）（林淑玲，2010：234-257）。這樣的經濟關係反映了當時臺灣的社會經濟結構與政治統治情況，也就是：（1）當時的原民經濟仍是「維生經濟」型態，漢人（客家人）透過原漢物資的交換，可以經營獲利；（2）當時有嚴格的山地管制區政策，因此一般漢人並無法進入原民地區，但是原民則可以到漢人地區（求學、交換物資、勞動），漢人透過婚姻可以進入原民管制區來經營事業。

那麼在當代的政經環境下，交通環境、資訊流通都已經大幅改變，也有大批的原住民進入漢人社會工作，那麼林淑玲所描述的1970年以前的原漢／客關係，也應該已經大幅度改變，那麼目前的原漢／客經濟關係是以何種面貌呈現，是本研究希望去探索的。

另外一份陳怡君（2018）的研究，提及平埔族進入客家聚落後的互動故事。她引述萬金地區老人家的回憶，當進入萬巒國中時候，該校學生就會自動區分為三個小團體：客家、福佬與原住民。萬金地區的平埔族講福佬話，因此認為自己是福佬人。不過當他們去鄉公所辦理行政業務時候，「受到客家職員的差別對待……，孩子出生要到戶政單位登記戶口時，因為語言上的不同以及不識字的緣故，常被客家人寫錯字或是故意登記成不雅的名字……。外地人（指客家人）對於萬金『風俗不好』的印象包括：好酒、懶惰、同姓婚、沒有文化等等，這樣的評價也反映出跟客家人勤耕儉讀的文化價值觀差異」（陳怡君，2018：224）。此外，萬金地區的天主教徒，因為自認為「文化較高」，因此「得以免於客家地主的剝削，改善多數當地人原本貧

困的生活」（陳怡君，2018：225）。從這些故事可以看出，客家意向在不同的社會脈絡下，會產生不同的意義跟評價。

高雄那瑪夏跟桃源的原鄉地區，一直都有大量種植經濟作物，桃源地區有愛玉、梅子、芒果、茶葉、咖啡，經濟作物最大的特色就是必須進入市場銷售，那麼這些農作物的銷售過程如何呢？是經過哪一些人、族群的手呢？這值得我們探討。

（一）族裔經濟串連起的文化意義之流

客家文化的意義，除了受到外人、外在環境影響之外，另外一個重點是自己本身的認同流變，這種自身認同變化的例子，在過去的移民研究很常見，而在臺灣的歷史中也不是異例，例如居住在鹿港的穆斯林，除了一些作法跟其他漢人不同外（例如寺廟方向朝向麥加、初一十五不吃豬肉），大概也很難跟其他非穆斯林人做區分了（趙恩潔，2020）。

有關客家認同流變的研究，林開世（2018）對於恆春半島滿州地區的族群現象研究發現，即使許多人知道自己是客家後裔，但是在當代生活中，這些人並沒有客家意識，大家都講臺語，「也沒有一種自覺的、獨特的生活方式，系譜上的客家關係，就是個別家族過去的經歷，並不會連接上一個集體性的主體」（林開世，2018：300）。這是非常有意思的論點，也就是國家官方的族群分類（原住民、客家、福佬），在此地區的日常生活中，並無法清楚辨識，甚至不存在於一般人的腦海中，「語言、血緣、文化都是流動而且有彈性的，族群很難得是個固定的人群分類」（林開世，2018：300）。當地人習慣以「番」（並不是指原住民）的觀念來分類人群，而非國家的官方分類，這顯示每一

個地方社會的族群分類，會隨著不同政經環境而做不同類型的人群分類。現在我們看到客委會的客家人口分布比例調查，跟現實日常生活中，人們如何去分類、看待族群關係，或許會有落差。也因此本研究希望透過族群的經濟關係，來理解此時刻的人們如何看待不同的族群。

就文化的部分來看，人類學者Hannerz（1992）提出「文化是一條河流」的概念，也就是說，文化不是一個外化的客體（reified object），不是有邊界、整體且一群人共同享有的東西，而是類似河流，河流的內容、流動速度、方向，都不斷在變化。他提出三個面向來處理文化：觀念、外部化（externalization）跟社會分布。我們比較熟悉的是觀念、外部化的東西（例如制度、群體行為），但是觀念跟外部化的結果，是不平均的分布在不同人身上，例如上述林開世的研究，就可以發現所謂的「客家文化」在滿州地區，跟在美濃或銅鑼，就會變異不同。透過族群關係互動，本研究希望來探討，那瑪夏地區不同族群的人，如何理解跟自己不一樣的族群。

（二）高雄地區的原民經濟與客家族群

在臺灣社會的資本主義方式尚未進入所謂的「山地保留地」區域之前，原鄉部落的經濟是自給自足，最多只是將多餘的農產品、獵物、山林作物，拿到山腳下跟漢人進行交易，例如在三地門鄉旁、隘寮溪口的水門，或甲仙跟六龜，就是原漢物產交易的地方。1970年代以前，以自主維生為主的農業耕作，在某些地區仍看得到，特別是一些沒有經歷強制遷村的部落（巴清雄、台邦‧撒沙勒、王宏仁，2022；葉高華，2017），例如屏東霧臺

鄉。霧臺鄉神山部落在日治時期曾經被「指導」種植水稻，但是戰後不久就放棄水稻種植了，因為這樣的作物種植，跟部落的文化習俗完全無關，而且氣候環境不同，也要面對灌溉溝渠維護、農作方式不同、品種取得不易等新事務，這些對於物理環境與社會組織跟傳統都不一樣，因此很難維繫下來。

從1970年代以後，原民經濟體系逐步納入臺灣的資本主義發展中，包含勞動力從原鄉流動到都市，原鄉土地開始種植符合市場需求的作物（如阿里山、霧社地區的高山茶、梨山的高冷蔬菜），使得漢人跟原民的關係更加複雜（蔡友月，2007；王梅霞，2014）。在南部地區，特別是2009年的莫拉克風災以後，越來越多的經濟作物進入到原鄉部落，搭配著臺灣社會對於原鄉農產的消費需求，原鄉社會的農作物，逐漸出現咖啡、紅藜、愛玉等很受大眾歡迎的經濟作物。以屏東來說，咖啡已經是原鄉最重要的經濟作物，也是全國最大的咖啡產地（張宇忻，2018），主要集中在三地門、霧臺、瑪家、泰武、來義以及春日（屏東縣政府，2016：3）。

在目前高雄原鄉部落裡，幾乎沒有以維生經濟農作種植為主的耕作，那瑪夏跟桃源區鄰接的鄉鎮是甲仙、杉林、六龜，一直都是重要的客家居住區，那麼這種空間的親近性，是否會讓這些原鄉所種植的經濟作物，會跟客家族群來產生關聯？也就是這些經濟作物的生產與流通的過程，是否也跟潘美玲所研究的藺草產業類似，是由不同的族群負責呢？當代的行銷通路是否還是維持以前的族群分工方式呢？

根據目前蒐集到的資料，原民的咖啡作物，有透過原民合作社產銷、自己現場或網路銷售，也有（漢人）盤商收購，前者的

種植原民農民是透過政府的協助而組織起來的產銷組織，後者則多半是原民小農，因此透過（漢人）盤商來處理，來減少許多產銷困境。在這樣的族群接觸過程，我們想要知道，不同的族群如何互相交流、凝視、形塑自己與他者的族群印象。

李宜澤（2020）曾討論到，不同路徑回鄉的族人，族群、政治及經濟背景與主流漢人社會不同，在跟地方行政體系、農政單位、社區組織的合作時，會碰到一些困難。而在那瑪夏的族群經濟關係，如果有一個原民大盤加入跟漢人競爭，那麼當地的原民菜農本來跟外地漢人大盤的社會關係，可能就會被影響，我們好奇，同一原民族群是否有市場競爭的優勢？抑或其他因素更重要，例如資本？而原住民大盤加入是否能藉由集體合作方式凝聚族群力量成為助力？抑或因族群而成為阻力，值得我們探究。

經濟關係中，資本的角色尤為重要，特別是在商業買賣中的週轉資金需求。一般來說，原住民企業所擁有的資本規模相對較小，因此在收購農作物時，不一定可以拚過有資金的漢人大盤。農產品收購大盤向農民收購龍鬚菜，再批發給下游的中盤商、零售商，或者自己設攤直接銷售給消費者，在整個產銷過程中，資金週轉和管理至關重要。

三、研究方法

本研究採質性研究方式，以深度訪談法及參與觀察法進行資料蒐集，透過實際前往龍鬚菜田觀察農民工作情況、收購盤商從整菜、分類及最後運送至市場等過程進行觀察與訪談。

本文的第一作者本身就是那瑪夏地區的布農族人，家中有人

種植龍鬚菜，因此有機會更貼近該地區的龍鬚菜產銷狀況，也因為是當地族人，所以比較容易訪問該地的族人，以及龍鬚菜相關人員，受訪對象包括在那瑪夏栽種龍鬚菜之農民、收購盤商、受雇採菜及運菜人員等。

受訪者大多為農民且早出晚歸，研究者為避免打擾農民休息時間，因此利用農民前往龍鬚菜田或趁農民送菜至集貨地時的不期而遇，以不耽誤農民工作時間，研究者把握住每次遇到的機會，並在經過對方同意後進行訪問，受訪情形請參閱表1。本研究以關鍵報導人（key informants）作為主要受訪對象，畫出本區龍鬚菜產銷通路，並採滾雪球方式蒐集相關訪談人員。有些受訪對象會進行兩次以上的訪問，雖然訪談時間不長，但研究者本身地緣關係可以就近取得訪談對象資料，也多次前往龍鬚菜田及集貨場觀察農民採收及送菜情形，研究者也跟著送貨人員實際至市場了解市場生態並記錄。

此外，為了解原住民大盤在某市場交易情形，透過原住民大盤介紹訪問了某市場的中盤阿姨，這位已在這行經營五十五年的阿姨，據受訪者說，算是受訪的原住民大盤貴人，因為該原民大盤有70%的菜都交給阿姨來賣，合作過程中，阿姨覺得年輕人出來做這行很辛苦，看到原住民大盤剛剛起步賣菜，就像是看到自己的孩子一樣，所以就幫忙收購，也會介紹其他客人給原住民大盤。

接下來本文將先簡要說明農產運銷的一般概況，以及在那瑪夏龍鬚菜產業關聯裡頭隱含的族群議題。接著討論臺灣的原民農業背景，包含原住民農業現況，原住民實際從事農業工作的有多少人，以及所使用的耕地面積及運作情形如何？接著探究那瑪夏

表1　受訪者基本資料

編號	受訪者	性別	年齡層	族群	教育	婚姻	栽種面積	栽種時間	前職業	通路中的角色
\multicolumn{11}{l}{受訪地點：高雄市那瑪夏區　受訪人：龍鬚菜產銷過程相關人員（以下皆為化名）}
1	李妹	女	50-60	布農族	國小	已婚	2分	4年	裸母	農民
2	阿榮	男	60-70	布農族	大學	已婚	1公頃	5年	警退	農民
3	小龍	男	30-40	布農族	高中	已婚	6分	6年	軍退	農民
4	大賢	男	40-50	布農族	高職	已婚	5分	2年	軍退	農民
5	阿良	男	60-70	布農族	國小	已婚	7分	7年	農民	農民
6	小清	女	50-60	布農族	國小	已婚	1公頃	5年	臨時工	農民
7	小斌	男	30-40	布農族	大學	未婚	1公頃	2年	臨時員	協助務農
8	小舟	男	30-40	布農族	大學	已婚	無	1年	鐵工	大盤、中盤、零售
9	阿丞	男	20-30	撒奇萊雅族	高中	未婚	無	6個月	餐飲	送菜員
10	夫哥	男	20-30	布農族	大學	未婚	無	3週	臨時員	送菜員
11	阿姨	女	70-80	漢人	無	已婚	無	55年	中盤	中盤
12	阿國	男	30-40	布農族	高職	已婚	5分	2年	軍退	協助務農
13	小至	男	40-50	布農族	大學	已婚	3分	5年	公部門	自產自銷

原住民農業現況，了解目前族群人口分布情形、族群間的差異，以及農業發展與限制，並以那瑪夏龍鬚菜收購狀況及產銷運輸情形進行討論。接著我們將探討原民農民與原、漢大盤之間的關係，是否因族群的不同而有不同的差別待遇？原住民大盤在原鄉是否佔有族群優勢？接著針對收購大盤、中盤及消費者三者關係的族群關係與經濟合作／競爭，討論原住民大盤如何在競爭市場上與漢人大盤競爭。

四、那瑪夏龍鬚菜農的產銷關聯

　　農民、大盤、中盤及消費者間的關係，可以參考圖1。農民種菜到採收並將收成的龍鬚菜賣給收購大盤，收購大盤收購後再

批發給下游的中盤商，中盤商再將這些貨批給市場或攤販等零售商，最後到達消費者手上。買賣過程中也會有不同情形，可能由農民直接賣給消費者，例如透過網路市場、消費者直接到產地購買；另一種情形是大盤為賺取較高利潤，直接至市場擺攤擔任零售商角色，但這樣的情況較少，因為大盤大多還是以批發給下游中盤為主。

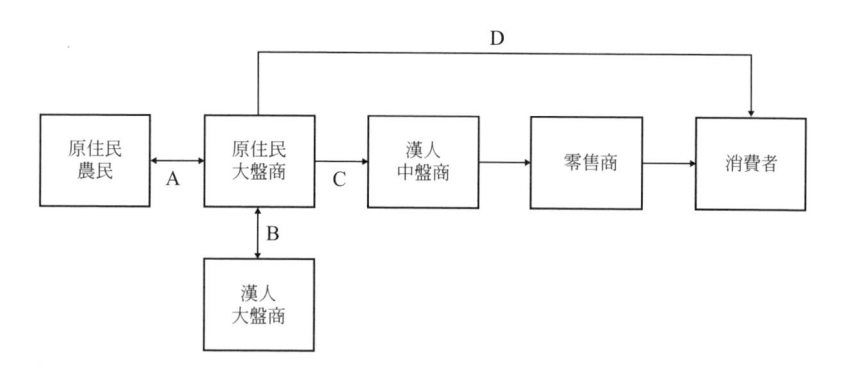

```
                          D
         ┌─────────────────────────────────┐
         │                                 ▼
┌──────┐ A ┌──────┐ C ┌──────┐   ┌──────┐   ┌──────┐
│原住民│──▶│原住民│──▶│漢人  │──▶│零售商│──▶│消費者│
│農民  │   │大盤商│   │中盤商│   │      │   │      │
└──────┘   └──────┘   └──────┘   └──────┘   └──────┘
              │ B
              ▼
           ┌──────┐
           │漢人  │
           │大盤商│
           └──────┘
```

圖1　龍鬚菜的產銷流程簡圖

A：農民與大盤的關係

農民為了確保農作物得以順利銷售，通常會透過中間商將產品轉賣至市場或直接銷售給消費者。這樣的方式不僅能解決運輸問題，同時也降低他們自己進入市場的交易風險，農民只需專注於自身農作物的生產。而「收購大盤」，常常被大眾以負面的眼光看待，被視為「菜蟲」，並認為他們賺取了高額利潤並欺騙農民。但是農民與收購大盤之間存在相互依賴的關係，儘管存在諸如自產自銷、賣給地方農會或成立產銷合作社等多種銷售途徑，但以目前那瑪夏地區的農產運銷狀況來看，大部分農民仍傾向於

將農作物出售給收購大盤。這是因為那瑪夏農民在與外界市場競爭方面面臨以下的困難：地處偏遠、耕地面積有限，農作物產量難以與其他地區競爭、缺乏銷售經驗和管道。

因此，農民將自己的農作物交給信任的收購大盤，對他們來說是一種較為迅速的現金收入方式。漢人大盤通常會與在地原住民農民合作，請他們在部落中擔任中介（媒介者）角色，協助收購竹筍、梅子、李子等農產品。那麼，收購大盤的族群身分，是否存在族群差異性跟競爭呢？那瑪夏目前的農業產銷情況仍以外地漢人大盤為主，雖然近年來龍鬚菜市場出現了在地原住民大盤，但農民仍處於觀望狀態，同屬一個族群的原民大盤跟農民，好像也不一定有所謂的「族群資本」。

B、C：原、漢大盤、中盤之間的關係

大盤在收購農產品後，由於數量龐大且具有時效性，因此需將產品儘快出售給中盤，進入市場（參考圖2）。接著，中盤將產品轉賣給零售商，使其進入賣場，最終到達消費者手中。對於新加入競爭的原住民大盤而言，要建立與這些通路的連結，需要時間和經驗的累積。當大盤的收購量超過中盤的需求時，便需要尋找另一家中盤，甚至有些大盤會直接面對零售商或消費者。在與中盤打交道時，大盤還需確保中盤也能獲得利潤。因此，農產品的價格會隨著市場需求而變動，並非由大盤單方面定價，而是透過與中盤根據市場需求價格的協商達成。中盤作為協調者，來兼顧大盤、零售商和農民的利益。

各類產品均具有特定的通路，這需要專業知識和經驗的積累。一般情況下，大盤不太可能擁有眾多中盤，除非大盤資金充足且能壟斷整個市場，然而實際情況似乎不太可能。中盤下游的

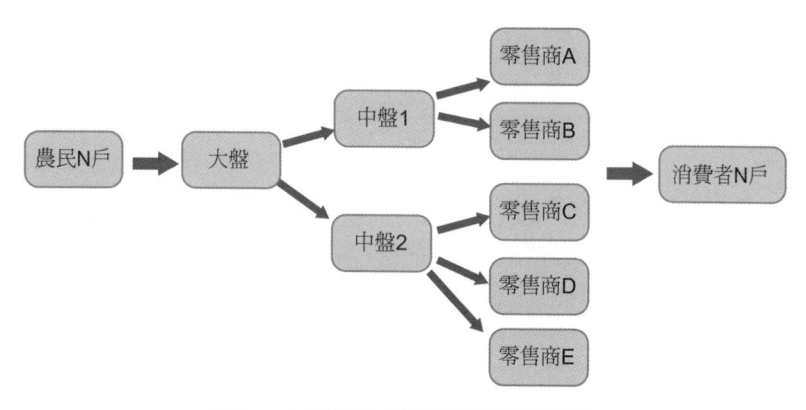

```
農民N戶 → 大盤 → 中盤1 → 零售商A
                      → 零售商B
              → 中盤2 → 零售商C
                      → 零售商D
                      → 零售商E
                              → 消費者N戶
```

圖2　大盤與中盤收購及買賣情形

零售商可能會有很多家，由於買賣量較少，因此若農產品無法銷售，相對於大盤所承受的損失會較低。大盤與中盤之間的關係也需要經營和建立。長期合作依賴彼此的信任。當農產品品質不佳或供應過多時，中盤是否願意收購更多？大盤需降價銷售嗎？降價幅度如何？這些價格將影響整個經營成本，因此不容忽視。若遇到挑剔的中盤或市場行情不佳，資金不充足的大盤將面臨考驗。

C：盤商與消費者的關係

通常來說大盤不會直接接觸到消費者，以本研究對象原住民大盤來說，當面臨菜價低迷或是菜量供過於求時，需要直接在市場擺攤賣給消費者，以獲取較高的利潤，大盤批貨量多時，價錢就會低，但一般消費者不會購買這麼多量，因此大盤不會用低價的批發價銷售。提到市場擺攤部分則又是另一個專業領域，如何讓消費者願意掏錢買菜並與其他攤商競爭，保持大盤直接賣給消費者的優勢，後面將詳加說明。這裡提到的「消費者」，包含家

庭主婦（夫）、便當店業者、擺攤小販及網路行銷等。

五、那瑪夏原民農業現況

不同地區的農作物，有不一樣的產銷體系，而原住民地區的農業，也會跟漢人農業的產銷體系不一樣，這裡將先討論臺灣原住民農業的概況，進而討論高雄那瑪夏地區的農業現況，特別是龍鬚菜的種植情形，以及目前面臨的一些限制。

臺灣原住民人口數約58萬人，依據原住民委員會「110年第一季原住民族就業狀況調查」報告顯示，從事農林漁牧業佔總原住民人口數8.14%（約46,400人），然而原住民可利用的原住民保留地約25萬公頃又屬山坡地範圍內，其中土地使用宜林佔70%為最多、宜農24%、宜牧土地佔1%，其他用途佔5%，從數據中可以發現，原住民保留地僅約6萬公頃（25萬公頃保留地的24%為宜農地）可以做農業使用，原鄉地區種植面積相較於全國從事農地面積79萬公頃（109年行政院農委會資料）僅佔不到一成，再加上土地開發受限、區域偏遠交通不便、生鮮不耐儲等因素，因此種植與銷售成本相對提高，影響市場競爭力。

那瑪夏區位於高雄市西北行政區域，西鄰嘉義縣大埔鄉及阿里山鄉、東接桃源區、南鄰臺南市甲仙區，四面環山總面積約252.9895平方公里，部落沿著旗山溪中上游、山腰台地或河床平台而居，行政區內有三個里（四個部落），沿著台29線道貫穿本區由南而北分別為南沙魯里、瑪雅里及達卡努瓦里（含兩個部落）。那瑪夏區屬於多元族群融合的原住民部落，為高雄市三大原住民區域之一，總人口數總計3,143人，以布農族人口佔最多

總計2,014人,其次為漢人401人、卡那卡那富族258人及鄒族213人(表2)。卡那卡那富族人是最早移入那瑪夏生活,布農族則是日治時期從桃源區寶山(balisan)遷入那瑪夏。漢人移入本區可追溯至日治時期,因樟腦造林製作技術擴張到深山和南部地區,漢人開始移入本區擔任腦丁工作,前來那瑪夏工作的漢人在腦丁工作結束後,有些人選擇離開,有些人與當地人結婚定居。二戰結束後約1960年代,鄰近的嘉義縣梅山鄉及竹崎鄉居民移入本區開墾定居,在地漢人大多從事茶葉及咖啡產業,自產自銷,有些外地漢人向原住民租地栽種農作物,包含生薑、龍鬚菜、甘藍等經濟作物(參考本書劉正元篇章,2024)。

那瑪夏因地理偏遠,工作機會少,族人必須離家去外地工作,從事低階層工作型態較多,依據原民會「110年第一季原住民族就業狀況調查報告」顯示,全國原住民從事「製造業」(15.23%)及「營建工程業」(15.9%)比例最高,如按行政區域區分原住民就業從事的行業,根據原民會調查數據顯示,居住在山地鄉、直轄市山地原住民區者以從事「農林漁牧業」(16.92%)與「營建工程業」(15.44%)比例較高,由此可知,留在原鄉工作的族人,除在地服務機關或自營小生意外,大多數族人從事務農工作,因此農業經營對部落發展非常重要。

那瑪夏農產品包含青梅、竹筍、薑、紅肉李、南瓜、甘藍、芒果、愛玉子、水蜜桃、龍鬚菜、咖啡及茶業等經濟作物(表3),咖啡、茶葉及水蜜桃多為自產自銷,其他農產銷售主要由大盤收購後送至市場販售。那瑪夏龍鬚菜收購大盤,到2022年中,共有10家,2家為在地原住民身分,8家為鄰近的平地收購商,最遠從屏東地區跨縣市來。那瑪夏區的耕地面積約1,132.66

表2　那瑪夏族群人口數統計資料

族群	人口數
阿美族	40
泰雅族	39
排灣族	89
布農族	2,014
太魯閣族	6
魯凱族	9
卑南族	2
鄒族	213
雅美族	1
賽德克族	9
拉阿魯哇族	62
卡那卡那富族	258
漢人	401
總計	3,143

原住民族人口數：2,742 人　非原住民人口數：401 人

資料來源：那瑪夏戶政統計資料（2022年）

公頃，其中種植龍鬚菜面積逾50公頃，因龍鬚菜為長年作物，成本相較其他經濟作物較低，夏季時一周至少採收一至二次，能穩定農民收入，維持基本生活，因此近幾年擴張迅速。那瑪夏最早大量栽種龍鬚菜是從2014年開始，目前龍鬚菜栽種面積從2014年0.25公頃到2018年43.3公頃，短短五年間種植面積成長172.2倍，以高雄市龍鬚菜總體產量計算，那瑪夏就佔了六成以上（表4）。

表3 那瑪夏區農產統計

農作物	栽種面積
龍鬚菜	50 公頃
咖啡	12 公頃
茶葉	37 公頃
愛玉子	35 公頃
竹筍	288 公頃
金煌芒果	54 公頃
水蜜桃	40 公頃
青梅	178 公頃
桃接李	31 公頃
芭樂	3 公頃
甘藍	5 公頃
那瑪夏農作物栽種面積合計：742 公頃	

資料來源：那瑪夏區公所（2022）

表4 高雄市龍鬚菜歷年種植面積（單位公頃）

項目	2013年	2014年	2015年	2016年	2017年	2018年	2019年	2020年
仁武區	0.04	0.04	0.05	0.05	0.10	0.07	0.07	0.08
六龜區	10.88	10.59	10.59	10.99	10.59	11.59	11.79	11.79
杉林區	0.15	0.30	0.22	0.22	0.09	0.09	0.09	0
桃源區	10.62	14.30	14.30	14.30	14.80	14.99	10.22	10.22
美濃區	0.15	0	0	0	0	0	0	0
甲仙區	6.60	8.20	8.50	8.30	9.30	7.15	6.40	5.40
茂林區	1.09	7.20	4.60	7.20	1.00	0.60	0.60	0.60
那瑪夏區	0	0.25	0.25	4.77	7.92	43.3	47.20	47.20
阿蓮區	0.55	0.15	0.25	0.25	0.25	0.25	0.25	0.25
合計	30.87	41.03	38.76	46.08	44.05	78.04	76.62	75.54

資料來源：行政院農業委員會農糧署（2013-2020年）

部落早期大多以食用龍鬚菜的果實佛手瓜為主，龍鬚菜是後來才開始食用，根據訪談的說法，那瑪夏龍鬚菜商業化可往前推至三十年前，當時有一戶農家開著農用搬運車在部落叫賣龍鬚菜，不過僅在部落內部販賣，並未銷售到外頭。對外市場是從2014年開始、2018年後大量種植至今。龍鬚菜開始對外販售是由在地某原住民家族先種起，然後賣給平地漢人大盤，因為農民發現收入不錯及市場需求增加，原本的茶農、生薑農、梅農……等也陸續改栽種，開啟「龍鬚菜經濟」，某受訪者說：「高雄開始有龍鬚菜是從六龜開始種，但因為品質不好（出問題），老闆就開始換（找）地方種，從甲仙－那瑪夏－桃源，本來平地老闆要租我的地，結果八八風災（2009年莫拉克風災）來了就沒了。後來我跟幾個XXX是第一批開始種。」

　　根據2022年的田野資料調查，那瑪夏區種植龍鬚菜戶數約逾40戶（表5），農戶背景有原住民以及漢人，其農戶身分包含軍公教退休人員、歷任區民代表（村長）、現任民代助理、在職公務人員、水蜜桃農、退休牧者、民宿業者、雜貨店老闆……等。

表5　龍鬚菜相關資料統計

項目	總數
那瑪夏區總人口數	3,148人
那瑪夏區總戶數	865戶
那瑪夏區龍鬚菜戶數	約餘40戶
那瑪夏區龍鬚菜種植面積	47.20公頃

資料來源：那瑪夏區戶政統計資料（2022）、農情報告資訊網（2020年）

如以個別家戶種植面積來說，目前種植面積最大戶為在地原住民，面積約3公頃。2020年11月，某原住民大盤加入收購龍鬚菜行列，讓原本收購的漢人盤商多了一個競爭者，大盤間為了收購菜競爭而提高菜價。自2021年整體龍鬚菜收購價錢呈現穩定且上升（表6），從2021年7月至11月可以發現龍鬚菜價格平均都在20幾塊以上，8月份平均價格最高29.93元，12月份是屬於菜價較低的時期，但平均價格還能維持落在15元，代表這時期的龍鬚菜還是有競爭性的，假設龍鬚菜一天採收500把，一天就可以賺取7,500元的收入，如果以8月份平均行情計算同樣採收500把，一天至少就有14,965元的收入，對於在地農民是個不錯的收入機會。

表6　龍鬚菜收購平均價格（2021年7-12月）

項目	7月	8月	9月	10月	11月	12月
平均價格	22.8	29.93	22.16	20.38	21.1	15

資料來源：田野調查結果

　　那瑪夏地處偏遠，從市區前來至少需要二個小時，往返需要四個小時以上，交通不便，全區又多為原住民保留地、林地及水土保持區域，耕地面積有限，區內無加工廠，以一級產業或初級農業為主，大部分的農產品運銷都有時效性及生鮮不耐儲存等問題，農民沒有穩定的銷售通路，依賴外地大盤收購在偏鄉是非常普遍的。

　　當地區公所為解決農民產銷問題，非常鼓勵農民團體成立合作社、產銷班，希望藉由團體力量互助成長，且特別開設「那瑪

夏農業推廣輔導平台」，提供農業交流平台外，最重要的是積極行銷農產品，目前以推廣那瑪夏溫帶水蜜桃最成功。根據那瑪夏區公所數據資料統計，從2020年至2022年，由區公所協助農民販售，透過公所網絡收取水蜜桃線上訂單人數約逾1萬盒。

目前那瑪夏產銷班總計11家，其中蔬菜產銷班有2家、果樹產銷班有7家、茶產銷班有1家及咖啡產銷班有1家，分別由區公所及農會輔導，產銷班各自運作，由班長來召集會議討論產銷班未來規劃，但那瑪夏農民對於團體合作的模式普遍較不熟悉，大多產銷班沒有在運作。

針對部落的團體合作模式，可能會受到家族或政治立場不同，以及族群彼此間的不信任或忌妒等而影響，此外在地農業輔導單位不一定可以幫忙農產運銷，以那瑪夏農會來說，目前僅收購青梅為主，其他物產無法協助，因此那瑪夏產銷經常必須借助漢人收購大盤，例如某受訪者說：「農會也是一個問題！！你看南投信義鄉是布農族的農會，我們的呢，是平地人的農會，他們只有收梅子，你看麻竹筍農會會不會收？反而是他們農會自己內部的XXX另外收！還有農民只會勞力工作，沒有銷售的觀念，所以不知道怎麼做生意，只要有老闆收就好。」漢人普遍掌握原鄉農會的情況，在李宜澤（2020）文章也提到，花蓮縣富里鄉達蘭埠部落不與當地農會合作，因為農會也是掌握在漢人手中。

龍鬚菜是由菜農自行採收或聘請工人幫忙採收，將採收的龍鬚菜整理好後送給在部落收購的大盤，除受到價格或其他人情困境因素影響，菜農與大盤之間一般來說是長期且穩定的合作關係。有關農民採收時間大致可分為兩個時段，第一個時段約凌晨三點到上午十點，他們會利用清晨天還沒亮時帶著手電筒開始

摘菜，可以避開中午炎熱的天氣；第二個時段，針對比較晚採收的採菜員，最晚不超過下午五點大盤收菜時間。戴著斗笠或帽子、揹著自製籃子，穿著雨鞋及配有小刀片的手套，這是採收龍鬚菜的基本裝備，對於不論是受人雇用的採菜員或是龍鬚菜農戶，都希望採收的菜量越多越好，因為大盤是按把數計算，採收數越多當然賺的也就多，因此採菜員會把握時間採收，有時需要「方便」時，會選擇就地處理或跑到附近有遮蔽物的地方。採菜員不會一直都站著五～六小時不休息，有些可能會採收到一定的量，或是持續一～二個小時後，就會將採收的菜籃背到簡易的工寮或是樹蔭下開始整理龍鬚菜，按市場規格整理，例如採收長度約落在22公分，重量一把為11兩。將初步採收的菜先挑掉不好或過大的葉子並秤重（約11兩），再將一把把的龍鬚用橡皮筋捆起來擺放至菜籃，這就是他們短暫的休息時間，整理菜的位置除有準備水，有些可能會有提神飲料，例如保力達、維士比或消暑的啤酒。採菜員表示，凌晨採菜時最怕遇到蛇！因為天還沒亮，頭燈照的方向有限無法注意到附近有什麼，密密麻麻的龍鬚菜園就遇過青竹絲，當時嚇得大叫跌坐在地上爬不起來，附近的採菜員見狀後立刻前來幫忙。

　　大盤收購龍鬚菜，給出的價錢，主要受到兩個因素的影響：蔬菜的品質以及收購當下龍鬚菜產量多寡。當市場整體蔬菜類產量減少時（例如夏季），大家會開始搶菜，龍鬚菜價錢就會提高，因此即使有消長的菜一樣可以賣，相反地，如果蔬菜類產量增加，消費者有更多選擇時，龍鬚菜價錢就會降低，即使品質非常好的龍鬚菜，價錢也不會提高，因此龍鬚菜一把的價錢可能會差到3～5元或6～8元不等。其次，龍鬚菜的價格也受品質影

響,如採收的莖太細太硬、龍鬚菜鬚太長、葉面有變黃或皺褶就表示有消長的現象,這些狀況會影響龍鬚菜的口感及賣相,因此只能降低價錢出售。大盤會按菜的品質分類等級而開出不同的價格,一把龍鬚菜差價可以達到5元,對農民來說影響很大。

六、原民如何分類漢人不同的族群

　　目前臺灣的族群分類,是歷史發展的結果,對於許多族人而言,甚至如何稱呼自己,也都是外面來的,例如「排灣族」的概念,跟「住在山坡上的人」(kacalisiyan)就是兩個不同的說法,前者可能是學者的分類,但住在南部地區的族人則不一定如此認定自己,就如同下三社地區的族人不一定認為自己是魯凱族。過去的原民生活方式,多半以自己居住的部落為範圍,離開自己的部落,幾乎就算是「出國」了。

　　進入部落調查後可以發現,族人如何分類漢人,跟目前的官方分類並不一樣。一般而言,他們習慣稱呼漢人為「平地人」,但此外還有一個類別是「外省人」,這個類別是跟「平地人」不一樣的,這也是歷史過程中出現的人群分類。1949年以後大量的中國軍人來臺灣,進入1960年代後,底層的軍人逐漸離開部隊,1968年取消了所謂的「禁婚令」後,這群軍人經常都已經過了適婚年齡,因此許多人是跟臺灣社會比較邊緣的群體通婚,當年「老莫的第二個春天」小說跟電影,就是在講這樣的族群通婚。通常這些老兵都有「退休俸」,有實際的現金收入,相對於1970年代的部落族人主要仰賴維生作物經濟,甚少有現金收入而言,算是現金收入很多,在訪問某個女士時,她姊夫就是退伍

軍人，目前92歲，她就說：「外省人都很有錢啊！因為有退休俸。」一些地方的部落族人稱呼這一群外省人為「外省老爹」。

在實際的原漢相處經驗上，即使進入了1990年代，文化歧視仍是相當普遍，一個40歲左右的受訪者描述他小時候的情況：「我那時候在高雄讀小學，被歧視得太嚴重，然後話又講不太通，常常跟他們打架，打來打去的，後來轉到屏東的○○國小。我們小時候就是這樣，他們尤其是閩南人跟客家人，吵得最兇，我們原住民就是被拉攏的那一個，他們就吵得很兇。所以我們就知道內埔、萬巒都是客家。」那個時候開始，他才分得清楚客家跟福佬的差別，要不然也都認為他們是「平地人」。在我們進行的訪談過程中，「平地人」是最經常用來指涉「非外省人」的漢人，很少去區分客家跟福佬兩個族群，例如在那瑪夏的龍鬚菜大盤中，受訪的原民大盤完全分不清有什麼閩客之分，在不斷追問下，他突然想到：有一個人都只講國語，不講臺語，從屏東來的，所以可能是客家人。在此情況下，從原民角度來觀看原漢關係，就不再區分閩客兩個族群分別與原民的商業關係了。

七、漢人大盤與族人的經濟關係

那瑪夏農作物大部分都是由漢人大盤收購，麻竹筍、金煌芒果、生薑、芋頭、甘藍⋯⋯等，然而龍鬚菜也不例外，前來收購菜的漢人大盤區域性很廣，包含鄰近的甲仙區及屏東縣市的大盤，收購那瑪夏龍鬚菜至少都有好幾年以上資歷，對於部落的務農生態有一定程度的認識。

漢人大盤每天從山下來那瑪夏載運龍鬚菜，約下午3點前，

將農民當日採收的龍鬚菜運下山,有的漢人大盤會跟當地農民租借一塊地放置冷藏室,讓他的菜農可以自行先將採收的菜冷藏保鮮,而有些是盤商雇用工人直接來載送,近期因為越來越多盤商加入收購,產生競爭,為穩定出貨量,盤商大多會親自前往收菜。上來收菜的漢人大盤彼此認識,有些是家族企業,親戚間彼此會互相連結、合作,有農民表示,漢人大盤會聯合統一龍鬚菜收購價錢,透過合作方式來賺取較高的利潤。

原民農民與漢人大盤之間,這幾年已建立起了「信任關係」,有些農民認為漢人大盤來收購我們的農作物可以讓我們賺錢,也相信漢人大盤能賣得好價錢,雖然農民可能可以從其他市場了解漢人大盤給的價錢差距,但原民農民並不認為大盤故意壓低價錢,或即使知道了也不會跟漢人大盤爭取,擔心未來合作關係破裂,自己的農作沒有「老闆」來收就賺不了錢。

有些大盤為讓龍鬚菜產量增加穩定出貨,會主動出錢買佛手瓜(龍鬚菜種子)讓菜農栽種,或是利用借貸(款)方式與菜農約定,如果龍鬚菜收成後就必須交給對方。這樣的金錢借貸,可以解決農民資金不足的問題,也讓農民種出的農作物有「保證收購」的誘因,因此穩定農民與漢人大盤的合作關係。至於龍鬚菜價錢就由大盤決定,菜農無法了解菜價多少或是目前市場行情如何。

在原住民大盤未加入前,農民與漢人大盤間是穩定的合作關係,在原住民大盤加入後,收購市場出現變化,部分農民轉向轉賣給原民大盤。那些仍跟漢人大盤合作的族人,為了延續合作關係,有時也會幫忙漢人大盤穩定收購量,找認識的菜農,一起送菜給漢人大盤,不僅可以增加收購大盤對他的信任,也希望漢人

大盤可以**繼續**投資自己的農作,他們會認為,只要有外地盤商穩定經營來收購,就不用擔心未來有賣不出的問題。在這裡,漢人大盤提供了穩定的銷售管道,讓族人只要專心在農作物耕作上即可。

不過原漢合作的經濟關係,也可能變化,例如某茶農說:「第一個(漢人大盤)是我堂哥介紹的,他是不錯啦!可是後面覺得他越來越奇怪,我就不給(他龍鬚菜)了,因為我的菜沒有消長啊,可是他給我拍消長的菜,第一次我不理會,第二次我就會看,我會做記號我的東西,消長的就不是我的啊!我就故意整一塊地說我沒有龍鬚菜了。」

八、原民大盤與族人的經濟關係

剛加入大盤競爭收購的原民大盤,與族人的關係,一樣有點錯綜複雜。受訪的原住民大盤曾表示,原本以為回到部落收購會獲得認同,認為是在地人所以應該會互相支持,但過程並非想像中容易,原民茶農看收購大盤並不一定會因大盤具有原住民身分而有差別待遇。原住民大盤曾經抱怨:「原住民遇到平地人老闆都會客客氣氣,薪水看老闆方便什麼時候發都沒關係,唯唯諾諾深怕得罪似的。原住民遇到原住民老闆講話就沒有在客氣,會說明天要繳什麼費用,要老闆趕快發薪水。」這是原民農民會擔心,日後是否會失去原本與平地大盤的合作信任關係。而因為生長在同一個部落,自然的將彼此視為自己人,這些農民對於原住民大盤來說可能是同學、長輩或親戚,生活緊密沒有距離感,也因如此,當進行某項利益關係交換時,就會出現矛盾,好處是也

可能因有過去的社會關係而獲得支持,矛盾點是,原民農民認為我們是自己人,因此比較可以包容、通融一點。

這樣來看,原民大盤跟農民之間的經濟關係,並非單純的「族群資本連帶」就可以解釋,所謂的「族群資本」是否真的都是帶來正面的效益,可能需要看許多不同的情況。例如某原民農民對於原住民大盤的加入,持正面的看法,他說:「以前的價錢大概在12～15塊左右,算維持比較久的價錢,颱風天時價錢最好到26塊,但就一個禮拜後就掉錢了,最低的價錢有時7～8塊,給工人6塊,我們老闆只賺1～2塊,划不來。他(原住民大盤)加入後,價錢最高30幾塊,還持續兩、三個禮拜,有差。」

在部落裡經營企業,碰到最大的難題就是如何拿捏人情分際,以下是原民身分的大盤會碰到的問題,有些是跟其他漢人大盤一樣會碰到的,有些則比較是同一族群文化而來的情況。

盤商之間的結帳有現金付款及匯款方式,大約每十日結帳一次,因此大盤「發薪水」給農民也是十天結帳一次,對於缺現金的原民農民,有時候就必須向收菜的大盤借錢週轉,但原漢大盤的資金力量不一樣。原民大盤與農民生活在部落、關係較緊密,因此想要借錢時,比較可以就近借。例如曾發生菜農因為急需用錢,不顧是否在休息了,晚上直接闖到原民大盤家裡要錢。受訪的原民大盤說:「某菜農因為急著用錢,就先跟我預支一部分,原本約好下午五點來拿,但等很久都沒有來啊,我就睡著了!早上才聽家人說,菜農晚上九點多看家裡大門沒有上鎖就直接進來喊叫,因為菜農有喝點酒,所以吵到我家人醒來,但因為我真的太累了,連續忙好幾天都沒睡覺啊,家人也叫不起來我,因為我

完全沒聽到啊，家人跟他講完後，農民就離開了。」當然也有客氣的農民來拜託，但在資金緊俏的情況下，原民大盤就必須想辦法在菜市場或夜市、地方活動來擺攤，獲取流動資金。

除了現金交易跟借錢問題外，另外一個問題是農民臨時跑單。他們有設立有一個通訊群組，如果有農民要採菜，會在前一天或當天在通訊群組跟大盤要籃子，有些大盤會親送到農民工寮，有些則自行提前來載籃子方便凌晨採收，農民採收完成後送到冷藏室集中冷藏。但如果有其他漢人大盤開高價錢，農民就有可能會跑單，不僅影響原住民大盤供貨量，也破壞大盤與農民之間的信任關係，農民老李認為，農民不可能將產物全部給一個大盤，例如他跟某個漢人大盤是是國中同學，可是沒有給她菜，他說：「給菜也是緣分啦！不管是什麼（農作物），越多人（收購大盤）收越好啊，價錢會提高！」

跑單可能是農民臨時有事不能採收，或是採收後因為價錢或是其他人為因素轉交給其他漢人大盤。此時原民大盤的收購量可能無法供應當日客戶需求，因此必須將客戶分類並設定優先次序，例如下游中盤一定是優先送貨的客戶，因為中盤批貨量體大且也有穩定的下游零售商，每天供貨量必須穩定，如果遇到龍鬚菜淡季時期，頂多能減少量但不能停止出貨，維持穩定的通路才能有後續合作的機會。

除了跑單之外，碰到的另一個問題是，當族人農民給予消長的菜，也就是龍鬚菜受到高溫或病蟲害時，葉面會有皺褶或枯黃情形時，通常大盤會先將菜分類，頂級的賣給中盤或市場、次級賣給自助餐，狀況太差的菜就會扣農民的錢或直接賠售。有時候菜的葉面變黃、有皺褶或太硬影響口感，可能是受到氣候因素或

種植管理出現問題,原民大盤不會直接退貨,會先做下記錄,如果下游中盤商不收才選擇扣錢,讓農民可以繼續採收減少損失。

九、原民與漢人大盤競爭優劣點

原民大盤投入龍鬚菜的收購競爭後,才發現每一項產品都有專業部門處理,要擔任大盤賣菜角色,就必須做足功課。原住民大盤從一開始懵懵懂懂收購不同種類的農產品,發現沒有管道賣不出去賠錢後,才學習到市場運作並非靠自己一人完成,需要時間經營與投資,才能有穩定銷售管道。原本認為「產地為王」觀念逐漸轉向「產銷為王」。原民大盤跟漢人競爭差異的地方,可以參考表7。

表7　漢人大盤與原住民大盤競爭優劣比較

項目	漢人大盤（外地）	在地原住民大盤
交通工具	維修方便	維修不易
收菜資訊	時間、資訊有限	資訊、時間多
資金問題	經營多年資金充足	剛起步資金不足
人情困境	較無人情壓力	是助力也是阻力
在地網絡資源	較不容易取得	容易取得

山區交通不便且路況不佳,車子耗損高增加運輸成本。相較於漢人大盤,原住民大盤每天往返市區凌晨送貨,行車於山區間視線不佳,如遇颱風天或豪大雨,山區易發生落石風險增加,如果車子發生狀況也無法立刻維修,受訪的原民大盤曾經發生凌晨出發車子發不動,因此延誤送貨時間,影響信用問題。

因為住在當地，因此對於收菜的掌握度相較漢人大盤更高，可以馬上處理當下可能遇到的狀況。例如，龍鬚菜進入缺菜時期，因為量少所以農民採收量也減少，大盤就會出現搶菜情形，原住民大盤可以就在龍鬚菜田旁等菜農採收，一起幫忙菜農整理菜，菜農在人情攻勢下，會交給原住民大盤。也因為住在當地，因此哪家菜農有重新翻土耕種，或是哪家菜農龍鬚菜狀況不佳，相較漢人大盤，都能事先掌握取得最新資訊。

　　但對於原住民大盤來說，人情是助力也可能成為阻力。在地菜農普遍對於原住民大盤資本能力懷疑，而且可能出現受既定的印象影響，了解家族背景，因此原民大盤必須以更在地文化的方式，來處理人際關係。例如原民大盤去收菜時要帶一些飲料（酒精性飲料更好），菜農就會樂意把菜賣給原住民大盤，甚至在年末時殺一頭豬來慰勞菜農一整年的辛勞。另一種情形是，如果收購對象是自己的長輩或親友，收購價錢會特意提高，也此成本就跟著提高。原民受訪者也認清這一點：「原住民比較有善良的心想要照顧原住民，可能是因為原住民大盤生活在同一個社區，又或者是自己的親友。漢人眼中完全是商業考量，但在競爭市場上應該是要以漢人思維比較好，所以這是我們原住民的優點也是弱點。」有些菜農可能會因為人情壓力給原民大盤機會，初期先給少量幾籃菜試探，觀察原住民大盤是否有能力經營，信任後才會願意將龍鬚菜賣給原住民大盤。

　　要創業需要一筆資金，返鄉原民需要準備至少100萬的資本才可以週轉，受訪的原民大盤說，他的創業資本是透過借貸來的，包含買貨車、菜籃、聘僱人力、運輸交通費及耗損費等，也還好有家裡的資源協助。他說：「如果沒有家人幫忙我應該也

很難做下去，如果我外出幾天就要麻煩家人幫忙收菜，家裡有現有的工寮場地、龍鬚菜田、小貨車，因為所有的東西都要錢，有時還要先預支菜錢給菜農，所以沒有錢很難做事。」資金問題會影響到農民週轉問題，由於農民收入有限，借錢週轉務農是很平常的事，農民在農作物收成前也要先投資，要整理土地、買肥料、農機耗損、雇工人等，農民除了可以跟農會借貸外，也會選擇跟收購大盤週轉資金，如果沒有借錢給農民的話，農民可能會因此跳槽。

掌握在地資源就能掌握優勢，原住民大盤因為在部落長大，成長經歷也都在部落發生，親戚、學校同學以及教會會友都可能成為連結資源重要的橋樑，因此當原住民大盤進入龍鬚菜產銷市場後，能迅速連結在地資源及掌握目前趨勢。例如公部門推行相關農業方案，原住民大盤可以從中了解當地公部門規劃，曾有當地政府為行銷那瑪夏農產品找原住民大盤接洽，由於合作方案對於發展地方性產業有很大的幫助，因此當地政府挹注更多資源來改善。藉著社區組織力量，提供原住民大盤連結在地農業資源的機會，有助於原住民大盤經營農產行銷規劃。

但是也發生過，漢人大盤聯合打壓情況，曾經一次，漢人以一般價格收購族人的龍鬚菜，但卻降價給中盤，然後中盤會將壓力推回給合作的原民大盤要求降價。當原住民大盤跟進降價競爭時，漢人大盤則指控是原住民大盤將那瑪夏龍鬚菜價格拉低，讓族人誤解是原民大盤破壞那瑪夏龍鬚菜市場行情。

面對極度競爭的市場，原民大盤也必須調整原來素樸的「幫助族人」的想法，受訪者說：「一開始想說回來要改變現況，後來發現這樣的想法不對，因為自己那麼努力但熱臉貼冷屁股，如

果一直帶著這樣的心情，絕對做不下去，於是調整心態非常重要，我的目標就是先要賺錢，等有能力把市場行情拉高，即使在地人不給我菜，頂多少賺一些，再去拚其他市場可以賣的菜……」。也因此現在他除了收購龍鬚菜外，也小量批貨開始收購例如南瓜、高麗菜、芋頭、生薑、野菜，一方面避開龍鬚菜淡季時期（11月至4月），也可以整合部落農產品，建立更多的市場，拓展人脈，建立與部落農民的友善合作模式。

十、結論

　　原住民大盤抱有熱忱回鄉服務，除了賺錢是其中目的外，也出自於對家的認同與使命感，在訪談中原住民大盤提到自己務農父母年老沒體力，他希望可以讓父母不是只有埋頭耕作，而是要有計算成本的概念，一年中花多少農業成本？賺了多少錢？農產品的價格常由外地收購大盤決定，農民常花了一筆錢投資卻沒有回收又傷身。原住民大盤回鄉並非想像中順利，農民對於原住民大盤的不信任，雖然增加原住民大盤的困難，但因為對家的認同與使命，因此相較於外地漢人大盤，就比他們有更多彈性的空間找方式解決問題。那麼在蔬菜收購的競爭市場中，原民有無在地族群的優勢？

　　原住民大盤加入那瑪夏龍鬚菜產銷後，菜農感到收購價格變得透明且相對穩定，但對於原住民大盤並沒有因為族群身分而有特殊待遇，反而因為太過親近的生活世界，而受到文化規範的束縛。原住民大盤加入後，菜農開始關心菜的品質與價格，感受到菜價差異及影響性。漢人大盤與農民之間主雇關係較強烈，大盤

決定菜的價格,菜品質好壞由大盤判定,直接退貨或扣錢,除此之外,漢人大盤資金充足提供農民借貸作為栽種龍鬚菜的資金,收成後再將龍鬚菜交給漢人大盤收購,來穩定合作關係,也透過在地中介者協助,增加龍鬚菜量。文化、語言及地理環境熟悉度是原住民大盤的優勢,但也可能成為競爭的劣勢,因為農民將原住民大盤視為「自己人」時就產生矛盾,當進行利益交換時,原住民大盤就需要花更多力氣經營人際關係。至於如何與其他大盤競爭呢?原民大盤提到避免同市場削價競爭來穩定菜價;深耕在地守住部落市場,主動關心部落大小事,例如收菜時可以送提神飲料給農民,關心農民目前農業狀況,也收購其他農產品照顧農民;最後是社交媒體的經營不可少,藉著社群平台讓農民了解目前規劃。

總而言之,大盤身分對於農民來說都一樣,不會因族群而有特別待遇,因為兩者關係建立在買方與賣方,從商業交易過程建立關係,因此誰出高價,誰就佔有優勢;然而在地的優勢就是掌握在地資源,有關在地優勢,包含了語言、文化到地理環境的熟悉度,有助於原住民大盤在產銷經營上快速進入部落產銷生態。此外,在地官方資源取得容易,地方為扶植在地產業挹注資源,因此跟著受惠。不過原民大盤仍必須面對既有的劣勢,包含創業資金不如漢人多,當地交通運輸不便,車子維修不易,耗損高,運輸成本也跟著提高;最後則是人情困境,生活空間緊密,因此與農民互動頻繁,難以從同一個生活空間抽離出來,沒有私人空間,也成為經商的困難。

參考文獻

Bonacich, Edna, 1973, "A Theory of Middleman Minorities," *American Sociological Review* 38 (5): 583-594. https://doi.org/10.2307/2094409

Granovetter, Mark, 1985, "Economic Action and Social Structure: The Problem of Embededdness." *American Journal of Sociology* 91: 481-510.

Hannerz, Ulf, 1992, *Cultural Complexity: Studies in the Social Organization of Meaning*. New York: Columbia University Press.

Light, Ivan and Gold, Steven, Ethnic Economies, 2000, Ethnic Economies. Academic Press. 2000, Available at SSRN: https://ssrn.com/abstract=2761931

Polanyi, Karl, 1957, *The Great Transformation: the political and economic origins of our time*. Boston: Beacon Press.

Scott, James, 1976, *The Moral Economy of the Peasant*. New Haven and London: Yale University Press

巴清雄、台邦・撒沙勒、王宏仁，2021，〈魯凱族的道德經濟：社會組織，傳統農耕與災害應對〉。《人文及社會科學集刊》33（3）：451-490。

王志弘、沈孟穎，2009，〈疆域化、縫隙介面與跨國空間：台北市安康市場「越南街」族裔化地方研究〉。《臺灣社會研究季刊》73：119-166。

王志弘、沈孟穎，2010，〈東南亞飲食再現策略：異國時尚、多元文化與己異化認同〉。《臺灣東南亞學刊》7（1）：3-45。

王梅霞，2014，〈從waya看資本主義的轉化過程：一個賽德克部落的經濟變遷〉。《考古人類學刊》80：53-102。

林淑鈴，2010，《臺灣客家族群關係研究：以屏東縣內埔鄉、萬巒鄉為例》。臺北：行政院客家委員會、國史館臺灣文獻館。

林開世，2018，〈當代「族群現象」的在地運作與矛盾：恆春半島滿州

地區的考察〉。頁259-309，收錄於黃應貴主編，《族群、國家治理與新秩序的建構：自由主義化下的族群性》。臺北：群學出版社。

李令儀，2018，〈受忽視的分配之手：臺灣出版商業迴圈中的經銷商與配銷系統〉。《臺灣社會學刊》第63期，頁63-116。

李宜澤，2020，〈原力回鄉之後：原住民農人的返鄉策略與在地農產業的組織認同〉。《東臺灣研究》第27期，頁169-200。

客家委員會，2017，《105年度全國客家人口暨語言基礎資料調查研究》。屏東縣政府（2016）《原采啡揚》。http://www-ws.pthg.gov.tw/Upload/2015pthg/27/ckfile/f0636ce4-80f5-44e0-bde4-f5ccac19378c.pdf

洪馨蘭，2004，《臺灣的菸業》。臺北：遠足文化出版社。

洪馨蘭，2020，〈看得見與看不見的客家：藍布衫、油紙傘，與敬外祖〉。頁125-148，收錄於趙恩潔主編，《南方的社會，學》（上）。臺北：左岸文化。

張宇忻，2018，《喝一口苦澀與香醇：原鄉咖啡產業實踐中的歸屬掙扎》。臺北：臺灣大學地理環境資源學研究所學位論文。

張維安、張翰璧，2020，〈南北客大不同：臺灣客家文化的多元性〉。頁105-124，收錄於趙恩潔主編，《南方的社會，學》（上）。臺北：左岸文化。

張翰璧，2013，《東南亞客家及其族群產業》。中壢：國立中央大學。

陳怡君，2018，〈「人不做，要做番？」從2016年屏東縣熟註記檯棋：屏東萬金的例子〉。頁193-258，收錄於黃應貴主編，《族群、國家治理與新秩序的建構：新自由主義化下的族群性》。臺北：群學出版社。

黃登興、蔡青龍、蕭新煌，2012，《臺灣越南配偶的族裔經濟》。中研院：人文社會中心亞太區域研究專題中心。

葉高華，2017，〈從山地到山腳：排灣族與魯凱族的社會網絡與集體遷村〉。《臺灣史研究》24（1）：125-170。

趙恩潔，2020，〈如果在臺灣，一個穆斯林：文化作為意義之流〉。頁149-176，收錄於趙恩潔主編，《南方的社會，學》（上）。臺北：左岸文化。

潘美玲，2011a，〈流離的道德經濟：流亡印度的藏人毛衣市場與協

會〉。《臺灣社會學刊》46：1-55。

潘美玲,2011b,《藺草產業中的客家族群關係:經濟分工角色與社會日常互動》。行政院客家委員會補助大學校院發展客家學術機構成果報告書。

蔡友月,2007,〈遷移、挫折與現代性:蘭嶼達悟人精神失序受苦的社會根源〉。《臺灣社會學》13：1-69。

第 5 章 經濟活動與族群文化變遷：以泰雅族甜柿種植為例[1]

張翰璧
國立中央大學客家語文暨社會科學學系特聘教授、中央研究院人文社會科學研究中心亞太區域研究專題中心合聘研究員

張書銘
國立中央大學客家語文暨社會科學學系博士後研究員

一、族群文化與資本主義市場的遭逢

　　本文旨在以經濟層面觀察南庄地區泰雅族種植甜柿的經濟活動，除了分析產業發展與變遷，同時將此現象放在族群文化的脈絡中討論，說明自日本時期以來的資本主義市場原則，對於南庄地區泰雅族族群文化的影響。經濟活動／系統性知識的發展，牽涉到族群文化體現的食衣住行領域、經濟活動的發展與轉變、環境變遷等「經驗的文化」（lived experience），日常生活裡的個人或群體的行為，具體鑲嵌在過去生活經驗的架構中，並透過解決當下問題的有效經驗，逐漸地發展新的經濟活動，進而產生「地方」適應性，並且反過來影響在地與族群文化的內涵。這種

---

[1] 本文田野訪談工作由國立陽明交通大學客家文化學院博士生邱星崴先生協助進行，在此致謝。

對經濟活動的研究可了解族群文化（原住民、客家等）在不同區域中，長時期內的族群關係與族群性的轉變，它是經濟活動的底層，不但受到國家政策的影響，也會反過來影響國家內部的族群政策（國家對原住民族群文化的理解與政策的調整）。從南庄泰雅族種植甜柿的農業經濟活動中，可以從組織文化上看到泰雅社會組織文化（族群性）的轉變，逐漸脫離「社群」的相互依賴，朝向經濟領域的「市場」靠攏，外在經濟環境的變遷也影響當地經濟作物的興衰。

由於地理環境為多山的河谷丘陵地，自清朝末期漢人入墾後，各種山林資源的產業與世界經濟體系產生聯結，從清朝時期的樟腦、茶葉、香茅、糖，迄至民國時期的杉木、梧桐、藺草等，南庄鄉的產業在一百多年以來，幾經更迭，產業不斷地隨著時間轉換。在族群生存空間上逐漸發展成泰雅族人的生活空間，在經濟上，從依附世界經濟發展到現在的地區產業特性。這種「經驗的文化」（lived experience）對於日常生活「有效」的知識，便會形成某個地理範圍之「共同實踐」的集體行動，成為地方社會發展的方向與共同想像。從經濟的觀點，日常生活經驗即是指在這樣的社會網絡中，地方居民與土地產生聯繫等等的經驗，人與人之間的各種交換過程（包含物品、生活經驗、知識、技術等等）。

過去，或是現在對於其他泰雅部落而言，「文化」在農作經濟活動中扮演重要的角色，展現在技術傳遞、農作換工等面向，當農作換工轉變成僱傭關係、透過文化活動銷售農產品時，文化在新的生產與銷售情境中，呈現出朝向貨幣交換的生產關係與市場關係。

二、南庄地區的泰雅族與甜柿種植

本文主要的田野區域在南庄鄉，位於台三線上的泰雅族部落。王梅霞（2023：93、95）指出泰雅人面臨社會文化的快速變遷，並且透過 *gaga*（泰雅族重要的文化意象）的多義性詮釋，將外在事件整合為泰雅人本身的歷史，與此同時，*gaga* 成為傳統文化的代稱，並被抽離出日常生活的脈絡。

第一年的田野調查，主要集中在苗栗縣南庄鄉原住民甜柿產業的訪談。24位受訪者相關資料請參考表1。

表1 受訪者資料表

編碼	年齡	性別	族群	職業	居住地	銷售管道	年收入
1	63	女	賽夏	農	蓬萊部落	菜市場販售	1分地，7萬，另外種菜
2	56	男	泰雅	退休公務人員	石壁部落	自身染織園區、民宿客人	3分地，21萬，無法只靠甜柿收入，目前公務員退休，經營民宿
3	67	男	泰雅	農	東江新村	路邊零售、親友協助	1甲，正常96萬，今年因乾旱與猴子問題，只剩不到1/10收入；春季收桂竹筍
4	72	男	泰雅	農	東江新村	遊客中心前擺攤	5分，正常收36萬，無法只靠甜柿，還需要去幫其他族人打工，劈草、剪枝等

5	60	男	泰雅	農	東江新村	遊客中心前販售、熟客宅配	6分地，特別會照顧收100萬，公認的甜柿王，收入不錯，但有時候還是會去幫別人劈草、剪枝
6	61	男	泰雅	農	鹿場部落	遊客中心前販售	2分地，14萬，還有種紅肉李、桂竹筍
7	57	女	泰雅	農	鹿場部落	遊客中心前販售	4分，28萬，需要幫忙其他人打工，劈草、套袋
8	60	男	泰雅	農	鹿湖部落	遊客中心前販售	3.5分，25萬，還需要採桂竹筍
9	63	男	泰雅	農	鹿湖部落	遊客中心前販售	4分，28萬，需要採桂竹筍、紅肉李
10	65	女	泰雅	農	鹿場部落	路邊販售、網路	6.5分，45萬
11	57	女	泰雅	農	東江新村	路邊販售	3.5分，21萬，另外種高麗菜
12	64	女	泰雅	農	鹿場部落	路邊販售、行口、上網賣	1甲3分，93萬，弟弟擔任議員、弟妹是護士長，從梨山回娘家幫忙做甜柿，梨山家裡租給其他水果行
13	67	男	泰雅	農	鹿場部落	遊客中心前販售	1.5分，10萬，另外種菜
14	56	男	泰雅	農	鹿場部落	遊客中心前販售	7分，50萬，消防員退休，剛上手需要貼錢
15	73	男	泰雅	農	鹿場部落	加里山登山口、東河村兜售	2分，14萬，還要收桂竹、紅肉李

16	52	男	泰雅	農	鹿場部落	網購、宅配、路邊零售	7分地，160萬，主業是警察，之前是爸爸在管理，現在用休假時間做
17	44	男	泰雅	農	鹿場部落	南江街店面販售、網路販售	6.5分，45萬，另外開清潔公司
18	53	男	泰雅	農	鹿場部落	遊客中心前販售	5分，35萬
19	56	男	泰雅	農	鹿場部落	搭配體驗活動	1分
20	75	女	泰雅	農	鹿場部落	給人採果	2.5分，17萬，露營區
21	55	女	泰雅	農	石壁部落	路邊販售	6分
22	66	男	泰雅	農	石壁部落	路邊銷售、宅配	4分半，30萬，但已退休，種甜柿目的在於打發時間
23	44	男	泰雅	農	石壁部落	——	5分地
24	67	女	賽夏	農	蓬萊部落	——	——

　　受訪者地理位置分布請參考圖1（苗栗縣南庄鄉甜柿產業受訪者分布圖）。

　　根據原住民族委員會網站資料，苗栗縣南庄鄉的泰雅部落共有四個：東江新村部落、石壁部落、鹿場部落、鹿湖部落。南庄鄉的泰雅族多從外地遷移而來，其源流來自馬卡納奇系統的霞喀羅群、金那基群及莫里拉的鹿場，目前居住在雪山山脈北稜延伸

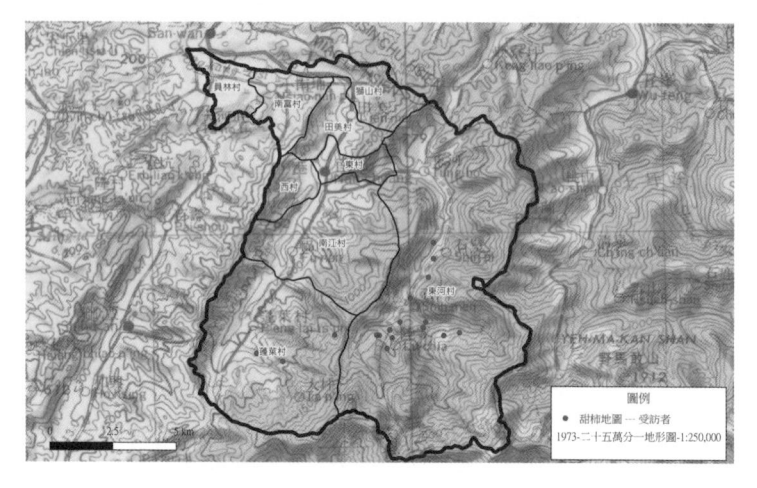

圖1　苗栗縣南庄鄉甜柿產業受訪者分布圖

資料來源：邱兆乾繪圖

知山脈兩側。[2]

　　南庄鄉境內的四個泰雅族部落，各有其特色與發展歷史。根據原住民委員會網站資料，相關資料如下。東江新村部落（Sasasezeman）位在苗栗縣南庄鄉南江村，為臺灣原住民當中少見的眷村型聚落。東江新村部落位於南庄鄉東側，靠近大東河與南河交會口，是一座民國50年代才出現的新部落，居民都來自鹿場、石壁兩社，起因於這些地方被學術界認為地層不穩，時有坍方，而且位深山交通極度不便，因而由政府將住戶強遷下山。[3]

2　https://www.trimt-nsa.gov.tw/theme/layout1/detail?id=309d33ff-5ce8-474f-b83a-feb612c010d5&code=5-1-1，查詢日期：2023/03/30。

3　http://www.tipp.org.tw/tribe_detail3.asp?City_No=8&TA_No=8&T_ID=375，查詢日期：2023/03/30。

石壁部落（Raysinay）位於大東河溪畔河階上，居民多從鹿場遷徙下山的泰雅族，屬於小型泰雅族部落，因環繞著許多高度約在兩三百公尺以上的陡峭石壁間而得名。[4]

　　鹿場部落（P'anoh）是苗栗最偏遠的部落，位於南庄鄉東河村。據高齡的老人們說：昔日在淺山之處經常出現鹿蹤，或其他野獸，山胞唯恐野獸傷人，為防野獸侵害，遂拚命追殺野獸，結果這些野獸全部躲進該鹿場山區，這些野獸之中以鹿為最多，遂取名為「鹿場」。[5]

　　鹿湖部落（Sinpitu）也位於苗栗縣南庄鄉東河村，此處保有泰雅族原始的生活方式。鹿湖的泰雅語地名叫做新畢杜，意思是七家村，村人的祖先，是曾經與日軍連續抗戰十四年的泰雅族石鹿群，打到整個部落只剩下7戶人家。目前共有15戶人家，清一色都住在鐵皮加木板拼湊而成的平房裡。[6]

　　部落的集體遷村（集團移住）和國家的統治政策有關，大量的山地原住民被迫離開傳統領域，遷至山腳地帶，不只改變了部落的地理位置，也擾亂部落內或是部落間的社會關係（葉高華，2016）。以鹿場部落為例，是從新竹五峰鄉的白蘭部落遷徙至此，1902年「南庄事件」時，族人因為參與其事，頭目戰死後一度逃入加里大山避難，八年之後因為日警開始圍剿五峰鄉石鹿

4　http://www.tipp.org.tw/tribe_detail3.asp?City_No=8&TA_No=8&T_ID=376，查詢日期：2023/03/30。

5　http://www.tipp.org.tw/tribe_detail3.asp?City_No=8&TA_No=8&T_ID=377，查詢日期：2023/03/30。

6　http://www.tipp.org.tw/tribe_detail3.asp?City_No=8&TA_No=8&T_ID=465，查詢日期：2023/03/30。

社的泰雅族，和該社有婚誼的族人因而也跟著逃入泰安鄉深山的北坑溪，直到1903年才歸降於日本統治。

　　南庄鄉泰雅族人的經濟作物中，甜柿是重要的經濟作物之一。臺灣早期種植柿之品種，如四周柿、牛心柿均為澀柿，採收後必須經過脫澀處理後成為紅柿或水柿，有費工費時、不耐貯藏等缺點。自日本引進甜柿品種在臺中縣和平鄉摩天嶺試種成功（林嘉興，2001：2）。因此，談到甜柿的產業知識，多是來自臺中摩天嶺。近年來，種植地區已擴大到臺中縣和平、谷關、東勢；苗栗縣大湖、泰安、卓蘭；南投縣中寮；高雄縣泰武、三民；臺東縣卑南及桃園縣復興鄉等地亦有小面積栽培（林嘉興，2001：3）。到了1990年栽培面積約567公頃（據種苗商估算已達1,000公頃左右），至2002年年底面積已達2,142公頃，從中海拔到高、低海拔均有種植，幾乎遍布全臺灣地區，以臺中地區最多，已有21個甜柿產銷班，加上其他果樹轉作與間作者，面積約計1,430公頃，其中又以臺中縣1,314公頃最多，約佔61%，僅和平鄉種植面積即達1,000公頃左右，佔全省47%，其次為苗栗縣與嘉義縣，分別為216公頃與210公頃（林月金、張致盛，2003：3）。

　　苗栗縣主要栽種的是富有品種，平均每公頃年產量6,209公斤（林月金、張致盛，2003：15）。由於日本系統之富有、次郎等甜柿，較為適合臺灣海拔800公尺至1,200公尺地區栽培，由於地處山區，擁有豐富多變之自然資源、與生態的複雜化等特色，因此應在維護生物多樣性之理念下，建構出具有特色之甜柿產業經營體系。例如以原住民為主之南庄鄉、泰安鄉之甜柿產業，可以融入賽夏族、泰雅族之傳統文化與習俗，發展具有特色

之甜柿產業，甜柿產業部分成為南庄、大湖、與泰安等鄉之核心產業之一（劉雲聰，2002：10）。泰安鄉幅員遼闊，平均海拔在600公尺以上，地理環境特殊，發展出獨特的山地農業，甜柿栽培面積約135公頃，集中在大安溪畔的象鼻、士林、梅園等泰雅族部落，轄區內象鼻村的甜柿亦成為市場新寵（劉政麟，1999：12）。據象鼻村甜柿產銷班班長田阿成表示：「十多年來本區多為柑橘園，由於目前柑橘產量早已供過於求，加上最近經濟不景氣，使得柑橘銷路每況愈下，農民對經營柑橘園意興闌珊，早有另尋出路之意。而甜柿是一種高經濟作物，時下每臺斤可賣到一百五十元，因此已有農戶加入栽培行列，預計數年後甜柿或可取代柑桔，成為泰安地區新興農作」（劉政麟，1999：12-13）。

表2　富有甜柿地區別之每公頃收益比較　　　　單位：公斤、元

項目	新竹縣	苗栗縣	臺中縣	南投縣	嘉義縣	合計
產量	4,450	6,209	8,936	2,851	6,287	8,161
平均單價	195.4	110.8	170.9	147.6	157.7	167.3
粗收益	869,590	688,055	1,527,177	420,842	991,649	1,365,235
生產成本	447,563	563,162	848,501	592,349	581,354	779,314
淨收益	422,027	124,893	678,676	−171,507	410,295	585,921
家族勞動報酬	633,872	335,328	949,280	−30,001	684,219	847,092
農家欠款	649,219	356,963	982,507	−8,030	707,956	877,534

資料來源：根據林月金（2003）資料整理[7]

---

[7] 臺灣地區柿之種植分為甜柿與澀柿兩類，甜柿又有羅田、花御所、次郎和富有四種，澀柿則有石柿和牛心柿二種。依照農業部公布最新2021年的統計年報資料，僅有作物「柿」一類，並未區分甜柿與澀柿類別；可參考資料亦僅有各縣市種植面積、結實面積、每公頃收量、總收量。因研究主題主要集中苗栗南庄

目前臺灣甜柿幾乎全數內銷，以寄交行口商最多，佔55%左右；送至果菜批發市場次之，約佔24%；直銷消費者再次之，約佔16%。主要銷售管道品種間差異不大，地區間則有別，如新竹縣主要是在風景區沿道直銷觀光客，南投縣與嘉義縣有很多亦在風景區販售；以臺中縣銷售管道最多元化，尚拓展直銷超市與參與展售會；僅苗栗縣的產區農會與青果合作社有辦理共同運銷（林月金、張致盛，2003：5）。

　　近年來，泰安鄉南三村以全新思維，結合泰安甜柿與北勢群原民工藝文化，強力促銷部落特有的甜柿（圖2）。

　　地方政府也會舉辦相關活動，促銷甜柿，例如「雪霸甜柿暨柿界歌喉讚」（圖3）。從表演者的服飾，可以看到原住民文化融入產業的行銷。

　　2022年「柿在必行」（圖4）活動則由「甜柿公主」代言。

三、「種植經濟」發展過程

　　資本主義的生產方式和交易關係，是從日治時期逐步引進原住民族部落。以三峽地區泰雅族人的口述歷史可以看到他們的資本主義經驗。

> 父親也更進一步，在農業上也學習近代的生產技術，放棄山地的燒墾方式，採取定居的水田方式，增加糧食的生產，販

地區的甜柿種植，故仍以參考林月金（2003）的文獻較為適切。

圖2　2019年「泰安柿勇士」活動

資料來源：https://taichung.swcb.gov.tw/News/press_more?id=F7471EBAD40D4
23F9863EC5571E4DF59，查詢日期：2022/12/11

圖3　2020年「雪霸甜柿暨柿界歌喉讚」活動

資料來源：https://news.ltn.com.tw/news/life/breakingnews/3312169，
查詢日期：2022/12/11

图4　2022年「柿在必行」活動

資料來源：https://news.ltn.com.tw/news/life/breakingnews/4100755，
查詢日期：2022/12/11

賣多餘的米就可以換取現金，也就能夠讓下一代接受教育。日本政府禁止泰雅族人的織布，因此，父親認為織布會浪費太多時間，所以把時間拿來進行養雞、養豬等工作，將這些賣掉的所得，就能夠買到比過去更多的物品，例如布料……從根本開始提高生產效率，改善了生活習慣。（菊池一隆著，張新民編譯，邱昱翔、謝川子譯，2022：111）

為了取得山林資源（樟腦、伐木等），殖民政府提出林務與理蕃結合的「化用生蕃」統治構想。透過殖民經濟政策的推動，以及「糖與鞭」賞罰分明的統治策略，泰雅族人逐步接受近代資本主義的生活方式。

雖然，日本統治時期的理蕃行政，是警察行政，高山族原住

民的法律紛爭或犯罪與否，除少數的平地蕃人可進入或使用法院外，都由理蕃警察為自由裁量，卻因警察可依習俗為裁斷，高山族原住民反而某程度得依傳統過法律生活（王泰生，2015：1640）。但是，從原住民族的觀點，政策迫使原住民族社會開放，其結果為，包含語言在內的傳統文化急速流失（菊池一隆著，張新民編譯，邱昱翔、謝川子譯，2022：141）。

（一）種植甜柿歷史

種植甜柿以前，南庄地區的農業種植歷史隨著不同年代有所改變，1960和1970年代主要是種植杉木、竹子、梧桐等，之後換成李子和梅子，後來才換成甜柿。

> （問：你們家種甜柿之前是種什麼？）以前是這樣的。過去，我們的長輩常常被漢人欺騙。你知道嗎？我們這裡以前整片種的都是紅肉李。甜柿還沒引進之前，紅肉李是主要的作物。然而，漢人說紅肉李不好，理由是運輸不方便，因為那時候沒有道路。他們建議砍掉紅肉李，改種杉木。結果呢，大家就照做了，可杉木種下去需要二十年才能成材。你想想看，一個人的一生能有幾個二十年？二十年後，杉木賣掉了，可漢人又說道路不好，他們有錢，能用纜車運輸，建議我們改種梧桐。那時候梧桐非常有價值，是山裡最貴重的作物。結果後來，漢人看到原住民開始賺錢，就動起了歪腦筋。他們建議把油桐剝皮，因為剝了皮顏色一樣，可以賣給日本。結果日本人發現問題後，拒絕購買，原住民的努力全白費了。從此，油桐也沒人種了，因為日本不要，還指責臺

灣人欺騙他們。接著,又是竹子的時代。以前我們這裡竹子很多,但連挖自己地裡的竹筍也不行,因為林務局會來管。(個案8)

根據訪談,南庄開始種植甜柿的歷史約在1980年代,主要是透過與日本聯姻的泰雅女性夾帶枝條回來接枝而成。

> 我們家族種甜柿,最早就是阿婆,因為她的女兒也曾經在日本,然後隔壁部落,那個鹿山部落戴木欽的女兒也嫁到日本,他們有一些甜柿進來臺灣請他們吃,包括當時的山地農牧局有在推這一塊,那臺灣省農林廳過了兩、三年,開始在協助這幾個部落,包括石壁部落、鹿場部落、鹿山部落、鹿湖部落,他們進行甜柿栽培。(個案2)

泰雅族女性與日本人通婚似乎有其歷史脈絡可循,可以追溯20世紀初,日本採取的「政略婚姻」,由「理蕃」警察與原住民有力者家庭的女子結婚,因而得以快速掌握原住民社會(下山一自述,下山操子譯寫,2019)。訪談中提及的戴木欽在鹿場部落,是南庄最早種植甜柿的人,人稱「甜柿之父」。戴木欽有兩個女兒嫁去日本,大約1982年時去日本富山縣玩的時候吃到甜柿,然後帶回來的枝條,因此,南庄甜柿的枝條大部分是從日本過來的(個案16)。「當時他們折了幾個枝條回來,藏在鞋底就帶回來,帶回來就開始嫁接。」(個案19)

之後,戴木欽種植成功後,才擴及戴姓家族與姻親,其他族人也陸續跟進。

鹿場最早引進甜柿的是姓戴的一家,因為他們的親家住在日本,把甜柿帶回來。當時,沒有人敢相信這東西能成功。直到六、七年後,甜柿開始有收成,大家才紛紛跟進。一開始我們也有些害怕,因為聽說吃甜柿不能喝酒,會中毒呢!當初他開始種的時候,周圍人還笑他,同輩的老人都說:「這東西沒人會買啦,吃了還會跟酒起衝突(食物相剋)。」甚至到現在,還有很多漢人不敢吃甜柿,覺得它和酒搭配會有問題。(個案8)

當時鹿山部落種植甜柿,同時也有種植水蜜桃,因為道路不好影響水蜜桃的運輸,之後就全部改種甜柿,因為甜柿耐撞(個案17、18)。從甜柿種植的地理分布來看,似乎都在中部泰雅族人聚居之處,形成族群與甜柿間的關聯性。

看起來,臺灣的甜柿生產確實以泰雅族為主,因為它適合的生長環境剛好集中在中北部的泰雅族地區。不過,在南庄也有一些賽夏族族人嘗試種植甜柿。至於其他地區,新竹的五峰、尖石,桃園的復興區,甚至在南部某些地區,也已經開始有甜柿的栽培了,顯示這項產業的逐漸擴展。(個案2)

從臺中以北來看,甜柿確實是泰雅族種植得較多。像從摩天嶺開始往北,泰雅族的種植分布就相當明顯,包括泰安地區,泰雅族的栽培比例也比較高。而賽夏族方面,雖然在南庄的蓬萊地區也有少量種植,但規模相對較小,只有幾戶家庭在從事栽培,遠不如泰雅族普及。(個案10)

鹿湖部落幾乎全部種植甜柿,除了聚落小戶數少的原因,還因為當地的地形和氣候適合。

> 在我們這個部落,幾乎每家每戶都種甜柿。總共12戶,家家都有甜柿,因為這裡真的沒有其他適合種的作物。哪裡能種什麼!?水果的選擇不多,種菜也不方便,主要是因為這裡的路況很麻煩。像我們這裡的大奔山,從5月1日梅雨季開始,路就幾乎沒法走了,一直到颱風季過後,才稍微穩定一些。剛好等到甜柿可以賣的時候,路況通常也比較安全,崩塌的情況較少,除非遇到大雨。不過,一旦颱風來襲,這條路可能一、兩個月都無法通行。(個案9)

(二)種植專業知識來源

種植的相關知識,剛開始多是和部落內的親戚和朋友一起摸索,之後也有來自農改場或是農會的制度支持,加上過去的種植經驗。

> 有時候農改場的人會來,農會也會發公文通知我們,告訴什麼時候會有教學活動,我們就會去參加。有些管理甜柿的經驗是以前農改場提供的資料,他們有一些參考資料給我們,我們偶爾也會看那些資料學習。不過,大部分的經驗還是靠自己種植時慢慢累積起來的。(個案5)

> 種甜柿,很多時候都是靠自己的經驗。今年如果想讓果實更大或更漂亮,都是自己慢慢摸索出來的。比如說,第一年試

了覺得效果不好，第二年就會換一種方式；第二年又發現果實太小，第三年再調整。這過程需要實地操作，你務農如果不親自動手，是無法真正了解果樹的習性的。果樹的生長特性，完全得靠多年來的經驗累積。你每年照顧果樹，就像照顧一個人一樣，吃喝拉撒都要管。如果不細心照顧，它也不會有好果子吃。投入也是少不了的，像農藥、肥料都需要花錢，修剪枝條也要花工夫。而修枝這件事，我幾乎都不交給別人，因為果樹的好壞全看修剪的手法。剪枝、施肥、打藥，這三項是最重要的。此外，自然災害也是挑戰。遇到烈日要知道如何應對；如果天天下雨，也得有處理的方法。這些都是靠長年的經驗積累出來的。每年都得回頭檢討，為什麼今年的效果不好，問題出在哪裡。幾十年來的摸索讓我明白，果樹的特性必須靠自己親自去了解，才能真正掌握。
（個案6）

過去的種植經驗，主要還是跟老人家學習。

這些知識當然大多來自老人家的傳承，早期我們原住民本來就沒有文字記載，一切都是透過口述傳下來的。老人家教我們該怎麼處理、怎麼種植，甚至每一種作物的生長特性和如何讓它存活，這些都是他們經驗的累積，也是口述的智慧。現在雖然方便許多，也有機會參加課程，比如農林廳舉辦的課程，能吸收到一些新的知識。不過，老人家傳下來的經驗仍然是不可忽視的寶貴資產；雖然不能說百分之百完全依靠，但那些口述的知識確實是經過長時間的實踐與累積才形

成的。再加上，我們原住民多數人沒有機會像外面的人一樣讀很多書，自然而然就更加依賴老人家傳下來的智慧，這也是我們文化的一部分。（個案11）

因為摩天嶺是臺灣甜柿最早種植的地區，農民也會過去學習相關經驗。

我們也是學人家比較早開始種植的，後來就去摩天嶺那邊看看，觀察別人是怎麼做的。像是嫁接技術，我們就是向別人學的，學會後自己就能操作了。最初並沒有人來幫我們接，而是我們自己學會了，成功後就能獨立完成了。這樣一步步的學習和實踐，讓我們掌握了這些技術。（個案3）

摩天嶺的學習對象，個案16提及一位客家人，是摩天嶺最早種甜柿的人，透過農會的研習營認識的。除了透過經驗交流、研習會、農會推廣之外，個案10、12會去梨山學習，主要是因為家中有女性嫁到梨山，從嫁接水蜜桃、梨子、蘋果學得經驗。

（問：大姊，那關於接枝、環割、下肥、劈草這些技術跟知識，妳去哪裡學？）這些技術也是我從在梨山和竹東那邊學來的，因為我的姐姐們會教我們怎麼剪枝、怎麼接枝。以前我就看她們接水蜜桃、梨子、蘋果等果樹，從中學到了很多。後來我自己也開始慢慢地接，雖然不能說完全成功，但也能做到大約百分之五十的成活率。十個接枝中，大概有六個會成功，剩下的三、四個接不成，因為每個品種的狀況不

同。這些都是靠實際操作，不斷摸索和學習才逐漸掌握的。
（個案10）

肥料和相關資材會去臺中或是周邊不同鄉鎮地區購買。

我們南庄農會其實沒有自己提供農藥，幾乎都是從東勢那邊拿的，因為東勢那裡的柿子也種得不少。他們會告訴我們這個時候應該使用什麼農藥，這時候該施什麼肥料，幫我們準備好。相比之下，我們這裡的水果眞的比較少，而東勢那邊的水果品種多樣，對於應該使用哪些肥料和農藥，他們的經驗比較豐富。此外，我們需要的剪枝刀、鋸子、噴頭等工具，大部分也是從東勢那邊拿過來的。有時候，我回到家，東勢那邊會打電話來告訴我，說有什麼東西需要我幫忙拿回來。那邊買東西方便很多，而我們這裡則比較難買到。雖然三灣有一些農具店，但並不齊全，很多我們需要的東西他們不一定有。（個案12）

從訪談經驗中，可以得知政府機構的農業改良場與農會，爲原住民提供了關於甜柿種植的專業知識和技術。透過定期舉辦的課程和研習會，他們可以學習到進步的種植技巧和病蟲害防治方法。原住民之間的知識交流對於甜柿種植的成功至關重要，他們互相學習、分享經驗，這樣的交流有助於技術的傳承和創新。幾位受訪者，也不約而同地強調自我摸索和實踐在掌握甜柿種植技巧中的重要性，他們通過親自實踐，學習如何應對實際種植中所面臨的各種挑戰，如接枝技術、預防自然災害和病蟲害、噴施農

藥等。積極採用新技術和方法來提高甜柿種植的效率和產量。這表明原住民在甜柿種植的生產經濟活動中不斷尋求創新，以適應變化的市場需求。地方區域性農會除了扮演知識傳遞的功能之外，也會引介農業資材供應商為原住民提供種植所需的肥料和農藥；原住民則會根據自身需求和地理位置選擇購買地點。

此外，他們在選擇種植策略時，也會考慮到地理和環境因素，不同的地理位置可能需要不同的種植方法和資材，像是南庄和東勢就有所差異。這些訪談經驗凸顯了泰雅族在甜柿種植方面的專業知識來源非常多元，包括農會制度、互助學習、家族傳承，以及個人實踐經驗的結合。這種多元的學習方式促進了技術的傳承與創新，並增強了在地族群對市場變化的適應能力和經濟自主性。隨著農業技術的進步，傳統的族群文化逐漸轉向市場導向的經濟模式，表現出文化與經濟活動之間的互動與影響。泰雅族通過這些經濟活動，不僅強化了與土地的聯繫，也促進了文化與技術的傳承。

（三）勞動力來源

除了專業知識外，農民大部分的人力都是靠家中的勞動力，偶爾農忙才會請部落工人幫忙，較少換工與還工的現象。

> （問：那所以大姊自己做的部分是哪些？就妳堅持一定要自己來做。）剪枝、施肥、噴藥這些工作，還是自己做比較好。因為如果請人幫忙剪枝，有時候人家剪得不夠好，我們也不好意思責怪對方。而且如果自己不學，永遠無法掌握技術，最終還是會失敗。學會了這些技巧，才會變成自己的經

驗。這幾年我慢慢學會之後,就不再害怕這些工作了。如果請人來幫忙,工資至少也要兩千塊起跳,尤其是剪枝。加上這次如果你不在現場照顧,就很難找到人。白天猴子會來偷吃,晚上山豬也會來搗亂。你不在的話,牠們會把你的樹弄壞,當你正在睡覺的時候,山豬已經把樹弄斷了。所以,還是自己親力親為比較能確保作物不受損失。(個案7)

當然,一些比較輕的工作是兩夫妻一起做,但像砍柴、下肥、套袋這些比較重的工作,就需要請工人來幫忙。採收的時候也是,通常會請工人,或是有時候一家人一起做。(問:那這些工人都是我們部落的族人嗎?)大部分的幫忙都是請我們部落的鄰居,互相幫忙,大家一起做,這樣比較方便,也能互相照應。(個案3)

他自己做完之後,還會去幫別人套柿子,比如楊○○他們家的柿子,還有其他人的,基本上都是我們在幫忙套的。有時候真的忙不過來的時候,就會去梨山那邊做,帶兩個熟練的工人就夠了。因為如果是沒經驗的,即使帶十個人也沒辦法完成,而熟練的工人兩個就能把工作做完。這裡幾乎都是我們在套柿子,像楊○○、羅○○的柿子,都是我們在幫忙套的。其實也不是什麼特別厲害,就是靠勞力和經驗,做久了自然就比較順手了。(個案12)

如果種植面積大一點,套袋時一定要請雇工;甚至也有性別分工的現象。

砍草、套袋這些工作，真的很繁重。如果每次套袋要做七萬粒，那根本無法一個人完成。而且現在一張袋子大概8毛錢，你算算看，光是這些套袋紙的費用就不少，這樣的工作量確實很大。從開始到最後，雖然我們自己可以慢慢做，但這兩項工作真的需要請人幫忙，因為根本來不及自己做完。（個案14）

打藥這些工作我們自己處理，但下肥料和採果還是需要請人幫忙，因為我們年紀大了，體力不如以前。以前體力好的時候當然自己做得比較多，但現在就需要請人來幫忙了。（問：那甜柿裡面的工作有沒有是女生做比較多、什麼工作是男生做比較多？）大部分打藥的工作是我先生在做，因為這些比較吃力，女孩子做起來比較不方便。不過也有些別的家庭情況不一樣，我有時候看到是女孩子在打藥的。（個案3）

請人幫忙的工錢確實很貴，尤其是男孩子的工錢比較高。相比之下，女孩子的工錢就便宜一些，所以女孩子通常會專門負責剪枝條這類工作，這樣可以減少成本。（個案4）

勞動力老化，雇工也不易，這或許也是種植面積無法擴大的原因。

你說雇請人來幫忙，其實這裡也沒什麼人要做啦。這邊幾乎都是老人家住在這裡，靠自己做，哪有錢去請人家？現在就

是靠甜柿、竹筍、紅肉李這樣輪著來。4月、5月是竹筍期，接著5月、6月有紅肉李，還有五月桃、六月桃，再來就是甜柿，就這樣一年循環著過。這些工作年輕人都不想做，都是老人家自己來，因為年輕人都往外跑了。靠這些農產品生活真的很不穩定，比如竹筍就只有一個月的時間，收入有限。你說如果農會真的有好好照顧農民，也許年輕人會回來，但現在完全沒有這樣的支持，怎麼可能吸引人回流呢？（個案8）

大部分的農活其實都是我一個人在出力，我們家也有其他的工作職業，這些農事只是利用空閒時間在做。只是因為之前答應了老爸，要繼續維持這片果園，算是一種對他的承諾。我老爸大概75歲以後就不再做了，現在全都由我接手，算是「假日農夫」吧，一邊上班，一邊利用假日來管理果園。（個案16）

　　多數原住民都是依靠自己和家庭成員進行農作，包括噴施農藥、修剪枝條等工作；部分人也會請外援，特別是在套袋、採收等勞動密集的階段。訪談中特別提到，雖然男性和女性都參與農作，但某些工作如噴藥或吃重勞動多由男性完成，而較不吃重的工作（如套袋），則有時由女性完成。在農忙季節，部落內的居民會相互幫忙，特別是在甜柿採收季節。

　　由於採收季節勞動力需求高，原有的勞動力不足以因應農忙季節，原住民必須支付工資給聘僱的工人或族人，部分柿農會採用現代農業技術，如電動修剪器等，藉以提高生產效率並降低勞

動支出。儘管噴藥、剪枝、套袋這類看似低技術的勞動工作，卻也需要熟能生巧的訣竅（know-how），才能創造生產經濟價值，因此原住民一再強調種植甜柿的經濟活動，經常是由家族或部落社區成員參與。因為甜柿種植與採收需要特定的技能和經驗，而這些技能則是透過生產實作進一步傳承下一代。這些分析反映了在臺灣甜柿種植中，家族和部落等族群文化的重要作用，以及與農業經濟生產實踐的結合。

（四）利潤與銷售管道

普遍而言，似乎利潤都不高，而銷路的部分，管道也並不充足。

> 南庄的甜柿通常都是在本地市場銷售，沒辦法打出去，沒有突破的機會。南庄不像摩天嶺，它們有自己的品牌，我們這裡根本推銷不出去。之前我也建議過農會幫我們建立一個銷售平台，但一直沒有下文。結果還是得靠自己賣，可是價格怎麼都提不上去。人家已經一斤賣到140元了，我們卻還停在50、60元，完全沒辦法比。而且農藥、肥料的價格一直在漲。說實在的，甜柿這行業，說賺有賺，說不賺也是真的不賺。每天都在忙，可是工錢、肥料、資材這些成本加起來，如果真要細算，根本不符合成本。對我們原住民來說，很多農友其實是用最深厚的資本，也就是靠自己盡全力去做，要不然根本無法撐下去。（個案18）

通常是靠擺攤銷售甜柿。

南庄的甜柿盛產時，通常會集中在南庄遊客中心正對面擺攤。農會和公所應該有協調好攤位的分配方式。不過，由於場地有限，如果一個部落有十位農友，有時候就會出現一個攤位由兩戶農友共同販售的情況，大家會輪流賣。我們的售價主要是依甜柿的兩數（重量）來決定，比如：5A以下（5兩以下），一斤40元；5A到57或58（5兩到5.8兩），一斤50元；58到6A（5.8到6兩），一斤60元；6A以上（6兩以上），價格就依重量遞增，比如6兩多到7兩就賣70元。當然，甜柿的重量不可能都這麼平均，比如有些可能是6.5兩、6.7兩、6.8兩，接近6.9兩的時候，就可以歸到7兩的範圍，賣更高的價格，這是有些彈性的。我們的甜柿基本上是完全靠零售，沒有更大規模的銷售管道，所以得靠這種方式論斤銷售。（個案11）

整體而言，種甜柿無法獲利太多，但是礙於生活需求，又無法不種。

（問：還想請教您，整體而言，怎麼看臺灣的甜柿產業？）我們這個甜柿其實說起來並沒有賺到什麼錢，為什麼呢？因為價格從來沒有漲過。甜柿的重量一般是7兩、8兩，8兩的價格是一斤80元，9兩以上才會賣到100多元，但這些價格多年來都沒有變過。（問：等於是在慢慢地賠錢，因為物價一直漲，肥料也在起價？）量多的話，他們這樣做可能還有得賺。像我量少的，根本能有人買就不錯了。（問：所以整體而言，是否需要慢慢思考如何增加甜柿農的收入？我聽下

來,很多甜柿農都說其實沒賺到什麼錢,可是大家還是很認真在種,這點讓我很好奇。)因為你現在要轉作其他作物,至少需要兩、三年的時間,那這段時間要靠什麼收入生活?這才是問題。(個案15)

(問:那剛才提到的成本花費,都是用前一年的甜柿收入來支撐下一年的支出嗎?)對。但是說實在的,賺得不多,有時候算一算,可能連工錢都賺不回來,真的很慘。(問:可是既然這麼辛苦,為什麼大家還是願意繼續做呢?)沒辦法,已經種下去了。像我,其實是可以選擇不做的,只是我跟我老婆答應過我父親,才繼續堅持;但有些人是不得不做,因為已經種了甜柿,如果砍掉重新種其他作物,所需的本錢更高。(問:那如果乾脆不管、荒廢土地呢?)不管的話就沒有賺錢的機會了。至少現在甜柿還有一點收入,山上的人要是沒了收入,那生活會更困難。(個案15)

初步發現,南庄種植甜柿大多都是泰雅族人,技術世代傳承。自產自銷,鮮少請族外的工人。農產品的販售多以擺攤為主,網路行銷不易。此外,甜柿收成不足以應付日常開銷,還必須同時種植其他農作物,如桂竹筍、紅肉李、高麗菜、香菇等。資金不足時,較少會去農會貸款。

我們不太敢去貸款。農會有建議我可以申請無息貸款,確實有一些優惠,比如限額四十萬以內不用擔保人,只要有農地就可以借。但是問題是,我得有穩定的收入才能還款啊。現

> 在我沒有固定收入,即使借了,將來還不起,反而變成一種壓力。這種水果產業不像一般上班族,每個月固定在五號或十號發薪水。農業收入不穩定,風險也很高,所以即使有貸款方案,也得好好斟酌才行。(個案22)

在這裡可以看到原住民普遍面臨財務壓力,甜柿的年度收入並不足以支付種植成本,這反映了泰雅族在資本主義市場環境下的經濟壓力。收入的不穩定性主要由市場價格波動和氣候變化引起,這也增加了種植的風險。為了補貼種植成本,他們通常需從事其他農業或非農業工作來獲得額外收入,這也是泰雅族在當代資本主義經濟體系中的生計策略。

在苗栗南庄地區,泰雅族原住民種植甜柿的銷售網路呈現多元化,包括直銷、網路平台和宅配服務,只是銷售情況並不理想。此外,柿農根據市場需求和個人資源選擇適合的銷售策略,許多人選擇在遊客聚集的地方,如遊客中心或道路旁直接銷售,以便直接接觸消費者;有的農民選擇與學校、企業或其他團體合作,進行團購或批發銷售。地方政府和農會的支持,在提升銷售和技術方面發揮重要角色,這些銷售方式不僅體現了農民的創新和靈活性,也反映了文化適應和經濟變遷的過程。

(五)與山林動物並存的生產經濟

訪談過程中,許多受訪者的都提到山林動物對於作物的危害。

> 現在沒辦法種地瓜,種不夠給山豬公吃啦!(個案20)

除了山豬，猴子、藍鵲、松鼠也是危害李子、甜柿、桂竹筍等收成的動物。之前是在李子樹下放蜂箱，採生前再用煙燻蜜蜂，猴子被蜜蜂叮後就不敢來了（個案5）。但是，不是所有人都養蜂驅猴，有些人有，白天防山豬，晚上阻猴子。拉電網除了成本高，有些地形比較陡也不適合。

（問：那今年收成不好，除了旱災的關係，有猴子的影響嗎？）猴子倒是還好，我那邊有藍鵲。藍鵲很兇，如果妳套袋了，牠們就開始來啄，看到果實紅了就一直吃。（問：套袋也沒用喔？）牠們會看啊！應該還有松鼠的影響，因為有時候打開果袋，裡面就是空的。（問：所以套袋對藍鵲沒有用？）對，沒有用，牠們照樣吃。也沒辦法，牠們要吃就讓牠們吃吧，剩下的就是我們的了。我們也沒能力攔住牠們啊！（個案16）

當猴子一群來時，牠們吃的方式很特別，並不是只吃一顆就離開，而是會咬一口、丟一顆，然後再換下一顆，這樣不斷地重複，結果就會把樹上的柿子弄得亂七八糟。（個案18）

竹筍不用特別照顧，只需要等到4月多時，筍子長出來就可以採收。可是猴子、山豬、山羌等動物會來吃，特別是猴子會只吃掉筍頭，跟水果的情形一樣。一旦動物碰過的竹筍就不能食用了，因為那些會變黑、爛掉，無法再食用。（個案7）

山林地區的野生動物，如猴子、鳥類、昆蟲等這些動物會吃掉或損壞果實，影響甜柿的產量和品質，對甜柿種植構成威脅。然而，原住民在面對作物損害時，並不會針對這些動物一味採取捕殺手段，而是採用多元化經濟策略來應對與動物的競爭；例如種植不同作物、尋找新的銷售管道等，以減輕單一作物損失的經濟風險。面對山林經濟中的挑戰，泰雅族社區展現出強大的適應能力。他們在傳統知識與現代農業技術之間尋找平衡，藉以應對這些挑戰。

以Marshall Sahlins的原初豐裕社會觀點來看，傳統採獵社會的生產經濟，以狩獵游耕等週期的活動以及對人口和財富的節制為特徵，這是對生存環境的一種創造性適應（Sahlins, 1988）。這種因生產而形成的移動與節制，在外人眼中它可能是一種「低度發展」的狀態，然而不因為提高作物產量而將山林動物趕盡殺絕，採取與山林動物共存的生產模式，正是部落經濟活動的文化特徵之一。

四、結論：泰雅族「經濟活動」的資本主義化

近年來，多元族群社會的型式，似乎漸漸成為我們共享的社會想像。進一步看，卻仍有許多需要釐清的細節。張翰璧等（2016：VI）在《我國族群發展重要指標分析與運用規劃》中指出：如果我們願意將臺灣視為多元族群（multi ethnic）所組成的社會，針對不同族群所面臨的問題似乎要有新的理解，與不同權利面向的強調。就規範上而言，我們追求的是何種族群關係（同化／涵化／融合、隔離、還是和諧共存）？從臺灣的現實生

活世界來看,「族群」這個關鍵字,不但經常出現在我們的生活周遭,更是公部門制訂公共政策時必須考慮的面向。

農民可依一般交易條件與非屬同一族群的外來生意人進行交易。通常農民會獲得良好服務,例如將農作送到市場、裝農作物的麻布袋以利運送、在收成前拿到現金,而這是同一族群的生意人或政府無法提供的。這些服務對於外人來說似乎是微不足道,但對於農民來說,卻是維繫農民社會與現金經濟的命脈。在苗栗的甜柿產業中,因為農作規模小,似乎沒有看到族群互動的關係。甜柿的主要產區包括臺中、新竹、苗栗、桃園等地,大多位於高海拔山區,泰雅族在這些地區的甜柿種植活動佔主導地位。其他族群,如賽夏族、客家人等也參與種植,但規模較小。也因為產量不大,農民多是以自產自銷的方式銷售甜柿,而地方政府也採取農改場的建議,將在地原住民文化融入行銷策略,希望一起帶動地方產業,並行銷在地社區文化。然而,透過資本主義市場行銷方式,是否提供消費者認識原住民文化的管道,抑或強化了經濟領域中的族群刻板印象,而對於原住民文化的了解並無過多肯認,這是本文要進一步思考的問題。

當以經濟層面觀察原住民種植甜柿的經濟活動時,並未凸顯泰雅人與其他族群的「交換」關係。根據王梅霞(2023:100)研究,「交換」是泰雅文化中非常重要的儀式與社會關係確認的過程。「『交換』在泰雅族牽涉到人與人、人與物和人與 *lyutux*(超自然存在)間關係的建立與轉化」。然而,上述的結論是經由北勢群各部落的口述歷史,透過檢視清朝及日治時期邊區交換發展所得到的結論,與本研究在南庄地區的訪談結論具有差異。

根據本文在南庄鄉四個泰雅部落的訪談,當地泰雅族群多是

以「家戶生產模式」獨自種植生產過程，並在不同時節種植不同作物，這樣的作物史的發展與政府政策密切關聯。1950年代開始推動的「山地平地化」相關政策，農產品商業化的趨勢逐漸增加，原住民對於貨幣的依賴也逐漸加深。楊國柱（1996）指出原住民農業的發展時期如下，「日據時期（民國初年）以前的游獵狩獵期；日據中期以後的定耕自給農業期；及民國六十年左右以後形成的商品經濟期。」生產方式和土地利用方式的改變，使得1961年以後，山地原住民在收入增加最多的部分是商業收入，對市場依賴的人口數增加（王梅霞，2023：293）。

南庄泰雅族人一年的作物種植史，顯示出不同經濟作物的出現，除了適應山林資源外，更大一部分是受市場價格所影響。而「市場」的影響力，主要來自於統治政策在不同時期對於山林經濟的介入，從日治時期引進商品化的水稻、財產私有權的概念、國民政府的同化政策後，山區封閉的自給自足經濟早已不存在（黃應貴，1986：163-172）。在貨幣使用逐漸普及後，不但商品勞動化，勞動力也逐漸商品化。如果需要其他人力，也會採取勞動市場的雇工方式，鮮少強調換工和還工的經驗。雖然王梅霞（2023：466-467）指出「1960年代苗栗地區的泰雅人開始種植市場作物，借地、換工等機制仍然運作在部落社會關係中。」現在，上述的部落生產文化已幾乎較少出現。

基本上，較多的是當地族群的生活方式，適應了資本主義的生產方式，而非在生活習慣中協調資本主義的經驗，並未透過原有的文化（尤其是「交換」）來理解新的生產關係。泰雅族的甜柿種植，體現了他們在傳統知識與現代農業技術之間的平衡，以及他們對於生態環境和市場需求的適應。這不僅反映了族群文化

的轉變,也顯示了泰雅族如何在經濟發展和文化傳承之間尋找平衡。

　　本研究下一步將蒐集資料,討論在經濟變遷過程中,尤其是族群政治脈絡與文化產業發展的雙重影響,泰雅族人是否協調(適應)資本主義的生產方式,產生出新的社會秩序或文化觀。

參考文獻

Horowitz, Donald L., 1985, *Ethnic Groups in Conflict*. Los Angeles: University of California Press.

Sahlins, Marshall，丘延亮譯，1988，〈原初豐裕社會〉。《臺灣社會研究季刊》1（1）：159-181。

下山一自述，下山操子譯寫，2019，《流轉家族：泰雅公主媽媽、日本警察爸爸和我的故事》。臺北：遠流出版公司。

王泰生，2015，〈臺灣法律史上的原住民族：作為特殊的人群、地域與法文化〉。《臺大法學論叢》44（4）：1639-1704。

王梅霞，2023，《轉化、交織與創造：泰雅族、太魯閣族、賽德克族社會文化變遷》。臺北：國立臺灣大學出版中心。

李逢春，1981，〈泰安、大湖、卓蘭和三義四鄉鎮產業人口地理之主成分、因素和對應分析〉。《臺南師專學報》14：161-202。

阮素芬、史宏財、倪萬丁，1999，〈桃園區少量多樣化農特產──柿（柿餅）〉。《桃園區農業專訊》29：6-10。

林月金，2003，〈臺灣甜柿之產銷研究〉。《臺中區農業改良場研究彙報》79：61-79。

林月金、張致盛，2003，〈臺灣甜柿產業分析〉。《臺中區農業專訊》42：7-10。

林嘉興，2000，〈臺灣甜柿產業發展及產地分布〉。《臺中區農業改良場特刊》46：1-4。

林嘉興，2001，〈臺灣甜柿產業與產地〉。《臺中區農業改良場特刊》50：1-10。

林榮貴，2002，〈甜柿的生產現況與問題〉。《農業世界》232：61-63。

洪廣冀，2019a，〈「蕃地」開發、「蕃人」控制及臺灣原住民族群性的展現：以蘭陽溪中上游地域為中心（上篇）〉。《考古人類學刊》

90：1-44。

洪廣冀，2019b，〈「蕃地」開發、「蕃人」控制及臺灣原住民族群性的展現：以蘭陽溪中上游地域為中心（下篇）〉。《考古人類學刊》91：1-42。

高子涵，2020，〈發現紅澄澄「神秘果實」的秘密〉。《消費者報導》475：12-15。

張瑋琦，2012，〈原住民成為有機專業農歷程的省思：知識、食物主權與身體規訓〉。《臺灣原住民研究論叢》12：245-289。

曾全修，2005，〈苗栗縣休閒農業之發展策略——以南庄鄉為例〉。《造園季刊》56：99-104。

菊池一隆著，張新民編譯，邱昱翔、謝川子譯，2022，《泰雅族和夫與日本妻子綠》。臺北：秀威資訊科技股份有限公司。

黃應貴，1986，〈光復後高山族的經濟變遷〉。《臺灣土著社會文化研究論文集》，黃應貴編。臺北：聯經。

楊國柱，1996，〈原住民的農業發展與有關影響因素之探討〉，《臺灣土地金融季刊》33（2）：215-231。

溫馨儒，2022，〈新埔青澀柿染 釀出樸素時尚〉，《禪天下》202：66-69。

葉高華，2016，〈分而治之：1931-1945年布農族與泛泰雅族群的社會網絡與集團移住〉。《臺灣史研究》，23（4）：123-172。

劉方梅，2004，〈甜柿產業輔導策略與發展方向〉。《甜柿栽培技術與經營管理研討會專集》，31-38頁，行政院農業委員會農糧署。

劉政麟，1999，〈象鼻村原鄉產品——甜柿〉，《苗栗區農業專訊》8：12-14。

劉雲聰，2000，〈作物改良——柿農苦惱的生理落果——牛心柿今年落果特別嚴重〉。《苗栗區農情月刊》5：1-2。

劉雲聰，2002，〈苗栗地區柿產業未來發展的策略〉。《苗栗區農業專訊》20：9-10。

第 6 章 山林中的綠寶石：
泰安鄉桂竹筍產業變遷與族群關係

張廷妤

國立中央大學客家語文暨社會科學學系碩士

張翰璧

國立中央大學客家語文暨社會科學學系特聘教授、中央研究院人文社會科學研究中心亞太區域研究專題中心合聘研究員

一、泰安鄉的自然與人文環境

　　苗栗縣栽種桂竹筍面積約 2 萬 4 千公頃，年產量 2 萬 1 千噸，又以泰安鄉面積、產量居冠，是部落重要經濟作物，並視為上帝恩賜的禮物。2020 年先輔導成立有限責任苗栗縣泰安鄉桂竹筍生產合作社，希望透過農民自己種植、加工、營銷，形成完整的產業經營模式。並於 2021 年，以一條龍產業經營模式，讓農民自力完成種植、加工、營銷，並爭取原民會經費加上配合款，在梅園部落打造桂竹筍加工站。

　　泰安鄉在光復前，原屬新竹州大湖郡番界──番人居住之地。泰安鄉位處於苗栗縣東方，全境面積 614.5127 平方公里，佔苗栗縣總面積三分之一，為全縣面積最廣的鄉鎮，轄有八個村。東面及東北面與新竹縣五峰鄉、尖石鄉接壤；東南和南面與臺中縣和平鄉為鄰；西鄰獅潭鄉、大湖鄉和卓蘭鎮，東西寬 50 公

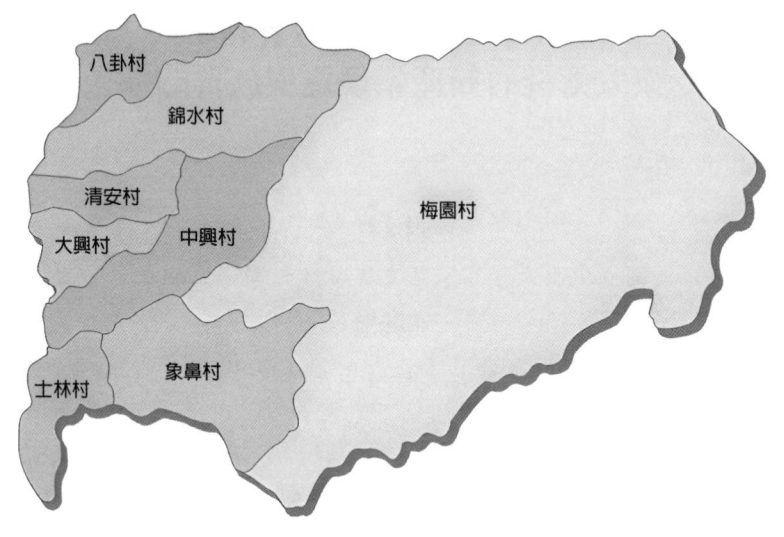

圖1　苗栗縣泰安鄉行政區域圖

資料來源：苗栗縣泰安鄉公所網站
取自https://www.taian.gov.tw/cp.aspx?n=3851，瀏覽日期：2021/02/10

里，南北長30公里，全鄉幅員略呈長方形（黃鼎松，2008：50）。

泰安鄉的行政區域分為八卦村、錦水村、清安村、大興村、中興村、梅園村、象鼻村及士林村等八個村，習慣上稱八卦、錦水、清安、大興、中興為北五村，均屬於後龍溪流域；梅園、象鼻、士林屬於大安溪流域，習稱為南三村[1]（如圖1）。

泰安鄉境內山多平原少，呈東南高峻而漸向西北低斜之地勢形貌，山地與丘陵佔本鄉鄉域之百分之九十八。泰安鄉全鄉有一

---

1 資料來源：苗栗縣泰安鄉公所網站。取自https://www.taian.gov.tw/cp.aspx?n=3850，查詢日期：2021/02/10。

半以上的面積被劃為雪霸國家公園範圍,加上平地有限,因而限制了泰安鄉的發展,本鄉產業主要為溫泉、甜柿、桂竹筍、桃子、李子、薑、番茄等農產,卻也保留了豐富的自然生態環境,境內有許多瀕臨絕種的動物,如臺灣黑熊、穿山甲、石虎、藍腹鷴等[2]。

泰安鄉由於交通不便,人口稀少,戶數約為1,991戶,全鄉人口約為5,682人,泰安鄉的人口組成以臺灣原住民族泰雅族人與漢人中的客家為主,其中泰雅族人佔三分之二、客家人佔三分之一(如表1)。

表1 泰安鄉112年6月戶數、人口數詳細資料表及原住民人口統計表

	鄰數	戶數	男	女	合計(男+女)	原住民人數	原住民人口佔比
中興村	6	198	314	287	601	452	75.2%
八卦村	4	122	214	165	379	231	60.9%
士林村	7	219	365	339	704	663	94.1%
大興村	8	214	284	252	536	446	83.2%
梅園村	6	194	326	307	633	605	95.5%
清安村	13	351	487	396	883	254	28.7%
象鼻村	7	269	417	352	769	725	94.2%
錦水村	13	424	647	530	1,177	811	68.9%
總計	64	1,991	3,054	2,628	5,682	4,187	73.6%

參考資料:苗栗縣戶政服務網
取自https://mlhr.miaoli.gov.tw/tables2.php?unit=37,查詢日期:2023/07/10

---

[2] 苗栗縣泰安鄉公所網站。取自 https://www.taian.gov.tw/cp.aspx?n=3850,查詢日期:2021/02/10。

苗栗縣泰安鄉在日治大正初期以前，全是屬於泰雅族的生存空間，文獻上並無漢人移居的紀錄。正式有漢人定居，始於大正5年（民國5年，1916年）。根據日治時期的戶籍資料，大正5年3月劉阿慶、饒運火率家人入籍南洗水；曾進欽、謝阿運入籍北洗水（均在今清安村）；傅阿石、吳阿宗入籍必屑村（今錦水村），這是第一批進入泰安的漢人，之後，漢人陸續移入，自大正5年（民國5年，1916年）至昭和20年（民國34年，1945年），前後三十年移入的漢人達305戶、1,108人（如表2）。這項統計只列正式移入當時的戶數及人口數，不包括移入後出生及臨時居留者（黃鼎松，2008：190）。

　　透過表2，可得知日治時期移入泰安鄉的漢人，其移入地區多為清安、錦水及梅園，現今泰安鄉各村中，以清安村的原住民人口佔比最低。

　　苗栗縣是典型的農業大縣，受到多山地形的影響，農作物種類繁多。其中三到五月的主要生產農作物為桂竹筍，同時苗栗縣也是全臺灣竹筍的重要產地。本文透過參與觀察法及深度訪談法，了解桂竹筍產業的採摘、加工過程中，勞動力的來源、人力的分配、加工廠的選擇、加工廠內部的營運、技術經驗的展現、產銷所形成的社會網絡，同時探討桂竹筍產業的發展與變遷。

　　本文首先介紹泰安鄉的自然及人文背景，說明泰安鄉桂竹筍產業的發展，並分析桂竹筍產業的生產鏈，包括農業管理、桂竹筍的採收、桂竹筍的加工、桂竹筍的銷售，以及家族、地緣性與桂竹筍產業生產鏈的關係。

表2　日治時期泰安鄉移入漢人戶數人數統計表

年度戶數		清安 戶數	清安 人口	錦水 戶數	錦水 人口	大興 戶數	大興 人口	士林 戶數	士林 人口	八卦 戶數	八卦 人口	梅園 戶數	梅園 人口	合計 戶數	合計 人口
大正	05	5	21	2	9									7	30
	06	2	7	1	6									3	13
	07	6	16	1	6	1	7					1	4	9	33
	08	1	3	3	9									4	12
	09			2	9									2	9
	11	3	8	1	3									4	11
	12	3	10	1	3	2	6							6	19
	13	1	6	1	9									2	15
	14	1	6	3	9					1	11	1	4	6	30
昭和	01	2	15	1	3	1	3					1	3	5	24
	02	2	7	1	7							2	2	5	16
	03	4	16	1	5									5	21
昭和	04	5	18	1	5					1	1			8	25
	05	2	8			1	1					3	16	5	24
	06	2	11											2	11
	07	5	26	1	10									6	36
	08	2	4	2	12									4	16
	09	6	26											6	26
	10	4	21	1	2							3	3	8	26
	11	9	49	2	6	1	7					7	25	9	87
	12	4	13	2	5							1	1	7	19
	13	8	25	1	3	1	6					3	12	13	46
	14	6	14	1	5							1	3	8	22
	15	5	17									7	19	12	36
	16	9	44	4	15							3	6	16	65
	17	20	76	5	14							6	21	32	114
	18	27	96	5	21							1	6	33	123
	19	37	93	5	20							13	32	55	145
	20	6	37	4	10							3	7	13	54
合計		187	693	52	206	7	30	1	3	2	12	56	164	305	1,108

參考資料：《苗栗縣泰安鄉志》上冊（黃鼎松，2008：191）

二、泰安鄉桂竹筍產業發展

　　泰安鄉地理環境多屬山坡地、丘陵地，地勢自西南向東北逐漸升高，有超過3,000公尺以上的高度落差，受到先天自然條件的限制，以農業、林業為主要產業。泰安鄉四面環山、氣候溫和、雨量充足、溪流密布，而大安溪水源充沛，是泰安鄉非常重要的河川，對於泰安鄉農（林）業發展、灌溉和民生用水有非常大的影響。

　　近年來，泰安鄉的農產品已由生計作物逐漸轉向高品質的經濟蔬果，而木材受限於市場的需求，價格多以副產物之採取和竹筍為主。泰雅住民所生產的農（林）業產品，受中間商人的剝削與市場價格影響，造成農（林）業產業的競爭力日趨下滑，但農業在本鄉的重要性並未降低。近年國人旅遊風氣大開，加上政府鼓勵及政策配合，農業與休閒觀光遊憩相結合，吸引觀光客到農村觀光或當地從事農業休閒事業。因此，除了農（林）業外，泰安鄉新興的三級產業為服務業、餐飲業、觀光服務及運輸業。

　　泰安鄉生產之農產品以果物為主，佔比約81%，包括甜柿、柑橘、李、桃、梨；蔬菜瓜果作物包括甘藍、蘿蔔、蔥、大芥菜、番茄、苦瓜、甜椒、四季豆，生產佔比約18%。民國73年（1984年）起推動農地利用綜合規劃，發展農特產品，提高泰安鄉的農產品競爭力，並朝向高品質、高價值及精緻化的目標前進。輔導推動桃、李、柑橘、生薑、桂竹筍、香菇和蔬菜等。

　　居住於此的人民大多以農業為主要收入來源，一年四季泰安地區皆有栽種農產作物（表3）如下：

表3　苗栗縣泰安鄉各月份農產品表

月份	農產品	主要種植地區
12月到3月	草莓	清安村、錦水村、大興村
3月到5月	桂竹筍	梅園村、大興村、八卦村、錦水村
5月到7月	桃子、李子	大興村、清安村、錦水村、中興村 八卦村、象鼻村、梅園村、士林村
7、8月	小番茄	清安村、錦水村、大興村
10月到12月	甜柿	士林村、象鼻村、梅園村、中興村

資料來源：整理自行政院農業委員會苗栗區農業改良場、泰安鄉公所網站 https://www.mdais.gov.tw/ws.php?id=1425、https://www.taian.gov.tw/Default.aspx，查詢日期：2023/07/10

其中3到5月的苗栗縣重頭戲農產為「桂竹筍」，農民上山至桂竹林選擇長度約30公分的桂竹筍，部分農民在竹林就將筍殼去除，以減輕採摘者背筍的負重；部分農民待桂竹筍運至家宅或工寮再進行後續的去殼工作，待去殼完畢，部分農民會在自己家中進行「殺青」的加工作業；部分農民為爭取更多的摘採桂竹筍時間，後續的桂竹筍加工工作則是將新鮮的未去殼的桂竹筍賣給「桂竹筍加工廠」做後續的殺青作業，待加工完畢後由農民或加工廠賣給盤商，盤商再進行後續的販售、建立銷售通路。

苗栗縣是竹筍的重要產地，自「111年全臺竹筍種植及產量面積及收成表」（表4）中可得知，全臺竹筍種植面積排名依序為：嘉義縣、雲林縣、臺南市、苗栗縣，全臺竹筍年產量排名依序為：雲林縣、臺南市、嘉義縣、苗栗縣，可見得苗栗縣在全臺灣竹筍產量中扮演重要角色。其中苗栗縣主要生產地竹筍品種為「桂竹筍」、雲林縣為「麻竹筍」、嘉義縣為「烏殼綠竹筍」、臺南市為「綠竹筍」。從地理環境和產業的群聚性而言，桂竹筍

可以算是客家與原住民族在苗栗縣，甚至泰安鄉一項重要的農業生產。

表4　111年全臺竹筍種植及產量面積及收成表

縣市	種植面積（公頃）	收穫面積（公頃）	每公頃收成量（公斤）	收成量（公斤）
新北市	2,187.35	1,877.84	4,600	8,638,198
宜蘭縣	233.37	233.37	16,444	3,837,608
桃園市	603.34	299.97	6,186	3,711,320
新竹縣	346.78	346.78	5,816	2,016,966
苗栗縣	2,579.23	2,579.23	8,081	20,842,096
臺中市	1,223.28	1,223.28	9,421	11,523,975
彰化縣	304.52	304.32	13,806	4,201,290
南投縣	2,174.17	2,145.07	7,600	16,303,232
雲林縣	3,653.66	3,650.51	12,718	46,425,801
嘉義縣	5,100.18	5,010.28	6,518	32,658,997
臺南市	3,606.40	3,603.55	9,823	35,397,384
高雄市	1,784.19	1,783.79	11,165	19,915,630
屏東縣	335.83	323.17	12,193	3,940,561
臺東縣	235.61	235.61	6,218	1,465,091
花蓮縣	694.68	681.68	5,236	3,569,555
基隆市	149.00	149.00	4,555	678,692
新竹市	12.76	12.76	5,934	75,71
嘉義市	66.70	66.70	9,501	633,69
臺北市	411.18	411.18	4,683	1,925,396
金門縣	1.53	1.53	5,087	7,783
合計	25,703.76	25,239.62	8,628	217,768,982

資料來源：行政院農業委員會農糧署農情報告資源網取自https://agr.afa.gov.tw/afa/afa_frame.jsp，查詢日期：2023/07/07

然而,近年來泰安鄉種筍子的面積和產量均有下降的趨勢,原因有三:(1)因為經濟因素,販賣或出租桂竹筍林地;(2)將桂竹筍林地開發轉做其他作物;(3)人口老化(如表5),無力耕種而休耕。因此泰安鄉桂竹筍林地種植面積逐年下降,年採收量也逐漸下降(如表6),依然還是當地客家與原住民族重要的農產業。

表5　民國104年至112年泰安鄉各年齡人口數統計表

民國年/月	幼年人口 0至14歲	青壯年人口 15至64歲	老年人口 65歲以上	總人口數	老年人人口比率
112年6月	577	4,172	933	5,682	16.4%
111年6月	590	4,256	891	5,737	15.5%
110年6月	583	4,250	865	5,698	15.1%
109年6月	645	4,327	839	5,811	14.4%
108年6月	676	4,435	818	5,929	13.7%
107年7月(系統無6月資料)	726	4,580	793	6,099	13%
106年6月	755	4,334	764	5,853	13%
105年6月	804	4,398	761	5,963	12.7%
104年6月	850	4,509	733	6,092	12%

資料來源:苗栗縣戶政服務網
取自https://mlhr.miaoli.gov.tw/tables1.php?y=104&m=6&unit=37,
查詢日期:2023/07/10

表6　民國100年至111年泰安鄉竹筍年種植面積及收成量表

年度	種植面積（公頃）	收穫面積（公頃）	每公頃收量（公斤）	收量（公斤）
111	218.47	218.47	3,000	655,410
110	220	220	3,000	660,000
109	221	221	4,500	994,500
108	221	221	5,500	1,215,500
107	213.07	213.07	3,500	745,745
106	225.71	225.71	5,720	1,291,061
105	270.40	270.40	9,500	2,568,800
104	308.30	308.30	7,500	2,312,250
103	308.30	308.30	9,500	2,928,850
102	306.53	306.53	11,500	3,525,095
101	279.91	279.91	8,000	2,239,280
100	250.30	250.30	10,000	2,503,000

資料來源：行政院農業委員會農糧署農情報告資源網
取自https://agr.afa.gov.tw/afa/afa_frame.jsp，查詢日期：2023/07/07

　　過去社會學傳統理論把族群經濟視為落伍的象徵，但是經濟社會學的發展，尤其是社會網絡與經濟活動的討論，對於族群經濟有新的看法（張維安、黃毅志，2000：180）。典型的族群資源包括血緣關係和婚姻體系、信任、文化、宗教和語言的背景共識，族群資源對個人可以構成有用的資源（張維安、黃毅志，2000：183）。

　　關於族群資源，曾嬿芬（2001）提到，族群資源是指相同族群，享有某些共同的社會文化特徵，族群創業者或是直接運用這些社會文化特徵，或是因為這些特徵而間接獲利（張翰璧，2013：76）。張維安（2000）則指出，同族群成員所享有的族群

資源,並不是全然出於簡單的「族群情感」,其中仍帶有強烈的理性計算。可見族群經濟不能全然視為傳統經濟,也不能理所當然的被認為就是落後的經濟形態。

從族群網絡作為一種經濟網絡的基礎來看,族群關係、族群資源有益於經濟的結盟與效益。藉著社會網絡的整合,族群成員之間的連帶,有助於重要企業資源的運用。族群網絡有益於社會信任的建立,族群網絡可作為一種關鍵的社會資源。所有的企業都需要相互的信任,多重的社會網絡,使同族群的人在企業上彼此信任,因為這些關係,在做生意方面可以有許多方便。上述的族群資源或是網絡,分析的對象都是企業的經營,對於農產品生產的分析,需要加入農業生產鏈的概念。

在農業商品鏈的探討中,Watts和Goodman(1997)認為農產品的生物固著性限制了農業生產的全球化,即使是同類農產品的不同品種,因為地區環境條件的差異性,都有不同的生長週期,因此,農業產品無法像工業產品般,進行規格化與標準化的生產,尤其是小農生產的方式,其獲利的最大來源是家庭勞動力的投入。李登輝(1980)在《臺灣農業發展的經濟分析》一書中提到,農業勞動情形分為家族勞動、僱傭勞動及包工勞動(如圖2),此外,辛玉如(2008)也提到換工制度長久以來存在臺灣農業社會之中。

1. 家族勞動力是屬於私經濟,其生產經濟上,可以使用家族的無工資勞動來進行。在報酬上,並不是生產者付給勞動者的工資,而是其所生產的生產品之出賣價格和經營費用價格的差額;在結構組成上,是由主人、主婦及其他家人所構成,對於家計和生產有通融性,於農閒時,可動員外出勞動,以節約家計,於農

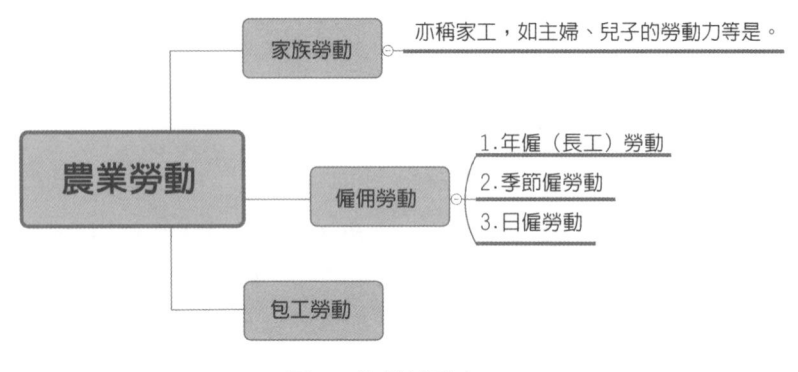

```
農業勞動 ─┬─ 家族勞動 ── 亦稱家工,如主婦、兒子的勞動力等是。
          │
          ├─ 僱傭勞動 ──┬─ 1. 年僱(長工)勞動
          │            ├─ 2. 季節僱勞動
          │            └─ 3. 日僱勞動
          │
          └─ 包工勞動
```

圖2　農業勞動力

參考資料:《臺灣農業發展的經濟分析》(李登輝,1980:68)

忙時,可以供給全部的勞動,是為彈性的勞力需給。

2. 僱傭勞動也稱為工資勞動,即為被他人農務場域僱主所僱傭,且以工資為代價,在僱主的指揮監督下為其勞動。其又可細分為年僱勞動、季節僱勞動及日僱勞動。在桂竹筍產業中的僱傭勞動大多為「日僱勞動[3]」,其勞動者大多為居住於僱主家附近,且主僱關係為長時間維持下去的。

3. 包工勞動是指承包某種作業或工作,到完成為止之勞動。因為到了完成才能受取酬金,所以包工勞動分直接包工勞動和間接包工勞動兩種。前者是勞動者直接向作業主包的,並由作業主取得報酬;後者是指有中間包工者存在,勞動者對於這個中間包工人以日僱勞動者或計件勞動者身分從事作業或工作而言,故站

---

[3] 日僱勞動的工資計算方式可分為:計日論酬及計件論酬。計件論酬適用於精巧的機械和高等的家畜為對象的場合,在熱帶地區栽植農業經濟(Plantation)多採用之,這種勞動力極富封建色彩(李登輝,1980:72)。

在勞動者的立場觀之，實際就是日僱勞動（李登輝，1980：69-72）。

4. 換工制度是指農忙人力不足時，鄰近地區以男工、女工之工作天數為計算單位，農家間互相協助的運作模式，是一種不受市場經濟影響的團體。換工成員將資源帶進市場的過程中，社會網絡發揮了它的作用，將這些社會資源轉變成個人的資本，換工成員在團體裡可以直接取得資源或是透過原本的網絡取得更多附加的資源（辛玉如，2008）。

三、研究方法

本文將以苗栗泰安鄉的桂竹筍產業為例，進行產業變遷與原客族群互動的相關研究。透過參與觀察法，直接到泰安鄉的桂竹筍產地參與並觀察桂竹筍採摘、加工及運輸過程，以立即、直接了解生產鏈運作過程；並透過深度訪談法，針對桂竹筍產業之小農、加工廠及盤商等農友及業者進行訪談（表7、8、9），訪談內容包括桂竹筍的生產、採收、運輸、加工到銷售，甚至產業的族群分工、農民與盤商或是盤商間的社會網絡、社會關係……等，再加以整理訪談資料，並分析桂竹筍產業的生產鏈，包括農業管理、桂竹筍的採收、桂竹筍的加工、桂竹筍的銷售，以及家族、地緣性與桂竹筍產業生產鏈的關係，說明桂竹筍產業的商品鏈特性以及商品價值。

表7　筍農基本資料表

訪談研究對象：種植桂竹筍農民

訪談者代號	族群	性別	出生年	居住地	桂竹筍種植林地面積	桂竹筍種植林地海拔高度	種植作物
F1	客家	男	53	泰安鄉清安村	3甲	600至700公尺	草莓、桂竹筍、生薑
F2	客家	男	49	泰安鄉清安村	3甲至4甲	約700公尺	桂竹筍、李子
F3	客家	男	69	泰安鄉八卦村	5甲	600至700公尺	生薑、李子、桃子、草莓、番茄、桂竹筍
F4	泰雅族	男	50	泰安鄉清安村	4甲至5甲	約700公尺	桂竹筍、李子、生薑
F5	泰雅族	男	55	泰安鄉清安村	2甲至3甲	600至700公尺	生薑、桂竹筍、番茄

表8　加工廠基本資料表

訪談研究對象：桂竹筍加工廠業者

訪談者代號	族群	性別	出生年	加工廠位置	已從業幾年
P1	客家	女	51	泰安鄉清安村	25
P2	客家	女	49	泰安鄉中興村	40

表9　盤商基本資料表

訪談研究對象：收購桂竹筍之盤商					
訪談者代號	族群	性別	出生年	販售之市場位置	已從業幾年
D1	閩南	男	73	臺中市	10

資料來源：作者自行整理

四、桂竹筍產業生產鏈

　　桂竹屬於禾本科孟宗竹屬的作物，在臺灣分布在海拔100-1,500公尺山區，桂竹的地下莖是橫走向，側邊為單軸散生，春季時從地面長出嫩芽就是桂竹筍[4]。三至五月之間，是桂竹筍蓬勃生長之際。桂竹的多產來自於匍匐的地下莖的芽苞，隨著地下莖在地底的擴張四處冒，不只出現在林間，也出現在人常常走踏的小徑上，這樣的形態稱為「單桿散生」，因為一個芽苞只長一支筍，且隨莖四處漫生，不同於巨竹因地下莖直立而往上叢生，其多以一群一群的形態出現[5]。

　　桂竹筍的外型細長且筍殼帶有褐黑色的斑點，可以透過這兩個特徵來分辨。桂竹筍冒出土壤生長，採收時多選擇長度在30公分左右的桂竹筍，將底部折起就能摘採。因為桂竹筍的產期較短，採收後不耐存放，採摘到入廠殺青間的滯留時間越短越好，以免竹筍老化、不堪使用而損失。因此，市面上賣的桂竹筍大多

4　新北市平溪區公所網站。取自https://www.pingxi.ntpc.gov.tw/content/?parent_id=10331，查詢日期：2021/02/11。

5　環境資訊中心網站。取自https://e-info.org.tw/node/204338，查詢日期：2021/02/11。

已先經完成「殺青」加工。

（一）農業管理

　　本研究訪問5位桂竹筍筍農，皆為男性。其中3位是客家人、2位是泰雅族原住民。3位客家籍筍農中，有2位住在清安村、1位住在八卦村；2位泰雅族筍農皆住在清安村。5位筍農種植的桂竹筍林地面積約在3甲地至5甲地不等，桂竹筍林地海拔高度約在600公尺至700公尺，5位筍農在非桂竹筍產季皆有種植其他作物，包括：草莓、生薑、桃子、李子、番茄等。

　　5位受訪者的家族都是長期從事桂竹筍生產，本身也是從小就參與其中，對於桂竹筍的採收及銷售知識為從小培養且熟悉，小時候幫忙家中採摘桂竹筍，長大後承襲家中務農事業。訪談資料中提到，訪談對象F1從爺爺輩就開始栽種桂竹筍，主要農業勞動力為家族勞動力，由爸爸、媽媽及F1一同採收。F1從小協助家中採摘桂竹筍，遇桂竹筍農忙期，爸爸要求F1向學校請假、回家幫忙，F1提到因自己那一代的父母較不重視教育，能夠維持生計、吃得飽、穿得暖較為重要。也因為自小協助家中的桂竹筍產業，對於之後自己從事桂竹筍產業有很大的幫助，能夠快速熟悉、上手。F1過去將桂竹筍做為主業時，耕作面積約為3甲多的地，也有向他人承租竹林進行採收，但因採竹筍很耗費體力，年紀大了就改其他工作，包括：因生薑的價格比較好，重新整理、開發林地種植生薑，以及育草莓苗等。

　　桂竹筍的採收季節為每年3至5月，農民在農曆過年前、後開始整理竹林地等待筍季到來，訪談對象F2提到他所進行的林地管理項目包括：劈草、砍細小的竹子、砍掉枯竹及爛竹，再將

砍下來的竹子整理成堆，其目的是要讓筍季開始時的採收動線更加流暢，方便筍季時採摘桂竹筍，砍下來的枯竹可做為殺青時的燒柴火燃料。F2會在過年前至竹林地施肥，以增加單支桂竹筍的重量及林地整體產量，F2使用台肥的化學複合肥料，一包肥料40公斤、400多塊，一甲地大概需要20包，相比不灑肥料的筍農多花這筆肥料錢，F2認為是符合成本的，可以多賺不少錢；也有農民不進行農地管理或不施肥料。

然而，影響桂竹筍的產量最大的因素，還是降雨量，產季前一年冬天若降雨量高、桂竹筍產量就多；若降雨量低、桂竹筍產量就少，因此每一年桂竹筍的產量皆不一定。

（二）桂竹筍的採收

筍農採收桂竹筍之人力需求，多以家人為主，雇工情形不盛行，且薪資高於其他農務工作（生薑培土、生薑除草、草莓苗去老葉等）。主要是因為採收桂竹筍需要在山坡地上來回行走、負重，也因當地雇工採收桂竹筍情形不興盛，工資未有固定價格，工資會因為工人經驗程度、男女性別差別及雇主的薪資計算方式而有區別。當地雇工採收桂竹筍，一日薪資約為1,300元至2,000元，男性與女性因生理上的體型及體力差異，一日薪資差約為200元。

問：你雇用工人採竹筍，工資男女有分別嗎？
答：有有有，通常男女工資有分。
問：分別一天會給到多少錢？
答：男生差不多1,700、1,800，女生差不多1,500。

答：採竹筍的話，工資比一般工作多啦。
問：為什麼？
答：因為採竹筍要背，比較辛苦，還要走上走下，很累的。（F5）

雇用工人採收桂竹筍的筍農，因工人出勤情況及雇工需求不固定，因此薪資均為當天給付。

筍農雇工採摘桂竹筍，因為採摘桂竹筍需耗費較多體力，在當地的雇工工作內容中屬於較勞累的工作，因此工時的計算較其他雇工工作短，雇主不會要求工人要做滿八小時。

問：像這樣1,500，是做一整天嗎？還是算小時的？
答：是算一天啦。也沒有特別算時間，反正你就是說這一遍我要採完，你早一點來摘完早一點回去，也算一天的工錢。
問：不用做到八個小時就對了。
答：種生薑就要八個小時，採竹筍就會太累，因為他跑來跑去。他背著、又要採、又要剝殼。
問：所以就是跟著老闆的工時，結束就結束，不會硬是要做滿八個小時。
答：沒有，不用，就那一片採完了，明天又到下一片竹林去。（F4）

採摘的桂竹筍會有不同的成品與加工方式，首先是剝殼或不剝殼。產季初期因為要送去早市賣帶殼桂竹筍，農民晚上開始採

摘至凌晨兩點，秤重、裝袋後送至加工廠，由貨運送至市場販賣。

問：你一天摘採桂竹筍的過程是怎麼樣？
答：我是採晚上的，晚上九點出門，戴頭燈去採，採到差不多凌晨兩點多就收工不採，我是在山上就包裝好，連殼包裝，沒有去殼、殺青的那種，把桂竹筍裝到麻袋裡面，差不多凌晨4點就要去加工站交貨。（F3）

採收帶殼桂竹筍者，其需求量由加工廠事先規劃、分配完成並告知農民，農民採收時需選擇品質較佳者進行採收。於產季初期，市場對於桂竹筍的新鮮度較高，因此有較大之需求，到產季中後期，市場上就不需要帶殼的桂竹筍，筍農也就不再以帶殼的形式採收桂竹筍。

問：這邊多是摘晚上的（帶殼桂竹筍）嗎？
答：沒有幾個。他（加工廠）要先排啦，要先確認需要的量才收，他要先排人，不是每個人要採他都收喔，他有規定，一天要多少量，數量太多的話，他也是不要喔，因為不用去殼、採得快，他不需要這麼大量，而且要品質好、比較漂亮的竹筍。
問：所以是固定要收的量？
答：對，比如說他排給你1,000斤或2,000斤，你就是只能繳2,000斤。（F3）
答：菜販如果有需求是要買帶殼的竹筍，加工廠就會叫農民

採,一邊要賣帶殼的桂竹筍,是要產季初期的時候,它品質很好,竹筍很大一條嘛,但是不能太長喔,就是要肥肥、胖胖的竹筍,而且要嫩嫩的,不能太長才採。

問:所以只有產季初期會有帶殼的桂竹筍的市場需求?

答:對對對,到後期,量多了,市場也吃到膩了,就比較不會有帶殼桂竹筍的需求了。(F1)

如果販賣的是剝殼的桂竹筍,筍農大多會在採收的當下將筍殼去除,其目的是減少負重,增加單次可背負的竹筍量,減少多次往返竹林地及貨車的路程,也可以藉去殼時間休息。當然,也有筍農採集中去殼的方式,主因是家中有年長者可協助去殼作業,採分工模式完成桂竹筍採收及去殼。

農民在筍季採收時,同時也會進行「留種」。F4提到,採收桂竹筍時需選擇竹林地中較空曠的區域,保留一部分竹筍不採摘,待來年竹筍長成竹子,竹子即可繼續生長出竹筍,便能增加該區桂竹筍的產量,也能掌控竹林地的竹筍量,使各區域達到平衡。

(三)桂竹筍的加工

筍農因耕作面積及利潤考量,會選擇自己在家中進行殺青,或是賣給加工廠進行殺青。F1提到,起先從事桂竹筍產業時是自己殺青,然後配到批發市場或是行口,之後因耕種面積增加,自己要採收的桂竹筍產量提高後,沒有時間自己進行殺青作業,就交給加工廠進行殺青。

也有筍農考量後續的銷售通路,而賣給加工廠,只需要考量

產量與當下桂竹筍加工廠開出來的價格，不需考量後續銷售與盤商的收購價格，對部分農民來說較為方便。F4提到，自己進行殺青作業，反而沒有賣給加工廠的價格好，在行口會被「剝」，當產量較多時，行口會砍價格，再加上送到行口的農產品要被賣掉才算錢，賣出後要扣運費、行仲，又因為桂竹筍煮過（殺青），還會有竹筍沒有即時賣出去而產生臭酸的情形。因此F4認為，採收完畢桂竹筍，就交給加工廠殺青，比較方便。

農民自行在家中進行殺青程序為：將竹筍平鋪至鍋中，置入冷水漫過竹筍，開火開始煮生竹筍，待水滾後再滾煮一陣子至呈現竹筍香味，即可撈起煮好的桂竹筍，放入已套好耐熱袋之紙箱中，裝箱、寄到行口、賣到批發市場。加工廠需考量殺青時間、燃料及人力成本，使用蒸氣式鍋爐進行殺青作業，單一次可殺青桂竹筍量較大、所需時間較短，較符合成本考量。

筍農對加工廠的選擇，主要受到地緣關係的影響。

問：後來因為你的採收面積增加，收成量變大，改賣給加工廠殺青，你是怎麼選擇加工廠的？
答：距離很重要啊，太遠的我也不會賣過去，價錢最重要啦。（F1）

問：像是你有一些竹筍還是會賣給加工廠殺青，你怎麼選擇加工廠？
答：近一點，比較方便。（F3）

或是長久的合作關係。

問：你為什麼會選擇大南勢的加工廠？
答：起初我們清安這邊是最慢有加工廠的啊，小○（清安村之加工廠）這邊是後來才收的，大南勢那邊是一開始我採竹筍，他們那邊就有了，小○是後來才開的。
問：所以你是從最初就賣給大南勢的加工廠？
答：對，從我爸爸的時候就開始了。
問：但是以距離來說，大南勢比較遠耶？
答：他們會來載。
問：他們都會什麼時候來收，你們會先連絡好嗎？
答：默契，慢慢培養。（F5）

無論是筍農自行在家進行桂竹筍殺青作業，或是賣給加工廠進行殺青作業，皆有銷售上的時間限制。筍農自行殺青者，需考量貨運收貨及運送貨物到批發市場的時間，大約在傍晚五、六點由貨運到府收貨。貨運在載送貨物時，會向筍農收取運費，多是具有長久合作的關係。

問：在價格上，有交通運輸的成本嗎？
答：那一定要。
問：怎麼計價？
答：一台斤的竹筍大概要一塊半做運輸的費用。（F1）

問：貨運來載貨，價格上要付出成本嗎？
答：要運費，以一箱多少錢去算，通常一箱的運費大概40塊錢，貨運會直接跟行口收運費，行口會扣在給我們的

價錢裡面。

問：通常一個地區會給同一個貨運收嗎？

答：對，是認識的貨運，通常都會是我爸那時候的行口及貨運，繼續經營，因為已經習慣了，貨運他們是專門在運送貨物的，各種農產品都會送。（F2）

　　如果是將桂竹筍賣給加工廠殺青者，需預留時間給加工廠進行殺青作業，最晚須於傍晚時將桂竹筍賣到加工廠，且加工廠只收當天採摘的桂竹筍，收購生筍的總量並無限制。

　　泰安鄉有5間桂竹筍加工廠，其分布地區如下表（表10）。其中有2間成立產銷班，可以向政府單位申請設備相關補助，其他3間加工廠為私人經營。北五村（錦水村、清安村、中興村、大興村、八卦村）的3間加工廠，業者皆為客家人；南三村（梅

表10　泰安鄉桂竹筍加工廠統計表

地區	加工廠數量	業者族群	是否成立產銷班
錦水村	1	客家	是
清安村	1	客家	否
中興村	1	客家	否
大興村	0	/	/
八卦村	0	/	/
梅園村	2	泰雅族	其中1間是
士林村	0	/	/
象鼻村	0	/	/

資料來源：訪問當地筍農後，作者自行整理

園村、士林村、象鼻村）的2間加工廠，業者皆為泰雅族原住民。

　　作者訪問2位桂竹筍加工廠業者，一間位於清安村、一間位於中興村。2位業者皆為女性，都和丈夫一同創業，丈夫去世後承接加工廠、**繼續經營**。受訪者過去家族皆有從事桂竹筍產業，且從小就參與其中，具備桂竹筍產業的相關知識，包括：採摘、殺青、銷售等。

　　從事桂竹筍加工廠的契機來自盤商的建議。

　　問：那你老公一開始為什麼會做桂竹筍加工？
　　答：以前我們這邊村莊，每一家都自己煮竹筍，有一個固定盤商來收購，後來收購久了，盤商老闆就問說：你怎麼不自己收別人的來煮？我來跟你買就好，我就不用跑這麼多地方。而且越來越多農民也因為產量高，摘不去，有人可以幫忙煮，他們就可以專心摘竹筍，一開始就是這樣做起來的。（P1）

　　問：促使你們開加工廠的原因是什麼？
　　答：主要是想要給農民方便，大家在家裡煮竹筍都不方便，要花時間、又要器具，我們現在的鍋爐都是燒重油，用蒸氣來殺青，效率比較高。（P2）

　　兩間加工廠均為家族產業，由家族成員共同負擔加工的工作，遇人力不足時則雇用工人。一般而言，桂竹筍的收購來源多依循地緣關係，筍農則都包含客家人及原住民。筍農大多選擇鄰

近的加工廠來販售桂竹筍。其中,加工廠距離原住民族聚落較近者,原住民族筍農比例較高;反之則為客家人筍農比例較高。

收購的方式分三種,筍農送到加工廠、加工廠去幫筍農載運,第三種是「代收」制度。

> 問:所謂的「代收」是什麼意思?
> 答:例如說,我因為很忙,沒辦法出去載竹筍,貨源又不夠,我就會找人開車去繞、去收,跑去聚落裡面繞。
> 問:直接收生的竹筍回來?
> 答:對,收生竹筍回來,我給司機一斤多少錢的運費去幫我代收竹筍回來。
> 問:就是像物流的概念,司機出車、出人力去幫你(加工廠)繞、收竹筍?
> 答:對對對,然後司機再跟我們(加工廠)算運費。
> (P1)

> 問:你也有派車去山上收竹筍?
> 答:有啊,我有去山上收竹筍,因為有些人家裡沒有車,或是老人家不方便,除非年輕人有車,才會自己載下來。
> (P2)

代收制度下,加工廠與筍農結算桂竹筍價錢的方式有兩種,一是代收司機收購實結現金給筍農,代收司機的現金來源可以是自己先墊付再跟加工廠結算價格,或是先跟加工廠拿現金去支付給筍農。二是由貨運司機做記錄,筍農之後再與加工廠結算金

額，其結算金額的期間為：一週結一次、一個月結一次或產季結束後結。

收集到足量的生筍，加工廠就開始殺青的加工流程。桂竹筍的加工作業，約從中午左右開始進行。筍農陸續將去殼的桂竹筍載送到加工廠，加工廠先將桂竹筍秤重、結算價格給農民、將桂竹筍平鋪、放入鍋中，待桂竹筍的量達一鍋時，即開始進行殺青加工作業，殺青時間視竹筍的老、嫩程度，殺青時間從三十分鐘至一小時不等，接著將殺青完畢的桂竹筍裝入套好耐熱袋的箱子中或裝桶，秤重、封箱。

桂竹筍加工後，依據購買方的需求及後續銷售通路差異，分成紙箱、塑膠桶及鐵桶三種不同包裝方式。旺季時，桂竹筍產量過多導致價格下降，因此產生「冰筍」、「桶筍」兩種保存桂竹筍的方法，至淡季時再出售到市場上。P1提到，桶筍是使用四方鐵桶盛裝，將煮好的竹筍放在壓力鍋裡面，放水、高溫蒸一次，進行殺菌，蒸到連桶子裡面的水都煮開了、溫度達到一定，再將桶子拉出來、蓋蓋子，冷卻後，鐵桶內就呈真空狀態，即可室溫存放。P1提到，冰筍是竹筍殺青後，放到鋪好塑膠袋的塑膠桶中，再把煮好的竹筍放進去，灑入食用防腐劑，再把塑膠袋綁緊、密封、蓋蓋子、放冷藏，而冰筍要出貨時會再用鍋爐煮一次。

桂竹筍產季時，主要的勞動力以家人為主，農業勞動為家族勞動，桂竹筍盛產、人力不足時，雇用工人協助進行殺青作業，農業勞動為雇傭勞動。僱用的工人大多是固定班底。有時工人在產季期間已在進行其他工作，工人會有所變動，在工人的調度上，多靠朋友間互相幫忙，協助詢問是否有工人可以進行短期的

工作。桂竹筍產季的時候,一天雇工人數大概6到10個人。雇工的薪資約為每小時200元至250元,給付薪資的方式彈性,可以當天結算、領取月薪,也可以等桂竹筍產季結束後再一併領取。

桂竹筍加工廠的工人來自不同族群,有客家人、原住民及外籍勞工,因為加工廠位處於客家聚落,加工廠老闆為客家人,其對於客家族群的工作態度及工作方式較為熟悉,因此偏好客家籍工人。

問:你的工人,分別來自什麼族群?
答:有客家人也有原住民。
問:有比較喜歡請什麼族群的工人嗎?
答:其實還好啦,客家人我們比較熟,做事情的那些我們比較清楚啦。(P1)

問:你的加工廠裡面的工人,是來自不同族群嗎?
答:之前是客家人跟原住民都有,有時候還有外籍勞工,現在都是客家人比較多。
問:為什麼?
答:這邊客家人比較多,比較好叫人,大家比較認識,做事情方式也比較知道。(P2)

(四)桂竹筍的銷售

桂竹筍加工廠與盤商合作的契機,是盤商主動先找到加工廠,雙方建立合作的機制,開始建立起加工與販售的通路。桂竹筍加工廠與盤商之間是長時間的合作關係,有些盤商是承襲父輩

的合作關係，持續與加工廠合作。

> 問：你選擇盤商的條件是什麼，或是說什麼契機，會跟這些盤商合作？
> 答：都是合作很久的盤商，這幾年也沒什麼新的盤商。
> 問：那一開始跟他們牽上線的契機是？
> 答：是盤商他們找上我們，先談好價格上這樣子可以，那就合作，他就固定每年都會來載，一般來講，他們不會跑來跑去，就是固定在這裡載。或是說，產季一開始，量少，盤商他需要的量比較多，他就會多跟幾家加工廠拿貨，他湊到要的量就要趕快載走，有些要趕黃昏市場，他們載了貨就要趕快走。（P1）

> 問：是什麼契機跟這些盤商聯繫、合作？
> 答：一開始我們做的時候，他們有來找我們聯絡。
> 問：是盤商主動找你們的？
> 答：對，因為我們這邊就是產地，他們就會找到產地來，最早的時候，那些盤商是來跟筍農收煮好的熟筍，筍農煮好就下來賣，盤商就沿路收，後來比較少人煮了，加工站就興起了，採竹筍的人採的量多，也沒時間去煮，所以就直接載來賣加工站，所以加工站才會越來越興盛。（P2）

關於收購的價格，主要還是透過市場機制訂定出來的，加上桂竹筍加工廠將向農民收購竹筍的成本（箱子費用、工資、燃

料、水電等)、利潤比例,訂定出販賣給盤商的價格(如圖3)。

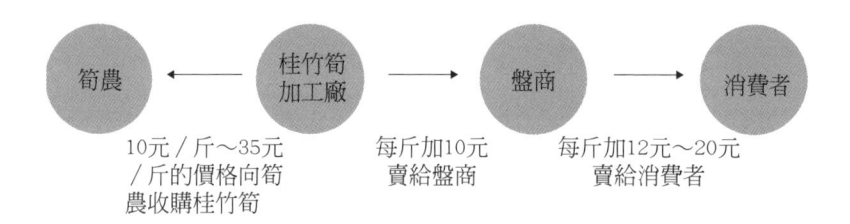

```
筍農  ←  桂竹筍      →  盤商  →  消費者
          加工廠
10元/斤～35元    每斤加10元    每斤加12元～20元
/斤的價格向筍    賣給盤商      賣給消費者
農收購桂竹筍
```

圖3　泰安桂竹筍產業商品鏈中桂竹筍的價格變化

資料來源:作者自行整理

問:你賣給盤商的價格,是怎麼訂定出來的?

答:我們做這個也很冒險,一般菜的話,是我今天送出去,明天再報價回來,我們做桂竹筍的變成相反,我們先把價錢訂好,有時候,如果說量多、市面上價格不好,你會一天虧十幾萬,因為價格已經訂出來了,你不知道市場是怎麼樣。到產季尾巴的話,價格會比較穩定,我們加工廠的話,就是一定的價格再抓那個成本、箱子、失重、工資,再加上一兩塊錢,就這樣。

問:那一兩塊錢,就是利潤嗎?

答:對。

問:所以桂竹筍的定價方式是,加工廠看產量跟市場的狀況,先把價格訂出來,用這個價格跟農民收購,再由你們這邊賣給盤商,但這兩邊不見得對等,有時候可能你給農民的多,但你賣的少。

答：對,每年一定就虧一兩次,因為產季一開始,你也不知道買賣的量有多少,就曾經一天虧十幾萬,可能一天盤商要一萬多斤、然後第二天只要幾千斤,因為盤商可能銷不了這麼多,銷不了這麼多就要塞去共同運銷。(P2)

加工完畢的桂竹筍,在銷售的通路順序為:盤商、拍賣市場、食品加工廠。當桂竹筍的產量過多,盤商所需要的貨沒有這麼多時,加工廠會將桂竹筍透過共同運銷運送到拍賣市場,其制定價格是透過糶手喊價、承銷人出價的過程訂定。因為拍賣市場僅負責將作物販售出去,不論銷售價格的高低,對於桂竹筍加工廠而言,無法考量到他們成本的立場,因此加工廠老闆的銷售順序為:先將加工完成的桂竹筍賣給盤商,次要的銷售通路才是賣到拍賣市場。

問:所以賣給盤商跟賣去拍賣市場比,在價格上,賣給盤商比較有保障。
答:對啊,最起碼不會賠這麼多。賣去拍賣市場,你量大,大家的竹筍都塞到拍賣市場,你的竹筍價格就會不好。(P1)

問:你說盤商大概收到六點,但量多的時候可能會煮(殺青)到十點、十一點,已經超過盤商跟貨運的收貨時間了,這些竹筍怎麼辦?
答:賣給食品加工廠的比較差,所以我們都會先出貨給盤商

賣到市面上,再來寄貨運到拍賣市場,最後給食品加工廠的,排到最後面,食品加工廠的,他們會自己用卡車來載,我們尾巴煮的就給食品加工廠。(P2)

本研究訪問了一位桂竹筍盤商,為閩南籍男性,其販售桂竹筍的市場位於臺中市,原先從事砂石業,透過朋友介紹而進入盤商的行業,藉由先前工作累積的收入做為創業資本,所需投入的成本項目包括:車子、油錢、攤位租金、煮竹筍的鍋子、瓦斯。

盤商起先藉由同行的介紹,與同行認識的加工廠、筍農收購桂竹筍,之後再開拓收購源頭。與加工廠慢慢建立長期合作關係,若遇到桂竹筍產量銳減時,盤商則需另尋桂竹筍來源,但桂竹筍加工廠大多是與長期合作的盤商進行買賣,不一定願意與不熟悉的盤商交易。

D1雖是收購熟筍的盤商,但自己同時也採摘、收購生筍。在等待加工廠煮竹筍的時間,採摘桂竹筍的收入,可補貼油錢。

盤商向認識的農民收購竹筍,以「代收」的模式與筍農合作,由一位筍農負責向其他農民收購桂竹筍,盤商再付予一斤2、3塊做為代收的費用。D1在收購桂竹筍時不會特別挑選族群,主要是找認識且可以長期配合的筍農,D1提到,當桂竹筍產量穩定的時候,貨主就會比較穩定;若產量少,即需要四處尋找筍農進行收購。

以此盤商一人作業為例,D1提到,他是親自開車到各個產地收購作物,直接在產地收購農作物,買進價較低、為第一手貨,較有利潤。若請他人協助收貨,盤商考量額外增加的聘請司機成本,以及與司機合作產生的合作風險;若與其他盤商收貨,

則為第二手貨,價格較高、利潤相對較低。

D1盤商會在收貨當下以現金付清款項,據他所言,其他盤商也會用其他方式付款,例如有盤商則是會與筍農、加工廠簽單子,約定付款時間,定期再付款項。

收購的對象也是因為區域不同,而與不同族群合作。若在南三村(士林村、象鼻村、梅園村),多為原住民;若在北五村(八卦村、錦水村、清安村、大興村、中興村),多是客家人。因為原住民合作時,原住民採摘的日程較不固定,因此,盤商較喜歡與客家人進行桂竹筍的買賣。

桂竹筍產量少時,盤商會在路邊攔筍農,用比加工廠高一些的價格向農民收購桂竹筍,藉此吸引筍農,其中以原住民族群較容易以此方式成交。也有農民會將部分筍子賣給半路攔截的盤商,部分賣給常合作的加工廠,以維持筍農與加工廠的合作關係,同時筍農也可以從中多賺一筆。

> 答:我有搭鐵皮要做工寮,因為那個點旁邊有井,就會有水可以煮竹筍,結果鐵皮屋搭到好,那口井沒有水了,就放棄了。那個點,其實很不錯,上上下下都會經過,要去士林、象鼻都會經過,這個點設在這,要搶筍子、調筍子,就是個很好的據點,可以攔截農民。
>
> 問:你們真的會半路攔筍農、買竹筍?
>
> 答:會啊,缺筍子的時候,我攔到農民,一斤比加工廠多一塊、兩塊跟你收,你賣不賣,如果你車上一千斤,量一多、價格就上去了,你是原住民,你一定給我啊,或是車上的量賣一半給我,他還有一半可以賣給平常賣的加

工廠，比較好跟加工廠交代。（D1）

　　盤商向桂竹筍加工廠及筍農收購桂竹筍後，有些盤商會再賣給下游買家，但因為**轉賣**過程中多一手，價格會提高，因此下游買家的銷售通路不同於市場零售的通路；有些盤商考量**轉手販賣**的過程中衍生的問題，如：收貨款不容易、下游買家要求折扣，因此沒有將桂竹筍販售給下游廠商。

問：你有再賣給下一層下游嗎？
答：沒有，因為在市場大家都認識，有時候放貨給其他攤，又講價格，這裡少個50塊、那裡少50塊，工錢就沒了啊！而且有時候貨款又難收，現在不比以前好收，有時候買家跟你買，又要跟你砍尾數。
問：其他盤商會再賣給下游嗎？
答：也是有啊，但多轉一手，價格當然會比較高，他們賣的通路就跟我們不一樣，不然價格打不過我們啊。（D1）

　　盤商若當日桂竹筍販售不完，會將桂竹筍冰起來再降價販售。若因產量較多導致販售不完，同行間亦是相同情形，因此同行間較少有因產量較多而相互讓貨之情形。

五、家族、地緣性的產業與生產鏈

　　影響泰安鄉桂竹筍產業變遷的因素主要有以下四點：

1. 交通發展

過去，桂竹筍農民在採收桂竹筍時，多依靠人工自行背負，因當時的交通工具及產業道路之開拓，都還在開發階段，因此農民在採收桂竹筍時，勞動力付出是非常吃重的，無論是桂竹筍的採收以及運輸，皆依靠人力進行，又因為產業道路尚未普及開發，農民需花費較多時間在往返的路途上，因此在桂竹筍採收量，較為有限。

現今，交通工具之發展越來越進步，以及產業道路之範圍開發越來越廣泛，桂竹筍的林地附近大多都有道路可以抵達，桂竹筍農民可藉由道路的方便性及車輛的載運，縮短往返桂竹筍林地的路程時間，可將行走的路程時間投入到採收中，藉此可提高當次桂竹筍的採收量，也因為有車輛可以載運桂竹筍，可大幅減低桂竹筍農民採收時的負重時間，減輕桂竹筍農民的負擔。

因此，因為交通工具及產業道路的發展，提升了桂竹筍林地的交通方便度，並降低農民採收桂竹筍時的負重問題。

2. 農民耕種桂竹的林地面積減少

因泰安鄉人口老化，筍農因年紀漸長，在從事採收桂竹筍的高勞動力工作時，顯得較為辛苦、吃力，因此筍農逐漸減少所耕種的桂竹筍林地面積，轉作其他作物或其他工作，例如：育草莓苗、轉而從事操作種耕機等。也有農民將竹林地進行開發，轉作其他較有經濟價值的作物，例如：生薑、草莓、種植樹木……等，因此泰安鄉桂竹筍年種植面積逐漸下降、年收成量則是有明顯的下滑。

3. 專業化分工──桂竹筍加工廠之成立

過去，筍農在採收完畢桂竹筍後，自行進行桂竹筍的殺青加

工作業,因漸漸有專業化分工的概念,因此有筍農跳出來專營桂竹筍殺青加工,成立「桂竹筍加工廠」。筍農考量採收桂竹筍與殺青作業的時間分配、後續的銷售通路以及銷售價格,因此,許多農民會在採收桂竹筍、進行去殼程序後,將桂竹筍賣給加工廠進行後續的加工程序,換取較多採收桂竹筍的時間,進而獲得更多的利潤,達到專業化的分工。桂竹筍加工廠業者賺取利潤後,再透入資金、購入機械設備,提高加工廠加工的效率及效能,以此增加收入。

4. 桂竹筍保存技術之進步

桂竹筍保存技術及冷藏設備逐漸發展後,開始有「冰筍」、「桶筍」的出現。在桂竹筍旺季時,會有產量過多導致價格下降的市場反應,價格過低可能導致桂竹筍加工廠出現賠本的情形,因此有了「冰筍」、「桶筍」兩種保存桂竹筍的方法。在桂竹筍旺季時,將過多的桂竹筍透過二次加工方式保存下來,於桂竹筍淡季時再出售到市場上,屆時,市場上會因為桂竹筍數量少,而價格出現上漲的市場反應。

泰安鄉當地的筍農及加工廠業者,以家族產業方式經營桂竹筍產業。筍農採收桂竹筍所需的勞動力,多為家族勞動力,由家族成員來採收桂竹筍;桂竹筍加工業者在進行桂竹筍殺青作業時的勞動力,也以家族勞動力為優先,至產量較多時,會以雇工的方式雇用工人,協助進行桂竹筍殺青作業。其透過家族勞動力方式從事桂竹筍產業,現今在地的筍農及加工廠業者,自小接觸、協助進行桂竹筍產業,進而承襲父輩的林地資源、累積的知識及技術、人脈資源及銷售網絡。

泰安鄉的居民多為原住民及客家人,因族群群聚關係,多會

依循相同族群定居下來，各自形成客家聚落及原住民聚落。筍農在選擇桂竹筍加工廠，以及桂竹筍加工廠在收購桂竹筍時，多依循地緣關係，筍農大多與離家較近的桂竹筍加工廠建立買賣關係，而桂竹筍加工廠若設置在某一族群人數比例較高的聚落，則會收到較多該族群筍農採收的桂竹筍。

　　筍農、加工廠與盤商的關係為合作關係，其目的都是將桂竹筍發揮最大的經濟價值，以創造更多的利潤。在此合作關係下，三個角色間皆須經營與彼此的合作網絡。以筍農與加工廠的網絡而言，筍農將品質佳的桂竹筍賣給加工廠，加工廠開出合適的價格向筍農收購桂竹筍，雙方維持良好的合作關係，使雙方皆可賺取利潤。若筍農採收的桂竹筍品質不佳或是夾雜劣質筍在袋子中、籃子中；或是加工廠向筍農收購桂竹筍的價格，使農民沒有利潤、不敷成本，會破壞雙方的合作關係。

　　以加工廠與盤商的網絡而言，因桂竹筍加工廠多與長期合作的盤商進行交易，少與不認識、不熟悉的盤商進行買賣。因此盤商需同時與數個加工廠維持合作關係，長期進行買賣互動，以維持桂竹筍產量較低時，盤商可向不同的加工廠購買桂竹筍。若盤商僅與一間桂竹筍加工廠進行交易，若遇桂竹筍產量少時，盤商會面臨無筍可買的斷貨情形。

　　以筍農、加工廠及盤商的網絡而言，盤商在桂竹筍產量低時會在路邊攔筍農，用比加工廠向筍農收購桂竹筍更高一些的價格，向筍農收購桂竹筍，筍農為了維持與桂竹筍加工廠良好的合作關係，也想要賺取更多的利潤，有筍農會將部分的竹筍賣給半路攔截的盤商、另一部分賣給長期合作的加工廠，以維持與桂竹筍加工廠的關係。

泰安鄉桂竹筍產業的農業商品鏈，是由桂竹筍農民投入勞力、時間，至桂竹筍林地採收桂竹筍、去殼，再將其裝袋、裝籃，由桂竹筍農民自行開車，或是由「代收」到府收桂竹筍，將桂竹筍送到「桂竹筍加工廠」進行殺青加工，加工廠投入資金、時間及勞力將桂竹筍製造成半成品、裝箱，再由盤商投入時間、勞力資本至桂竹筍加工廠收購桂竹筍後，將桂竹筍運送到市場進行販售（如圖4）。

　　泰安鄉桂竹筍產業的商品鏈中每個連結的節點都涉及桂竹筍的輸入、桂竹筍筍農的勞動力、桂竹筍加工廠的勞動力、桂竹筍加工後的半成品運輸、盤商的商品分配和消費的獲取。在此商品鏈中，筍農、桂竹筍加工廠及盤商，在供應關係上的投入項目及角色各有不同（如圖5）。

（一）桂竹筍產業的商品鏈特性

　　1. 投入與產出：在桂竹筍產業的生產端，以家戶式小農為主要的生產單位。由於新鮮的桂竹筍保存期限非常短，筍農需在採收當天即進行殺青加工，或是賣給加工廠進行殺青，接著賣給盤商，因此運銷管道的暢通十分重要。

　　2. 農業生產聚集的空間性：是具社會、經濟與歷史的地方性，由特定的地理環境與歷史發展所形塑（Boyds and Watts：1997）。泰安鄉山多平原少，當地產業發展以農業為主，又因泰安鄉地理及氣候條件適合桂竹筍生長，且筍農種植桂竹筍所需投入的資金資本、時間資本較低，又因交通革新，在桂竹筍的運銷上更加便利，因此泰安鄉為重要的桂竹筍生產地。

　　3. 制度結構：桂竹筍商品鏈中，雖然沒有出現農業工業化與

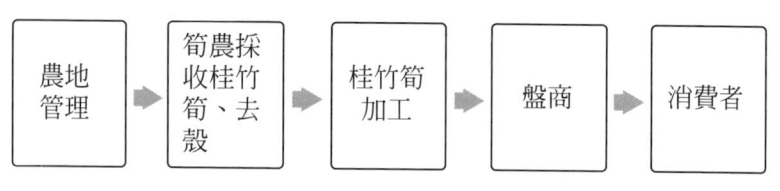

```
農地管理 → 筍農採收桂竹筍、去殼 → 桂竹筍加工 → 盤商 → 消費者
```

圖4　泰安桂竹筍產業商品鏈

資料來源：研究者自行整理

桂竹筍商品鏈角色		採收桂竹筍	殺青加工	銷售
筍農	採收桂竹筍後賣給桂竹筍加工廠，進行殺青加工	→		
	採收桂竹筍後自行殺青加工	⟶		
桂竹筍加工廠			→	
盤商	採收桂竹筍後自行殺青，再於市場零售	⟶⟶⟶		
	向加工廠收購桂竹筍後，於市場零售			→

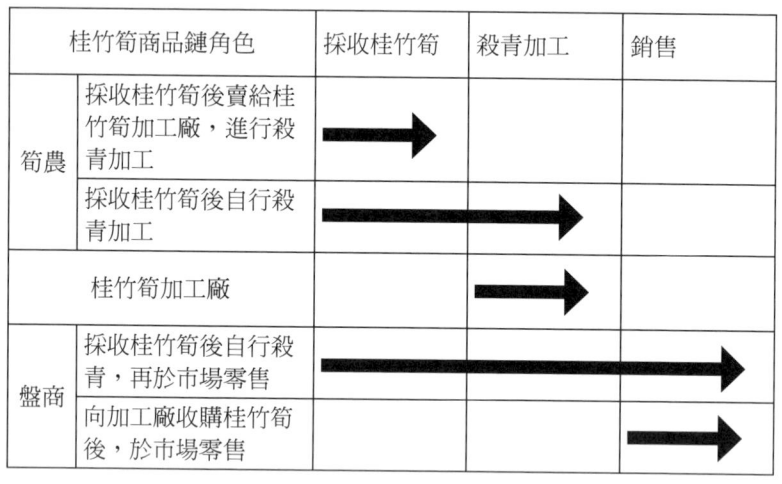

圖5　桂竹筍產業商品鏈供應關係

資料來源：研究者自行整理

跨界的情況，但生物特性對整個商品鏈造成影響。在生產端，因桂竹筍產季短、具有季節性，筍農需在季節範圍中盡量採收；運銷端，因新鮮桂竹筍不易保存，筍農及加工廠需在採收當天將農作物售出，進入市場。從生產及運銷端來看，可發現生物特性很大程度制約與影響了農業商品鏈的運作，因此，除了加工廠透過保存技術延長桂竹筍的保存期限，可將桂竹筍的商品鏈劃歸為「生物驅動」的農業商品鏈。

（二）桂竹筍在商品鏈中的商品價值

桂竹筍加工廠在產季初期到產季末期，以每斤35元至每斤10元的價格向筍農收購桂竹筍，桂竹筍加工廠評估使用蒸氣殺青設備消耗、雇工人力、紙箱及耐熱袋……等成本，至少以每斤加上10元的價格賣給盤商，桂竹筍加工廠才有利潤，盤商依據零售的市場的競爭力，以每斤再加上12元至20元的價格賣給消費者。

桂竹筍產業的商品鏈中，在每個連結的節點裡，桂竹筍都以各種方式轉換，其價值增加，使商品鏈中的每個環節都能產生、獲得利潤。以產季初期為例，桂竹筍加工廠以35元／斤向筍農收購桂竹筍，桂竹筍加工廠再以45元／斤的價格將桂竹筍賣給盤商，盤商以57元／斤的價格在市場上賣給消費者，在此過程中，桂竹筍在商品鏈中的價值，逐漸增加。

從桂竹筍產業的資金與土地、勞動力、知識與技術、銷售管道等產業特性，分析客家族群與原住民族群在關係網絡中的資源運用情形，大多與客家族群與原住民族群無直接相關。在泰安鄉桂竹筍產業中，原住民族群與客家族群在從事桂竹筍產業，並不會因為族群不同而有直接的差異。

六、結論

根據上文分析，影響泰安鄉桂竹筍產業變遷的因素為：交通發展、農民耕種桂竹的林地面積減少、專業化分工——桂竹筍加工廠之成立及桂竹筍保存技術之進步。而泰安鄉種植桂竹筍的面積和產量，因筍農販賣或出租桂竹筍林地、將桂竹筍林地開發轉

做其他作物及人口老化無力耕種而休耕，均有下降的趨勢。

泰安鄉的桂竹筍農及加工廠業者，自小接觸桂竹筍產業，進而承襲父輩的林地資源、累積的知識及技術、人脈資源及銷售網絡。當地的筍農及加工廠業者，以家族產業方式經營桂竹筍產業，其勞動力多爲家族勞動力，而桂竹筍加工業者在產量較多時，會以雇工的方式雇用工人。

筍農、加工廠與盤商的關係爲合作關係，其目的都是將桂竹筍發揮最大的經濟價值，在此合作關係下，三個角色間皆須經營與彼此的合作網絡，使桂竹筍產業的商品鏈在三角色中創造更多的利潤。在桂竹筍產業的商品鏈中，每個連結的節點裡，桂竹筍都以各種方式轉換型態，以增加其價值，使商品鏈中的每個環節都能產生、獲得利潤。因爲新鮮的桂竹筍保存期限非常短，從生產及運銷端來看，可發現生物特性很大程度制約與影響了農業商品鏈的運作，因此可將桂竹筍的商品鏈劃歸爲「生物驅動」的農業商品鏈。

泰安鄉的居民多爲原住民及客家人，因族群群聚關係，多依循相同族群定居下來，各自形成客家聚落及原住民聚落，而筍農在選擇桂竹筍加工廠，以及桂竹筍加工廠在收購桂竹筍時，多依循地緣關係。因此客家族群與原住民族群在關係網絡中的資源運用情形，大多與族群無直接相關，在桂竹筍產業中的資金與土地、勞動力、知識與技術、銷售管道等產業特性……等，並不會因爲族群不同而有直接的差異。從地理環境和產業的群聚性而言，桂竹筍可以算是客家與原住民族在苗栗縣，甚至泰安鄉一項重要的農業生產。

參考文獻

張翰璧，2013，《東南亞客家及其族群產業》。臺北：遠流。

黃鼎松編，2008，《苗栗縣泰安鄉志（上冊、下冊）》。苗栗：苗栗縣泰安鄉公所。

張維安，2001，〈臺灣客家族群的經濟活動〉。朱燕華、張維安編《經濟與社會——兩岸三地社會文化的分析》，157-167。臺北：生智。

張維安、黃毅志，2000，〈臺灣客家族群的社會與經濟分析〉。徐正光編《歷史與社會經濟》，179-207。臺北：中央研究院民族學研究所。

曾嬿芬，2001，〈族群與經濟〉。朱燕華、張維安編《經濟與社會——兩岸三地社會文化的分析》，157-167。臺北：生智。

李登輝，1980，《臺灣農業發展的經濟分析》。臺北：聯經。

柯佳伶，2011，《雲林縣二崙鄉短期葉菜的產銷及其空間建構》。國立臺灣師範大學碩士論文。

辛玉如，2008，《客家區域生產制度之研究——以東勢鎮換工制度為例》。國立高雄師範大學碩士論文。

蔡雨汝，2007，《從產銷關係探討宜蘭地區金棗產業的經營變遷》。國立臺灣師範大學碩士論文。

苗栗縣泰安鄉公所網站。https://www.taian.gov.tw/cp.aspx?n=3851，查詢日期：2021/02/10。

苗栗縣戶政服務網。https://mlhr.miaoli.gov.tw/tables2.php?unit=37，查詢日期：2023/07/10。

農業部苗栗區農業改良場網站。https://www.mdais.gov.tw/ws.php?id=1425，查詢日期：2023/07/10。

行政院農業委員會農糧署農情報告資源網。https://agr.afa.gov.tw/afa/afa_frame.jsp，查詢日期：2023/07/07。

新北市平溪區公所。https://www.pingxi.ntpc.gov.tw/home.jsp?id=af4f5c98e2488b5d，查詢日期：2021/02/11。

環境資訊中心網站。https://e-info.org.tw/node/204338，查詢日期：2021/02/11。

第三篇

族群通婚與博覽會中的原─客展演

第 7 章 苗栗南庄客家與賽夏通婚中的女性圖像[1]

蔡芬芳

國立中央大學客家語文暨社會科學學系教授

一、前言

「女性幾乎鮮少出現於歷史之中」的現象,過去在西方已經有一些學者系統性地加以反省(如5冊 History of Women in the West,或有 Herstory 的提出),在臺灣卻討論得較少,然而,在臺灣移民開墾的漫長歷史中,女性是存在的。「唐山公」與常被忽略的「平埔媽」(詹素娟,1997)的通婚為漢原關係打開新頁,但如此未讓女性以主體的角色現身的情形亦見於賽夏歷史、居住地區的開發過程以及賽夏與周邊族群的關係,大多出場的皆是男性,尤其是在南庄地區開發歷史上,最常提到的是黃祈英被賽夏頭目樟加禮收為養子,娶其女為妻,樟加禮死後繼任頭目。

---

[1] 本文曾發表於客家委員會客家文化發展中心於 2022 年 12 月 23 日所舉行之「南庄地方社會工作坊」與客委會整合型計畫「族群政策與原客族群關係」假中山大學於 2023 年 4 月 6-7 日舉行的「族群政策與原客族群關係工作坊」。由於筆者曾執行科技部「台三線族群通婚與宗教文化現象」(MOST 107-2420-H-008-007 -MY2,執行期間為 2018.1.1-2019.12.31),該計畫與客委會「從族群通婚與跨族收養探析原客關係」(HAC-110-IP-0008-01-03,執行期間為 2021.8.1-2023.7.31)有關連性,因此本文為結合兩個計畫的研究成果。

在後續族群關係歷史中，亦常見日阿拐、絲有眉與其他男性等名字。[2] 然而，女性幾乎不見於地區開發過程或是與族群互動相關的歷史，即便出現，則是族群通婚中被冠上「番婦」的「妻子」角色，例如在連橫所著之《臺灣通史》（1920）〈撫墾志〉中描述黃祈英「娶番女爲婦」，黃的鄉人「亦各娶番女」。族群通婚可說是讓女性在歷史中「現身」的一種方式，然而除了標記爲「番婦」之外，並無其他進一步的描述，因此女性面貌相當模糊。當然，在當時時空背景的社會規範下，可以理解女性所被期待與設定的是在以男性爲主的歷史中扮演忠貞不二的角色，如黃祈英元配樟夫人及其女性知己徐桂花。[3]

在談及臺灣開墾歷史上的族群通婚時，多見漢人男性與原住民女性通婚，縱使平埔族女性與漢人男性以招贅婚方式進行通婚，但最終平埔族女性及其子女依然進入了漢人父系社會法則（詹素娟，1997：4），由此可見其性別與族群位階之高低。如此情形亦見於平埔族女性與西方男性的通婚關係。詹素娟

---

[2] 研究、記錄與書寫者亦爲男性，如伊能嘉矩、鳥居龍藏、森丑之助等。

[3] 參閱「清道光六年，彰化閩粵分類械鬥，客家人少敗逃南庄，當時頭目黃斗乃，原名黃祈英，聽聞客族人深受委屈，憤率蕃衆襲竹南街至中港海口閩人，此後；福佬人遷怒客族對客莊報復攻擊，並藉機誣報黃祈英煽動土蕃謀叛，清廷獲報派兵鎮壓，通緝黃祈英。祈英藏身知己徐桂花位文化路上崁住處，但官兵不敢冒入蕃界緝捕，遂以殲滅中港肚客籍黃姓人士爲由，迫其族人交出黃祈英，祈英爲免族親受到株連，親往竹塹城投案，**其妻樟夫人覺兆頭不祥，送別後攜子至百段崎，頭撞大樹殉節而死，徐姓知己聞訊獨自尾隨解官差到彰化刑場，趁夜潛入將祈英首級背回內山，徐氏恐事發牽連族人旋即上吊殉情，遺言與祈英首級合葬，後世流傳一身二首，真愛淒零故事緣由，後人感念徐桂花將文化路及上崁地區統稱桂花巷**。」（粗體字由筆者所標示）資料來源：苗栗縣南庄鄉公所觀光導覽https://www.nanchuang.gov.tw/News_Content.aspx?n=3415&s=133226，查詢日期：2022/08/18。

（1997：5-6）在以平埔族女性為例來觀察族群關係中的女性時，除了前述的位階關係中所呈現的原住民女性處於弱勢地位之外，她也提出在清帝國所執行的國家權力針對的對象是男性，如從「生」到「番」的歸化標誌是與身體象徵有關的薙髮蓄辮，女性反而因為並非被主流族群編入至以男性為主的價值觀與社會架構中而得以喘息，保留自身的族群文化。根據日籍學者（如伊能嘉矩，1896、鳥居龍藏，1897、淺井惠倫，1936）的調查，觀察到相較於同族男性，女性能夠扮演語言文化的傳承者，甚或在乾隆年間已經看到這樣的現象（詹素娟，1997：5-6）。

在歷史上，從原漢通婚了解到族群關係中的原住民女性因性別、族群階序的交織而居於劣勢，以今日的角度觀之，大抵亦是如此。然而，本文認為有以下兩點需要注意：首先，由於在國家制度與政治權力的影響下，歷史書寫是由主流社會執筆發聲，因此容易僅從單一視角認識原住民女性，其面貌未能清晰可見。其次，因為傳統的上嫁下娶觀念，多為弱勢群體女性（原住民女性）與強勢群體男性（漢人或西方男性）通婚，然亦有相反的通婚現象，但卻鮮少被關注。

此外，在談及賽夏人與漢人主流社會關係時，通常從宏觀的政治經濟脈絡切入，例如擔任隘丁、經營樟腦事業、種稻種茶、開採煤礦、林場伐木、經濟作物生產、近年的民宿觀光經營（胡家瑜、林欣宜，2003：192），鮮少從族群通婚的角度來討論賽夏與主流社會的關係。有鑑於此，本文將從賽夏客家通婚中的女性圖像還原族群通婚中女性的生命歷程與生活經驗，以突破昔日歷史書寫與傳統婚姻坡度框架下的女性樣貌。為達此研究目的，本文在苗栗南庄進行田野調查，研究參與者包括客家賽夏通婚中

的客家人、賽夏人、客家賽夏通婚後代，男女皆有。由於在研究過程中，為了多加了解客原通婚，除了賽夏之外，亦包括少數泰雅人或其他原住民。通婚與性別相關議題，應兼顧通婚雙方族群與性別，如此較能看到不同視角與顧及全貌，因此本文的研究設計亦朝這個方向發展，但在研究過程中，觀察到男性研究參與者較吝於分享自己對於家庭婚姻的看法，因此在本文中則透過跨族通婚中的女性，不論其族群身分，剖析其在性別與族群交織下之角色與位置之異同。跨族通婚的研究參與者同時身為女兒、妻子、媳婦，甚至是婆婆，其人生過程鑲嵌在由婚姻坡度與族群距離所構成的異族通婚之中，與此同時，可能會與其他社會類屬產生交織，例如宗教信仰。本文希冀透過研究參與者的生活經驗——在家鄉的成長過程、出外工作讀書、結婚生子，重新思考族群通婚中的主流族群與弱勢族群之關係，以及性別、族群與宗教類別如何在通婚女性發生作用。

　　本文之研究參與者，包括6位客家女性、9位賽夏女性以及2位父親為賽夏人、母親為客家人的混血，2位泰雅女性，1名則為父親為排灣、母親卑南，共計20位。以年齡區分，70-79歲2人；60-69歲8人；50-59歲6人；40-49歲3人；30歲以下1人。以教育程度區分，專科程度2人，高中或高職程度10人，國中5人（含一名高中肄業），小學3人。不論是客家人或是賽夏人，大多擁有在年輕時（有些人小學一畢業即離鄉工作）從家鄉前往桃園工廠或是臺北工作的經驗，或是北上求學，後因結婚或其他

原因而到南庄[4]或是重返家鄉，20位中有16位皆有離鄉經驗。之所以離鄉，一方面是當時的臺灣社會發展的大環境使然，另一方面則是為了分擔家庭經濟重擔。有鑑於此，以下表格則以年齡作為排序的依據，因為在臺灣的發展過程中，不分族群，而是研究參與者所處的世代以及居住之區域成為出外移動的因素，由他們自身所敘述的生命經歷將帶領我們重返四十、五十年前的南庄生活。本文在進行分析時，對象的定位依主題而定，主要為年齡、族群、是否有出外經驗，年齡世代與是否有出外經驗的分類應用在分析研究參與者童年生活與出外打拼的人生階段，到了踏入婚姻與婚後生活之後，則以族群身分作為分類的依據。

表1　研究參與者基本資料

	出生年／年齡[5]	族群身分	學歷	是否離鄉及工作地點
阿春姐	1949／74	賽夏	小學	無
美琴姐	1953／70	泰雅	專科	到新竹讀聖經學院
德美姐	1956／67	泰雅	國中	來自泰安，跟丈夫於2002年到南庄
阿敏姐	1956／67	賽夏	國中	到桃園
阿萍姐	1956／67	賽夏	國中	到桃園
素芬姐	1957／66	客家	小學	無
春枝姐	1962／65	賽夏父親 客家母親	高職	小學畢業到新竹讀國中，後來到樹林工作
阿英姐	1960／63	賽夏	高職	到臺北
琴姐	1959／62	客家	高中	到桃園
阿霞姐	1963／60	賽夏	小學	到桃園

4　有些與賽夏人結婚的客家女性非南庄人，後來隨夫婿定居南庄。
5　年齡以撰寫文章的2023年計算。

麗雯姐	1965／58	客家	高中	無
昱臻姐	1965／58	賽夏	國中	到苗栗頭份
小梅姐	1968／55	客家	高中	到桃園
可勤	1971／52	賽夏父親 客家母親	高中	到新竹讀書
慕卿	1972／51	賽夏	高職	國中畢業後到桃園半工半讀
純英	1973／50	排灣父親 卑南母親	專科	臺東到基隆讀書，再到南庄工作
芳玲	1978／45	客家	高中	到桃園
小芸	1980／43	賽夏	高職	到桃園
丹玉	1981／42	賽夏	高中肄業	到桃園
小雯	1996／27	客家	高職	到桃園

二、童年生活與出外打拼

　　賽夏人屬臺灣南島語族中的小族群，目前人口約有6,757人（原住民族委員會2020）[6]，聚居於臺灣西北部新竹和苗栗交界的淺山地區。在三百多年前，依據賽夏口語傳說，最早是從西部海岸遷入今日所居住的山區，雖然無法得知確切遷移時間與地點，但是胡家瑜、林欣宜（2003：195）提出，「遷移」的確是賽夏人描述家族歷史的重要主題之一，然而，究竟哪些不同動力或因素促使遷移。或是，這些人以何種型式進行移動。遷移的方

---

[6] 該資料為「109 人口數 不分年齡 年中人口數」。資料來源為「原住民族委員會原住民族人口及健康統計年報」https://cip.nhri.org.tw/stat/pop，查詢日期：2022/08/20。

式是否可以反映出賽夏聚落特性，或造成聚落性質的變化。這些議題卻還有待更細膩、更多跨時性資料的綜合分析比較和討論。賽夏人在不同的歷史、政治與經濟條件下，移動所受到的動力不同，從清帝國的「土牛界線」或「隘勇線」的設立、日本統治時期的「理蕃政策」、國民政府的「山胞政策」，後來到了1970年代初，南庄面臨的經濟問題是原來作為該地區經濟支柱的山林與礦業資源告竭，尚因缺水嚴重而無法種稻，導致客家人大量移出，前往都會區或進入工廠工作，而原先住在海拔較高山區的原住民則下山到客家人居住地（苗栗縣南庄鄉公所，2009：682-684）。整體說來，從1950年代開始，臺灣原住民逐漸從家鄉向外遷徙，主要是從臺灣北部山地鄉、臺東山地鄉、花蓮山地鄉與平地鄉往西部遷移；到了1960年代至1970年代之時，遷移方向為往非原鄉移動，到了2000年更加明顯，集中於北、中、南三大都會區（劉千嘉，2011：118）。在了解研究參與者的外出經驗之前，需先認識他們的原鄉生活，如此方能理解向外移動的社會脈絡。

現年七十多歲的阿春姐，家中排行老大，從小就要很早起床，從掃地洗茶杯開始一天，恭奉茶水之後，再由父母敬拜祖先。還要背著衣籃去洗衣服、上山放牛、砍柴回家燒，阿春姐強調「以前做老大，種那個蕃薯，山上種地瓜每天挖一點回來，我還記得十五六歲的時候，要很會挑耶！挑兩籃那麼大！」（2018/07/30）阿英姐雖然不是老大，但從五歲時開始就要煮飯給家人吃，在煮的過程中，不容易控制火候，因為「在山上有時候我們都要用柴燒，燒不好就一直掉眼淚啊，那個煙就一直掉眼淚。有時候煮到像稀飯，有時候煮燒焦了，時候煮不熟。要煮到像稀飯

的時候,哥哥就會罵,你為什麼煮成稀飯⋯⋯。我五歲的時候,他們是不給我煮菜,那個飯要煮好啦。還有那個洗澡水,你水慢慢弄下去,然後就是燒火〔燒柴〕嘛。」(阿英姐2022/03/06)

由於研究參與者成長於南庄山區,再加上生活清苦,小小年紀就必須做家務勞動,包括清掃環境、洗衣、煮飯、燒洗澡水、砍柴、放牛等。加上通常兄弟姊妹眾多,若身為老大,往往需要負責照顧弟妹。住在向天湖部落的昱臻姐,因排行老大,小小年紀就是「要兼職做保母,就是我們背孩子」(2023/05/16)。等到年紀較長了,青少年階段則出外工作。本研究之研究參與者大多為五十到六十多歲的年紀(參見表1),家中大多經濟窮困、手足眾多,尤其是現年已有六十歲以上年紀,小學或國中畢業就開始賺錢。

出生在東河村,現年六十一歲的阿霞姐提到小時候家裡的情形如下:

> 明天的飯在哪裡都不知道⋯⋯又不是每天山上有工作可以做,所以很早國小畢業,我就出社會,我就是要一直賺錢,我就是要賺錢,每個月就是要拿回家,我一直到我訂婚的那一個月,我才留起來買老公的戒指,我才留沒有拿回家,我幾乎每個月時間到了,不用講,爸爸媽媽的信就來了,我就知道了,知道該要寄錢了,以前很辛苦。(阿霞姐2018/06/28)

雖然阿霞姐上有兄姊,但因為姐姐遠到日本工作,半年才能領一次薪水,哥哥當學徒期間也只有零用錢可領,真正能夠自立

門戶也需要好幾年的時間,因此只有排行中間的阿霞姐以12歲的年齡到紡織廠,將每個月的薪資奉獻給家庭,直到自己即將踏入婚姻之時,才將錢留些起來買婚戒給丈夫。

與阿霞姐年齡相仿的阿英姐也是相同情形,不僅是家中兄弟姊妹多,而且甚至還要供應侄輩。外人認為現年已屆耳順之齡的阿英姐應該是有念書的年紀,但是:

> 我們家的兄弟姊妹又多,然後接下來哥哥又結婚,又有小孩子,又需要錢去給他們讀書,他們說我這個年紀怎麼可能沒有讀書,我說真的,我們那個時候生活環境很差。……一個女孩子人家,你讀什麼書,你就是要幫忙家裡賺錢!你看哥哥的小孩大了也要讀書,所以你要去幫忙賺錢,那時候一個月的薪資500塊,幾乎都是寄回來,自己留個20或30塊或是50塊,我還可以留到一直存,我可以用20或30塊存郵局,然後就存到9,000塊。[有]一個夢想說,我那個9,000塊來去買一個金幣套幣,正要買的時候,哥哥剛好又要買這一塊地,……,他們信又寫過來了,說你要幫忙喔,我現在要買這一塊地,我不夠多少錢,你有多少湊一湊,那個時候薪水幾乎都回家了,沒有不寄的,結果我又把那個錢寄回去給他們,那個時候後來我就認識我老公。(阿英姐2022/03/06)

雖然阿英姐自己想讀書,但因為家中經濟狀況不佳,母親強調女兒的責任就是分擔家計,阿英姐在乖順服從母親之際為自己留下不到十分之一的薪水,希望實踐自己的財富夢想,無奈因為

兄長購置土地，需要資助，只好又將已經存到的一大筆錢貢獻給家裡。

不論是阿霞姐或阿英姐，強調的都是從未間斷地支援家中經濟，直到認識了另一半，才能開始為自己打算。比前述兩位研究參與者年輕10歲左右的慕卿，是到了國中畢業才離家半工半讀。

> 因為那時候我們家環境不好，我爸那個年代就有那種重男輕女，他就覺得女孩子讀那多書書幹嘛！可是我就覺得我不想放棄，因為其實那時候我還蠻喜歡讀書的，那我就跟他講說：好吧！那因為他一直跟我講說不要讀，叫我去上班，後來我就跟他講說，我去半工半讀，負擔我自己的生活，還有我的學費以外，我每個月還要寄一萬塊回家，所以這樣他就願意了，那我就去，我一直就這樣子在外面一直到結婚我才回來這裡……可是那時候我就覺得說，我覺得很可惜那時候我還蠻喜歡讀書的，然後我覺得我就沒有機會了，我就不認輸啦！因為我個性也蠻那個的，然後我就跟他講說那我不靠你，我去半工半讀可以吧！（慕卿 2018/07/30）

同樣地，因為家境拮据以及父母對於兒女不同看法的傳統觀念使然，慕卿在父親的壓力下，找到既可以實現自己繼續讀書的心願又可以符合父親的期待的方式──北上桃園半工半讀，就讀高職，負擔自己所需費用，又能寄錢回家。

以上三位研究參與者，在談到過去的家境與自身處境時，踏入婚姻往往是為原生家庭奉獻階段的結束，開啟了另一個人生階

段──為自己打算，或是從外地再度回到家鄉生活的開始。原生家庭的經濟狀況與重男輕女的觀念形成研究參與者向外移動的推力，在外生活是在離開娘家與進入夫家之間的中介階段。

前已提及，超過八成的研究參與者皆有出外的經驗，有些離鄉的年紀是小學畢業，有些則是國中畢業之後。不論是哪一個年紀，只要離家，都需要適應。阿霞姐在小學才畢業七天就到桃園的工廠當女工，年紀雖小，但「有宿舍然後在那邊十二點晚上的時候我們正好睡，舍監就叫我們起床要上班，那時候哭著起來，……真的，真的很可憐……習慣了啦，那也是一定要去習慣它啦。」（阿霞姐2018/06/28）慕卿雖然出外的年紀比當時的阿霞姐大了三歲，但亦無法習慣在外生活，「我那時候很堅強很勇敢餒，然後就認為說一定可以這樣〔半工半讀〕，結果一上去第一天就開始哭這樣。……你知道那前一個禮拜厚，都是在棉被裡面蓋著哭，不敢講呢！哪敢打電話回去說我不習慣，我想回家還是什麼這樣，真的一整個禮拜，不是我一個哦！我那一間寢室大家棉被蓋著在哭哦！」（慕卿2018/07/30）。慕卿的同學皆需忍受離家之苦，尤其是剛剛到校的頭一週，大家夜晚哭泣，以解思鄉之情。

慕卿以「充實」二字描述當時的生活──在讀書與工作之間奔波。因為工作為三班制須輪調，經過一年才能調適自己以如此節奏過生活，但付出的代價就是損害了健康，而且連畢業之後，巨大壓力依舊如影隨形，半夜從夢中驚醒。

> 反正我只記得那時候每次搭校車都要搭差不多一個小時才到學校，就是從公司這樣，然後每天就是這樣，每天就是這樣

趕,反正每天都過的很充實啦!每天就是趕著上班上課這樣子,然後我是輪三班,你輪到早班的時候晚上要上課,然後輪到晚班的時候白天要上班,這樣子反反覆覆顛顛倒倒這樣子,然後就開始就很多那種生理疾病就來了,什麼月經沒來啦,然後等一下又又。……就開始亂七八糟,那時候不只我一個大家都這樣子,然後大概嗯一年吧!差不多一年哦,因為我覺得我那時候一直生理一直都不正常,然後一年以後吧,才開始慢慢就是調習慣這樣啦,還是輪三班啦,但是我的意思說身體才慢慢。〔筆者:對對,適應這種亂七八糟的時間。〕……好累那時候,真的好累,我畢業了,常常晚上都還會做夢我還在那邊上班你知道嗎?都會驚醒,好在好在是夢這樣。(慕卿 2018/07/30)

這種壓力的來源是因為不能以隨便態度讀書,否則無法畢業,因此慕卿充分利用通車時間,在車上看書。當然背後驅使慕卿完成半工半讀的動力,則是她前面所提到的「不認輸」的精神。

臺灣因為鄉村人口在 1960 或 1970 年代向外移動,除了前述到工廠工作之外,尚有到都市學習一技之長的可能性,例如阿英姐離開家鄉前往臺北餐廳學習烹飪,後來考取證照,獲得執業資格。阿英姐在結婚之後,婆婆也支持她繼續以半工半讀方式完成學業。

三、踏入婚姻

　　以本文多數的賽夏人來說，從日治時期的調查即發現，對外婚配率已經高達22%（增田福太郎，1942：137，轉引自賴盈秀，2004：30），主要與漢人通婚，其中賽夏南群遠大於賽夏北群（鹿野忠雄，1942，轉引自賴盈秀，2004：30）。為何如此？賽夏人同姓通婚的禁忌，同姓者（aha sinrayhou）表示同一祖先，絕不允許通婚（鄭依憶，2004：15-16）；此外，每個姓氏的分布十分不均，又有個別姓氏聚居情形，導致從鄰近部落尋覓適當的婚配對象有其困難，因此需突破地形上與距離上的阻礙，與遙遠地方之人通婚，在內婚的前提下，實際上間接促進族群整合；即言之，由於在互有往來同一流域鄰近地區無法覓得適婚對象，甚至會到不相往來的不同流域與不同亞群去尋求婚配，因婚姻圈擴大，族群內交誼和見聞亦隨之擴展；更甚者，因父系中心主義取向，以及婚姻關係和母系關係的聯繫，婚姻圈範圍因此擴張，但是依舊存在「婚姻困難」的情形，在部族內婚意識並非相當牢固的狀況下，導致在族群的邊緣以及異族接觸頻繁的地區，賽夏族和其他族群通婚的比例會很高（馬淵東一，1941），後隨著部落人口因時代變遷與自身不同的需求而逐漸外移，外婚則為常態（日婉琦，2003：55-56）。如此情形至今如此，劉千嘉與章英華（2018：104）根據2007年「臺灣原住民社會變遷與政策評估調查研究」及2013年「族語保存現況調查研究」，進行原住民各族之族群婚配的研究，經由與各族比較之後，發現賽夏與漢人的通婚機率為0.56，屬於絕對多數。

　　地理親近性是賽夏與外族通婚的主因，由於在同治年間因沈

葆楨的開山撫番政策，漢人便已進入苗栗南庄一帶，互動頻繁，可謂賽夏人與早期漢人移墾時生活空間高度重疊（胡家瑜、林欣宜，2003）。日婉琦（2003：55）以賽夏族tanohila：氏族日阿拐派下為研究對象，發現現今賽夏人與外族通婚已是非常普遍之事，自1970年代之後，因交通更形便利，國民教育普及，外出工作、讀書機會和人數比例增多，婚姻的發生從父母或媒妁之言走向個人自主，因此透過自由戀愛與其他族群通婚的例子越來越多。日婉琦（2003）的研究與劉千嘉、章英華（2018）的研究有相同發現，隨著時代演進，子代較親代與漢人通婚的比例較高。

　　本文之有些研究參與者中與丈夫為同學關係，或是同校學長與學妹關係，有的則如劉千嘉、章英華（2018）在研究臺灣原住民的族群婚配類型時提到，出外工作增加接觸機率，所以有些女性則是因為工作認識丈夫，或在工作場合或是在活動[7]時透過朋友間接介紹認識。此外，有些原本就是同學或鄰居。但不論是客家人或是賽夏人，在進行研究時，筆者發現僅有兩位與賽夏男性通婚的客家女性是來自新竹，一位父親排灣、母親卑南的女性來自臺東，其他研究參與者皆為苗栗人，而且當中有四位屬於同一個村子。由此可見，如上所述，「地理親近性」在族群通婚之間具有極為重要的影響力。

　　然而，除了上述原因之外，選擇與異族通婚，背後尚有另一種考量——避免重蹈父母之覆轍。春枝姐的父親是賽夏人、母親客家人，不希望因為父親酗酒而讓自己與母親有相同遭遇，因此

7　來自泰安的德美姐（泰雅人）與先生是在鄉運動會中由表哥介紹認識的（2023/05/25）。

與客家人結婚。

> 講到那個過程，那個日子哦，不是人過的日子，尤其嫁給客家人，很難過日子，尤其家裡又有很多老人長輩，就是自己牙根咬著呀，你一般人早就跑掉了。所以，以前我會不嫁給原住民的原因，就是因爲，原住民本身喜歡喝酒，因爲我爸爸以前也喜歡喝酒，所以我看到會怕，像我就自己心裡說，不要過像我媽媽那種生活這樣子，我才會選擇客家，沒想到說選擇客家人日子更難過，以前就是想說小孩子已經出生了，小孩子出生了，看到小孩子慢慢的一天一天長大了，所以我就忍了。（春枝姐2019/06/04）

雖然春枝姐本身是賽夏與客家通婚所生的子女，但在客家婆家仍僅被當作賽夏人對待之——即在「降格繼嗣」的觀點下，她的生活相當辛苦，除了客家人對原住民的刻板印象之外，婆家因還有其他長輩，故需注意要盡到當媳婦的責任。春枝姐從小看到父親喜好飲酒而讓母親辛苦度日，自己選擇與自己住同一個村莊的客家丈夫作爲人生歸宿，但未能預料到難以度日，在如此艱困時刻，孩子的成長成爲支撐她繼續留在家庭中的動力。

阿英姐的母親反對她與客家人結婚，但她仍堅持的原因是在於自身對於感情的忠貞態度。母親之所以不表贊同，是因爲阿英姐家與婆家是同村鄰居，母親也認識婆家家人，再加上阿英姐已經有親戚與客家人結婚，母親更是見識到嫁入客家家庭的辛苦。因此，母親對她說：

> 你要嫁給你這個婆婆〔家〕,這個婆婆是非常厲害的喔!那你以後嫁過去你有什麼委屈,你不要回來跟我抱怨。你自己要的……(阿英姐 2022/03/06)

阿英姐因為當時已經與丈夫交往數年,加上對感情認定應要從一而終,因此仍不顧母親反對而結婚。但為了不讓母親擔心,在婚姻中受苦也不向母親訴苦,而母親相當明白她在婚姻中的辛苦,但由於已熟識婆家情形,認為是婆媳問題,阿英姐說明事實上她與婆婆關係良好,婆婆慢慢教她客家話,以便溝通,真正讓她辛苦的其實是與丈夫的關係。

雖然本文聚焦在客家人與賽夏人的通婚經驗,但在研究過程中,為了擴大與深化對於客原通婚的理解,因此在找尋研究對象時,除了賽夏人之外,少數泰雅人亦包括在內。身為泰雅族的菊姐,父母擔心她會因為語言與文化無法與客家人溝通而受苦,再加上夫家家庭內除了公婆之外,還有其他長輩以及丈夫眾多的兄弟姊妹,憂心她需要服侍長輩與一家大小而無法幸福,因此堅決反對她的婚事,母親甚至為此先到當時未來的婆家觀察情形,回來後更是無法贊同。但菊姐意已堅定,因此成婚,婚姻雖依然維持,然其在後來的婚姻道路上確實走來不易。

從上述研究參與者的經驗看來,賽夏人(原住民)對客家人亦有既定刻板印象而反對彼此通婚。父母害怕的是嫁入客家家庭,女兒會因為需要伺候公婆與其他長輩(先生的祖父母)受苦。我們在一般論述中大多的印象是客家人(或其他漢人)對於賽夏人(原住民)持有負面印象,而排斥與之通婚,然而,筆者認為係因在族群關係中,漢人處於優勢地位,幾乎在各方面權力

高過於原住民，因此常見漢人對於原住民的批評、抱有偏見與刻板印象。但是刻板印象牽涉權力的運作，如傅柯所言，權力無所不在，遍及社會與文化之各個層面，而且以複雜方式在不同的層面中發生影響，因此刻板印象以很細微的方式運作，並不見得必然是優勢群體才會對劣勢群體產生刻板印象，這同時意味著原來的族群優位性被打破。此外，「不願意讓女兒嫁給客家人」，應該更仔細地區分族群與區域之關係[8]。雖然研究參與者相當清楚表明父母反對與客家人通婚，但是我們需要思考的是哪裡的客家人，在苗栗山區或是苗栗南庄的客家人，生活較為辛苦，因此，區域環境的因素應大於族群因素。如張維安、王雯君（2005）由「嫁夫莫嫁客家郎」解構客家男性意象的分析提醒我們，有些特定意象是生活環境的反應，或許和客家族群有關聯，但不能簡化為或斷定為客家族群的特質，須從更廣的社會脈絡進行思考。

之所以有刻板印象，已故馬來西亞社會學家及思想家賽胡先・阿拉塔斯（Syed Hussein Alatas）（2022）清楚說明刻板印象有其歷史脈絡與政治因素，他的著述《懶惰土著的迷思》解構16世紀至20世紀之間殖民政權如何將馬來半島、菲律賓和印尼的土著建構為「懶惰」的迷思，殖民政權的權力對於「懶惰土著」意識型態的傳播與複製發揮極大作用，而其極度深刻影響著我們觀看馬來人、菲律賓人與爪哇人的視角。同樣地，在歷史長河中，原住民族歷經清帝國、日本殖民、國民政府至今的以漢人為主的政權統治，其形象不脫被汙名的刻板印象。而這對於族群

---

8 感謝張維安教授在「族群政策與原客族群關係工作坊」（2023年4月6-7日）中的提醒。

通婚的開展有其負面影響,當要進入婚姻時因為雙方家長的質疑而使踏上婚姻之路備受考驗。

　　縱使賽夏與客家人混居,但這並不意謂通婚之間的族群藩籬已然消失,在筆者過去研究中所接觸到的原住民即便與丈夫從小住在同一個村子裡,偏見依舊存在,在不經意的談話之間,容易出現「番仔」字眼,常常伴隨出現的是「愛喝酒」、「沒責任感」的普遍觀感,這涉及了漢人以我族中心意識所發展出來對於原住民「刻板印象」（stereotype）、「成見」（或譯為偏見 prejudice）、「歧視」（discrimination）（謝世忠,2017：62）。原住民對自己身分具汙名感因為這三者互相作用而產生。但是值得注意的是,原住民喝酒有其背後社會結構因素,如蔡友月在《達悟族的精神失序:現代性、變遷與受苦的社會根源》（2009）中提到,達悟族是過去唯一不釀酒亦不喝酒的民族,然因1960年代之後在資本主義的強力衝擊下,酒開始進入了蘭嶼販售,1970年代之後蘭嶼達悟族大量喝酒,以聊慰因為生活、工作、經濟與家庭所帶來種種壓力、挫折與無力感。因之,達悟族酗酒的相關問題在如此的歷史過程中逐漸形成。

　　由踏入婚姻的原因觀之,發現有許多不同因素致使客家與賽夏或是其他原住民通婚的發生,但不見所謂與婚姻斜坡直接相關的考量,但並非沒有,而是隱藏在客家人對於原住民抱持的刻板印象,其實背後即是認為原住民社經地位低落,但整體來說,由於身為漢人群體的客家人的族群位階較原住民高,因此是族群之間的社會距離在客原通婚中起了較為重要的作用。

四、婚後的生活

一般說來,在漢人社會中,因父系家庭之故,婆家與媳婦之間具有權力關係,往往是婆婆權力凌駕於媳婦之上,再加上傳統上是媳婦「嫁入」婆家,因此多需順從婆家要求。在婆家,由於女性多扮演文化再生產的角色,包括烹調食物、祭祀、價值觀傳遞(例如信仰)與養育孩子等。田嘉麗(2016:22)歸納整理臺灣族群通婚下的婆媳關係,媳婦幾乎是扮演著順從夫家的角色,但若為跨族通婚,種族或族群身分對於婆媳關係產生作用。以閩南、客家、原住民族群各自在族群通婚中的角色來觀察:進入客家家庭的閩南女性有些遵循夫家規則,有些年輕世代則是因為自主性較高,離開客庄;與閩南人結婚的客家女性則順從夫家;原住民女性則較陷入到由種族或族群以及性別歧視所構成的雙重枷鎖,需要特別努力當個稱職媳婦以改變原住民所受到的汙名。在本文中,分別將從賽夏女性與客家女性,以及一位客家婆婆的觀點來理解異族通婚中的媳婦生活。

(一)「應該在家」的媳婦

1. 擔心客家媳婦「落跑」

現年近古來稀之年的素芬姐是相當早期與賽夏人通婚的客家女性,她與年紀大上一輪的丈夫是在工作時認識,雙方互相愛慕進而交往,當時年輕並未做過多考慮,因為生活文化不同,雙方父母皆反對。素芬姐與丈夫皆面對來自各自父母的壓力,但因雙方堅持成婚,最終互結連理。雖然終能長相廝守,仍有挑戰。在

當時鮮少有跨族通婚的年代[9]，素芬姐可說是首先因為婚姻關係進入賽夏部落中的先驅者，婆家對於她是否會留下是有疑慮的。

〔……〕他們對我都不看好，認為說我可能沒多久就會跑了，會不習慣他的生活，他們那房子是用竹子去合成的，竹子這樣剖開這樣合的，那時候我嫁過去，他們那個房子又老又舊了，他們想說可能我會耐不住那種生活，可能很快就跑了，那我姑姑他們都這麼說啦！後來才說的，我說怎麼可能，有了小孩我們就是一個家庭，怎麼可能會跑，不可能呀！那是後面很多年他們才這樣跟我講的。（素芬姐2019/06/11）。

婆家因為素芬姐的異族身分，本來就不贊同這樁婚事，雖然已成婚，仍抱有懷疑態度，因為婆家在往向天湖路上的半山腰部落，生活環境不佳，住屋條件惡劣，擔心這位媳婦無法忍受如此生活會離開。雖然夫家並非在婚姻初期就讓素芬姐知道他們對她的不信任，但素芬姐自己本身在後來從其他親戚口中得知之後甚感驚訝，因為對她來說，從未出現放棄自己家庭的念頭。

同樣也是與賽夏人通婚的小梅姐，在年紀上與素芬姐差了近15歲，仍有是否會「跑走」的問題，但這是來自自己父親的交代，而非公婆的疑慮。

---

9 1970年代之後因為交通便利、出外讀書與工作逐漸普遍，賽夏人開始與外族通婚。

> 一結婚其實所有的事業都不在這邊〔南庄〕，那我爸說你剛結婚不要馬上就走，對親家不好意思，就是客家人不好意思一下就跑掉這樣，然後就想說待半年就好，結果一待下去公公婆婆就不讓你走了。（小梅姐 2018/12/29）

小梅姐在結婚初期並不是在南庄工作，但與婆家同住，父親叮囑她要留下，尤其是異族通婚，不希望女兒的婆家會對客家人抱有「無法待下」的印象。父親的囑咐涉及性別角色與族群關係意義：一為女兒已經轉變為「媳婦」，為人媳有其應該遵守的規範或扮演的角色，且以婆家為重，另一從「客家人不好意思一下就跑掉這樣」顯示出父親擔心婆家會以族群的眼光來解讀女兒的行為。小梅姐的父親之所以會有此擔憂，係因婆家是中規中矩的基督教家庭，希望女兒能在婆家留下好印象。

2.「待不住」的媳婦

雖然本文聚焦於本身即為異族通婚的女性，亦即有所互動的對象是客家或是賽夏媳婦，然在田野調查過程中亦希望能與其他相關的研究參與者有所互動，以便能夠了解到不同的觀點。例如現年超過八十歲經營商店的客家人吳阿婆，從其言談中，可以了解到她對媳婦的期待——以家為重。吳阿婆提到這位賽夏媳婦時，先表明她自己的公婆（亦即兒子的祖父母）「會忌諱山地人[10]」，因為「就沒有同族啊，我們是客家人，他們是山地

---

[10] 雖然研究參與者所使用的「山地人」一詞並不符合目前臺灣已經正名的「原住民族」分類，然需考慮研究參與者的年齡、階級，她所使用的「山地人」如實反應出她所習慣的人群分類方式，因此保留其用法。

人」。雖然吳阿婆並沒有說出自己對異族通婚的看法,但提出了自己公婆的反對,主要是因為族別不同,「客家人」與「山地人」之間的差異體現了我群與他者之間的差異。除了族群之別以外,媳婦的結婚次數與個性都影響了吳阿婆對她的看法。這位賽夏女性在與吳阿婆的兒子結婚之前,已經在桃園工作時與一位閩南人結婚,並生有一女。由於媳婦是兒子的國中同學,早已熟識,在兒子當兵時與別人結婚,後來離婚後回到苗栗之後再次與兒子交往並結婚。

> 我兒子一台車子,她就開上開下,我說你不要這樣子趴趴走,你要乖一點喔,妳不要再有第三次〔結婚〕喔,在我這邊來這邊就第二次〔結婚〕了喔,妳不要再有第三次〔結婚〕喔,她就也沒有答應,我也沒有講什麼,她就很討厭我們,表面上不敢討厭我啦,其實心裡是很討厭我啦。(吳阿婆 2019/06/28)

媳婦喜好外出,吳阿婆希望媳婦可以「乖一點」,更不樂見因為媳婦的外向個性導致她與兒子的婚姻失敗,由於已有第一次離婚前例,吳阿婆耳提面命地提醒她注意自己的行為,然而媳婦並未允諾,吳阿婆沉默以對,但心中甚為明白媳婦對婆家未明白直言的厭惡感受。

在作為婆婆的吳阿婆眼中,這位賽夏媳婦「很會跑,很外向,漂亮是沒有很漂亮,很會裝扮、打扮,很可愛。⋯⋯我們這樣的家事她都不做,很少做,剛來的時候會做⋯⋯」(吳阿婆 2019/06/28)。媳婦既鮮少做家事,亦幾乎不參加掃墓,總是外

出,吳阿婆提到「我們那個拜拜掃墓有七八桌,很少去,有去啦,不去比較多啦,沒有幫忙,她不習慣做這樣的事,她就一直跑」(吳阿婆2019/06/28)。家族掃墓時,吳阿婆認為媳婦應該要幫忙,但媳婦因為不習慣,再加上喜好外出,無法達到身為媳婦該盡的責任。

此外,除了前述族群、性別角色以及延伸出的媳婦應有形象影響了婆婆對媳婦的觀點之外,個性上無法專注持續做一樣工作亦受到婆婆的批評。當婆婆在談到媳婦工作更換頻繁時,以自己年輕時對於工作始終如一的態度與兒子的勤奮作為強烈對比。

> 她很聰明啦,她會做木匠、調咖啡、做美髮、做廚師,還有做亮片啊、串亮片啊。我算不出喔,山地人的衣服,十樣不止啦,花去很多錢……,我兒子很老實,常常都上班,常常都工作,很多工作。……講她工作她十樣工作都沒有[做成],我[年輕時]只有做一樣工作,我就結婚,我是在煤礦裡,做煤礦是吃薪水的,17歲我就在煤礦裡[記帳]。
> (吳阿婆2019/06/28)

(二)適應夫家生活的媳婦

1. 語言、飲食與宗教的差異

前述提及的素芬姐是相當早期與賽夏人通婚的客家女性,「語言不通」是最先面臨的難題。

> 素芬姐:第一個狀態就是語言不通。我婆婆她和我公公不會講客家話也不會講國語,然後後來我跟他們講國語,

他跟我講他們的母語，就這樣互相互相這樣，慢慢慢慢他會聽的懂國語了，然後我也聽得懂他們的話母語，是這個是什麼意思，然後聽久了就習慣，我差不多兩年我就會講了。

筆者：那您學的也蠻快的。

素芬姐：還好啦，就是你生長在這個環境不能不懂呀，比如說吃飯啦煮飯呀或是平常是日常的，那個就比較快學，然後他們老人家教我們你知道嗎，就是我覺得是有點不正經的，就是講那個不好聽的話，那我們是當然會去分析呀，他想他說講那個可能比較快學，他們的想法是這樣，就是當做開玩笑，那我們自己會去分析會去聽，這句話是什麼東西，剛開始我還會去問我婆婆，也是一下子你也忘了他們的那個發音還是不準呀，就慢慢學慢慢聽就會啦！（素芬姐2019/06/11）

　　素芬姐的公婆只會賽夏語，所以在結婚頭兩年是彼此從語言開始適應磨合，素芬姐為人子媳而且住在婆家，必須學習賽夏語，否則無法與公婆溝通。在互相學習與溝通後，兩年之後逐漸能夠掌握，一般與家務有關的日常語言因為使用頻率高，較容易學習，但遇有「開玩笑或不正經」的語言，會去向婆婆請教，雖然勤奮學習，因為發音之故，仍待努力，終究有成。

　　當然隨著時代的推移與人群的互動接觸，語言已不是問題，而是原本已經存在的飲食與宗教問題是為人媳婦需要適應的日常

生活。小梅姐本身是道教信仰，由於與信仰眞耶穌教會[11]的公婆同住，有很多習慣與飲食是不一樣的。雖然小梅姐主要要談的是因為宗教而導致她與婆家的習慣與飲食有所差異，但在其言談間感受到她看到賽夏人生活是另一個生活世界——活潑快樂的生活態度、懂得食材與不同烹調方式、豐富的野外知識與堅強的求生能力，對比之下，她認為客家人呆板，較不懂得欣賞生活，飲食單調。

> 小梅姐：原住民在食物掌控方面太強了，生冷方面，山豬啊、山羌啊，他們都非常愛吃，而且都不像我們要熱煮啊，他們都生冷都可以吃，但他們美食也蠻多的，原住民的食材，我發現平地人都好笨喔。
>
> 筆者：他們很會就地取材嗎？對不對？
>
> 小梅姐：對，他們野外求生的能力很強，像不用打火機給他，他也會生活，沒帶水他也有辦法去止渴，草藥他們也懂，還有什麼捕捉獵物，很多這種食材方面的都蠻厲害的。
>
> 筆者：所以在這邊是不是可以說你在這邊受到的影響就注意到他們對食材就地取材的部分？
>
> 小梅姐：就是不同另外一個世界，還有一個很大的改變就是，以前我們客家人講難聽的就是呆板死板，就這樣很正經，好像要很快樂又不好意思，來到這邊可以像

---

11 1955年眞耶穌教會進入南庄，分別向泰雅與賽夏傳教，在南庄為東江教會。

瘋子一樣，這邊就很快樂的唱歌跳舞開懷的暢談啊，嘻嘻哈哈幹嘛都可以，就是會被感染一些氣息，不像我們很正經，然後去玩也很死板，不像他們玩法都太快樂了，不論吃喝玩的都很風趣。

筆者：那我問一下，你這樣的，你娘家的家人會覺得你改變了嗎？

小梅姐：對啊我家人朋友都會說你變得好像原住民喔，有時候我講話的口音都會很像。（小梅姐2018/12/29）

結婚超過二十年的時間，長久下來，小梅姐在飲食、生活態度上已趨近賽夏人，甚至連口音都相似。然而，因為「客家人都是算道教，因為原住民受外國人傳教，他們真耶穌或耶穌，我婆婆是真耶穌啦，啊非常多的不同習慣跟飲食都不一樣。」（小梅姐2018/07/07）小梅姐的適應在於宗教信仰及其衍伸出的飲食問題。小梅姐的公婆為真耶穌教會信徒，但小梅姐本身非教徒，在超過二十年與公婆相處的過程中，公婆一直希望她能去做禮拜並改信，但因為她在週末要工作，無法前往教會做禮拜，而丈夫亦無意願，但公婆認為如果做妻子先有意願作禮拜，對丈夫會起示範作用，公婆將這樣的責任放在小梅姐的身上。

我跟了他二十幾年了，每次做禮拜的時候都會很想傳教給我，我也是會跟著他們一起做禮拜，一直叫我說禮拜六去，我說禮拜六我要做生意，公公婆婆就不諒解，就說你怎麼約束你老公啊，我老公就講一句我很討厭的話，我老婆去我就去。我公婆就想說因為你老婆不去所以你也不去，我就罵我

老公說你怎麼這樣講話，你是你我是我，你要去就去，不要因為你不想去就牽拖我，當你的擋箭牌。（小梅姐 2018/12/29）

小梅姐基本上對於有宗教信仰的人持有好感，因為「他們都很溫文儒雅，講話都比較順這樣」，但是她認為公婆有一陣子太過投入，而且排斥其他宗教。

我不喜歡就是我公婆有一陣子走火入魔，太迷了，這樣我就不喜歡，他們前一陣子還要捐錢你薪水的百分之十，我覺得這個就叫不合理，我老公就說自己的肚子都顧不飽了，還要捐這個，先顧自己的肚子吧，那他們就是每個禮拜都會去他們教會的事情，我覺得這個不錯啦，但他們很排斥我們這個宗教就覺得你是魔鬼，然後吃的話就拜拜的東西不能吃，這造成我很大的困擾，因為我要再多付一份的錢去買沒拜過的東西。（小梅姐 2018/12/29）

小梅姐與丈夫皆不認同公婆將捐出所得的十分之一給教會，因為認為應該先衡量自己的經濟狀況是否允許如此，而非一昧地聽從教會規定。雖然小梅姐贊同公婆上教會，但又覺得不應該將小梅姐所信仰的道教斥責為「魔鬼」，另一位客家女性研究參與者亦曾提及他信仰基督教的丈夫亦斥責她所祭拜的神明是「魔鬼」（琴姐 2018/12/29）。而這又牽涉到飲食問題，因為小梅姐在祭拜神明時會準備供品，剛開始並不知道公婆不吃祭拜過的食物，而且公婆不好意思表達，是過了好一陣子之後，才明白需要

準備兩份食物，一份祭拜，一份讓公婆享用（小梅姐2018/12/29）。此外，因為小梅姐並非教徒，不明白某些日常食物對於基督教徒具有特殊意義，而不食用，例如豬血。

> 買一些什麼豬血，我又不知道，我就天天都炒豬血，公婆都不好意思講，拜拜的都不能吃，每次想說豬血為什麼都沒人夾，後來問才知道說，拜拜的他們沒吃，豬血他們也沒吃，那是耶穌的血，到後來就是拜拜的東西都了解了後，就比較會掌控。（小梅姐2018/12/29）

前述是客家女性在適應賽夏夫家語言、飲食與宗教上表現出的困難之處，其中因為不同宗教引發婆家出現貶低客家女性信仰的言詞。但也有研究參與者在宗教部分較無磨合問題。來自臺東的純英，父親是排灣族，母親是卑南族，她因為工作的關係定居南庄。純英的先生本身為賽夏與客家通婚的後代，由於結婚後沒多久，公公過世，所以純英婚後的生活多與客家婆婆同住並相處。父母是非常虔誠的基督徒，她小時候偶爾去教會，但在婆家開始拿香祭拜時，她仍有一個自我說服的過程，「這是善良的事情，善良的事情就是可以接納的。這不是壞事啊！[......]所以不要那麼排斥啊，他給你香，我們就拿，沒有給你香你就雙手合十，他們會問你要不要拿香，我說ok啊，我ok。」（純英2023/05/16）

昱臻姐與婆家在宗教的關係則呈現翻轉現象，雖然昱臻姐從小拿香拜拜，嫁入客家家庭之後也相當習慣婆家的祭祀習慣，但她也因為工作忙碌，雖然盡責地負起媳婦準備祭品的責任，但她

考量方便準備與否以及家庭人數少食用不完祭品,因此一步步慢慢簡化,例如需要三牲,她以烏魚子代替魚,保存時間久,抑或是需要發糕時,她以蛋糕代替。由於婆婆在晚年時受到女兒影響改信基督教,昱臻姐更是完全負起祭祀重責大任,更有空間以自己的方式準備祭品,同時也讓婆婆放心(昱臻姐2023/05/16)。

本文大部分研究參與者為單一族群身分,但亦有本身即是賽夏與客家混血,與客家人通婚的女性。但在客家婆家的眼中,他們仍被視為原住民。年近七旬的春枝姐,在與筆者談到過往生活,不禁潸然淚下,可以想見其當時因為擁有一半的賽夏血統,受到婆婆歧視原住民語言所留下的傷害,尤其是婆婆相當直接表明「你們番仔沒有做些事情,我們客家人就要做這些」。特別與在逢年過節準備或烹煮食物祭祀有關,例如:

> 你像拜拜哦,包粽子,像端午節來講,端午節你要包粽子,像他家裡包粽子,我們就要包,等一下又要米粽,等一下又要鹼粽,等一下又要粄粽。[⋯⋯]什麼粽反正什麼粽都有啦,然後她就跟我們講說,我們家是要做這些事,什麼東西什麼東西這樣做,然後什麼東西是要拜拜的,什麼東西是不用拜的這樣,她都會講的很清楚,所以現在這樣子家裡過年過節什麼東西這樣子的話,我不用她講我全部我都會弄的,還有一個就是她還會三牲要怎樣擺,說這是最基本的那個,豬肉哪個是頭哪個是尾,反正她這些她都會[⋯⋯]然後以前的習俗就是剎雞不能先砍頭!罵哦!然後雞要從怎樣先剎,剎了之後,然後翅膀又要怎樣拗,又要怎樣擺這樣子,剎出來的樣子就是要怎樣這樣子,頭跟尾巴還要弄的好好

的,那個翅膀這些還要擺到這樣子,都要擺的很正。(春枝姐2019/06/04)

春枝姐小學畢業之後離家讀中學,由於很小離家,再加上在家時都是媽媽處理,因此等到20歲結婚時,對於家事或烹煮食物並不熟悉。但是因為中學時住在新竹外婆家,接觸到多的是客家人與客家文化,在其言談中,可感受到她的客家認同,尤其是當她遭受到夫家的祖母與婆婆在家事上的要求與百般刁難時,她認為客家特質讓她可以克服困難,「我就是嫁過去之後,他媽媽就把家裡的一些大小事就全部要我弄,然後過年過節的話她會帶著我要做什麼、做什麼、做什麼,然後我們的學習能力又很強,就是我自己本身又有一個客家人的硬脾氣,硬脾氣這樣子,什麼事情我都要學到會這樣子。」(春枝姐2019/06/04)

現今五十出頭的可勤的父親是賽夏人,母親為客家人,從小住在客家人為多的村落中,雖然有零星的賽夏鄰居,但他們以說客家話為主,加上可勤家中所使用的語言是客家話並且信仰道教,因此可勤表示她並不會說賽夏語,在文化上與賽夏關係並不深。但是當她要與來自新竹的客家先生結婚時,婆家亦將她視為原住民,不可避免地,婆家對她抱有刻板印象,但由於可勤婚後住在南庄,與新竹婆家來往不多,再加上她認為「因為本身20歲就出社會,就我自己的經濟權,對,所以我的話,如果要從我這邊能夠很明顯的去區分出來比較,對,我自己比較自我意識,所以我比較不會去,不會去在乎你多麼在乎我,或者你對我的觀感是怎麼樣」(可勤2023/05/16)。與春枝姐相同的是,婆家對可勤一樣也是抱持負面態度,但是可勤因為不常與婆家來往,又

住在南庄,同時自身經濟獨立與個性使然,因此刻板印象對於她的影響不似春枝姐如此的強烈。

2. 祭儀中的媳婦

筆者分別在2018年與2022年參加賽夏族南群在南庄向天湖舉行的矮靈祭,最引起注意的是在黑夜中上繡有幾個家族姓氏(朱、風、章、潘等)巨大的肩旗、在嘹亮的祭歌聲中聽到的清脆臀鈴聲。在與賽夏人結婚的客家女性常會提到媳婦在矮靈祭或其他祭典或在信仰生活中的角色,例如在祭典中負責煮食物或擔任占卜師。因此例如筆者所接觸到的幾位客家女性常提到他們雖然本身仍是維持原來自己的道教信仰,但當有賽夏祭典時,仍積極參與。如素芬姐所言,「[在信仰的部分] 客家比較多,那他們的我還是有呀!因為他們的就是祭祖呀和那個 [矮靈祭] 祭典,祭典兩年一大祭一年一小祭,兩年兩年一小祭十年一大祭,那個是他們的文化。」(素芬姐2019/06/11)。琴姐也提到,因為矮靈祭要學祭歌學跳舞、要揹臀鈴。1984年與賽夏先生結婚,定居南庄部落,當年適逢矮靈祭,「我七十三年 [1984] 就開始練習唱唱他們的祭歌,但是唱了呃已經三十幾年,沒有背起來一首,因為我們不懂他們的含義,我真的很難背。」(琴姐2018/07/07)除了學習祭歌困難之外,琴姐在苗栗南庄賽夏南群矮靈祭的送靈結束之後,再到新竹五峰參加賽夏北群矮靈祭的最後一天,發現不易掌握北群臀鈴的節奏。

> 因為有一次我們那時候剛開始去的時候,我也想說我們就來揹「臀鈴」呀,奇怪我們這 [邊] 的「臀鈴」就很慢,而且可以揹的很輕鬆,為什麼他們那邊揹「臀鈴」好像拍子一直

都不一樣這樣子，原來他們就是太快了，然後很累，他們那邊揹「臀鈴」，整個身體要這樣動動到那種，我說哦，我沒辦法，我只揹兩個小時就沒辦法。腳真的很酸，而且那個腳，可以說抬不起來，你知道，因為他[們]動作太快了，不像我們這邊，我們這邊因為那慢慢的傳唱，一點你只要有稍微擺動它，就聲音就很大了。（琴姐2018/07/07）

與投入賽夏祭儀活動的客家女性相較之下，與賽夏女性通婚的客家男性，並未對妻子所屬族群的祭儀展露參加與了解的興趣。例如阿霞姐直言，她已經離異的丈夫並未真正了解她所屬的文化，是她適應丈夫的生活——「他不是生活在我們賽夏這裡，是我活在他們客家裡的！」（阿霞姐2018/06/28）。另一位研究參與者慕卿也提到丈夫比較不參加賽夏祭典的原因包括工作忙碌、缺乏興趣、個性使然：

工作忙，還有他沒有什麼興趣，比如說矮靈祭，他就沒有什麼興趣啦，因為矮靈祭這種東西就是上去就是喝酒唱歌跳舞啊，對呀，那我先生沒有一樣會的呀，所以他就沒有興趣啦，不是說他不喜歡啦！應該講他沒有就是怎麼講，因為他們就他平常也沒有在喝酒呀，對呀所以他覺得，而且我先生他不是很喜歡熱鬧的那種。（慕卿2018/07/30）

慕卿提到在祭典中，大家相當熱情相處，但個性上不喜好喧鬧的丈夫，而且也無法喝酒、唱歌與跳舞，因此較無法融入賽夏生活。就算不是在祭儀節慶，只是一般回到慕卿娘家的拜訪，先

生仍顯得格格不入。

> 像有時候我們回去，像我回去家裡啊，我們就是原住民第一個他就是很熱情，然後相處起來就很隨性，所以我們在一起的時候可能就是會唱歌呀，聊天就可能跳舞呀，就是呃妳知道嗎一個感覺來了就是大家就是會整個很high有沒有對，啊我先生就不喜歡這樣子，所以你說參與的話很少，對，很少啦。（慕卿2018/07/30）

除此之外，先生也因為個性關係亦不會主動詢問與賽夏相關祭儀或文化之事。「因為他就覺得他的生活過的好就好了，他不會去管人那樣的，不是因為我先生他本身他就比較內斂的人，所以他比較不會去問那些有的沒有的這樣子，啊我會跟他說啦，對我會跟他說，但他不會主動來問我。」（慕卿2018/07/30）

3. 勤奮的媳婦

在彭尉榕（2006）的研究中，提到原住民媳婦付出更多努力，才能稱為客家媳婦。在筆者的研究過程中，觀察到嫁入客家家庭的賽夏女性勤勞持家，成為典範，甚至是後來夫家家中其他成員也要與原住民女性通婚的參照標準。在本小節中談到的兩位賽夏女性阿萍姐與阿英姐，六十歲以上，仍在工作，在與他們談話的場域皆在其工作環境中，因此可以觀察到他們在工作時的情景與靈活身影。

結婚將近四十年。身為長媳的阿萍姐，從一結婚就是與公婆同住，還有四個大姑、兩個小叔與一個小姑。由於丈夫是長子，公婆在世時，全部兄弟姊妹皆在阿萍姐家齊聚一堂，即便今日公

婆皆已不在人世，大家仍是回到阿萍姐家歡聚。阿萍姐回想初為人媳的日子，「有些不曉得的事，問媽媽都會一直教。」（阿萍姐2019/06/11）媽媽會教導她為人媳該盡的責任，「嫁到這邊來，像過年我不會說，哎呀年初二就回娘家，我沒有，因為很近年初二，我就啊晚上弄弄好，姐姐她們都在這邊。我都弄好了，過年了，走去開車很近，幾分鐘我就到了，紅包發一發隔天我就回來了。我不會說人來，我就跑掉這樣。」（阿萍姐2019/06/11）阿萍姐認為即便是年初二女兒回娘家的日子，她顧及到大姑們會回來，而且她娘家離婆家很近，所以她說：「我就蠻就知道，不會像一些一般的我要走我就走，管他的，你要來你做你的，我心裡想說不行喔，人家都要來我們家，主人跑掉他們就會很難過。」（阿萍姐2019/06/11）

雖然阿萍姐相當盡責扮演媳婦的角色，但在日常生活中，強勢的婆婆與其他鄰居仍然對她口出歧視言語，以「番仔」稱之，而她正視自己的族群身分並早就習慣這些語言，例如鄰居故意挑釁她與婆婆關係，告訴她「你婆婆說你番仔番仔，我覺得我都習慣了，我就說，哎喲，我又不是結婚頭這樣子蓋著沒有人知道我是番仔，他也知道我是番仔，沒關係我聽習慣了，結果他就不敢再講，我本來就番仔啊這樣子，很好笑。」（阿萍姐2019/06/11）雖然阿萍姐的娘家與夫家是鄰居，但必未因此縮短彼此的距離，婆家對原住民偏見依舊，尤其害怕阿萍姐的兄弟會喝酒，但是「我嫁到三十年我哥哥弟弟從來沒來過，沒有來過這邊喝過酒啊，他們也是很紳士，不會啦，只是娘家的教育還ok這樣」（阿萍姐2019/06/11），再加上阿萍姐盡力做媳婦，而且每當丈夫的兄弟姊妹回來皆是熱情款待，還做菜讓他們帶回家，所

以對她讚賞有加,「結果我那哥哥姐姐,這邊的姐姐常常就說,哎喲,我娶個原住民媳婦比我們這客家人還優,就誇獎這樣子。」(阿萍姐2019/06/11)阿萍姐強調「就像媽媽不在,公公婆婆不在,我們就當家一樣,你如果沒有做的好,誰要來你家玩。」(阿萍姐2019/06/11)

婆家對阿萍姐的讚賞,成為後來小叔要與屏東排灣族女性結婚時的聘金與儀式參照對象。因為對婆家來說,同樣都屬於原住民,來自賽夏的阿萍姐並未要求聘金,為何排灣親家要求數十萬,當時到屏東與排灣親家談婚事的大姑告訴對方,「我的大媳婦也是原住民,聘金不用啦……賽夏族的他也沒有拿錢,講一講就減了一半才ok。」(阿萍姐2019/06/11)此外,阿萍姐當時結婚儀式相當簡單,娘家未有任何要求,但小嬸的排灣族在婚宴時儀式,尤其是跳舞讓保守的公公無法接受。

阿英姐的大伯與客家人結婚,但婆婆是最疼她。阿英姐認為是她自己母親教導有方,而且她尊重長輩,不會頂撞,因此獲得婆婆疼愛。「我跟婆婆我們的相處的方式,我是認為啦,你嫁過去了,我是覺得是說,婆婆講什麼,我是不會去頂她的……我是可以忍的,我是很能忍的人,她講什麼我都不去管她。」(阿英姐2022/03/06)婆婆會與阿英姐分享她年輕時的辛苦經驗,婆婆是從頭份嫁到南庄,

> 她以前還要挑擔,農業時代她要挑擔,挺個大肚子要去除稻,還要去除草,她說那個肚子都是跟著拖著走這樣子。我說我也能體諒,我也能體諒婆婆,我說那時候你很辛苦,她會跟我講這些,可是跟大嫂他不會講這些,她會跟我講這

些，所以我慢慢的習慣了他們的生活，大家互相了解，你什麼衝突都不會有，因爲大嫂是不會直接說啊去跟你聊天、跟他聊天這樣子，容易就是說「你講什麼我爲什麼要聽，你說要怎樣就是怎樣嗎？」我絕對不要啊，慢慢了解，因爲我自己本身農業時代，那個時候從小到大也是這樣苦過來的。
（阿英姐 2022/03/06）

　　阿英姐因爲自己從小也是在鄉村長大，因此可以體會婆婆對她所述說的經驗。對這對婆媳來說，不同的族群身分並未阻礙其互動，共同的生活經驗反而促進互相了解。相形之下，縱使是與婆家同樣皆爲客家人的大嫂，因爲個性使然，無法與婆家和諧相處。

五、結論

　　本文以與客家人通婚的賽夏女性以及與賽夏人通婚的客家女性作爲分析對象，藉由深入地以女性生命經驗做爲分析內容，期以突破昔日歷史書寫與傳統婚姻坡度框架下的女性樣貌，當然更重要的是從中了解客家與賽夏之間的族群關係樣貌。
　　首先，若以多數研究參與者的出生年代看來，當時不論原客（漢）皆處在臺灣經濟仍在有待發展的階段，生活困苦，需要出外奮鬥，如此經驗是臺灣人在1980年代經濟起飛前共同享有的經驗，但原住民因爲住在山區，加上在長期的族群關係中，多受雇於客家人，因此經濟狀況不佳，通常會向外移動以尋求更好的生活與發展機會。雖然必須支撐家庭經濟，但研究參與者仍努力

為自己留下極少的薪水,以為自己下半生著想或是為了讀書,以半工半讀方式咬牙完成,這些在在彰顯出作為女兒在面對家庭壓力之下,能夠保有自己的做法。

在未結婚前的生活,賽夏女性必須賺錢供應家庭幫助其他家庭成員的過程,可以觀察到女兒在家中的地位。結婚是透過建立屬於自己家庭而開始另一個人生階段,然而因為是跨族通婚,雖然與丈夫是鄰居或早已是熟識,但是家長因為對於客家人的看法而相當反對女兒的婚事,然由於研究參與者堅持己見,終與丈夫結為連理。從賽夏母親反對的理由觀之,反而是對於客家人的觀感使然,由此凸顯少見的原住民觀點,同時顛覆漢人原有的族群優位性,因為我們一般常見的是主流社會群體——客家人(漢人)對原住民的刻板印象。但值得注意的是,亦可能是賽夏父親的影響而不希望與客家母親踏上同樣辛苦的道路因而選擇與客家人結婚,但在婆家仍被以「降格繼嗣」態度將研究參與者視為賽夏人對待之,讓研究參與者陷入性別與族群的雙重桎梏。

結婚之後的生活,由於異族通婚,加上在父系家庭結構中女性在家庭被期待扮演的文化再生產角色,以及婚後從夫居——「嫁入」夫家,因此不論是客家或是賽夏的研究參與者皆面臨著「在家」的期待,賽夏婆家擔心客家媳婦無法適應山上部落生活,或是客家親家也希望自己女兒能夠留下,以免讓賽夏婆家對客家人留下不好印象,但這個前提要件在於客家親家對於信仰基督教的婆家留有好印象,認為女兒應該盡到當媳婦的責任。不論是賽夏婆家或是客家娘家,對於研究參與者來說,皆有出自雙方父系家庭對媳婦角色期待的壓力。媳婦的角色凸顯了性別與族群的交織性——主要是媳婦應有責任,族群文化則是深化性別角色

的枷鎖，而當性別角色不符合家庭期待時，族群身分會更強化原來已存在的族群界線，特別是當賽夏媳婦不願「在家」時，客家婆婆則在與自身或是自己孩子的比較下，指出賽夏媳婦在性格上、行為上的「不定」。身為媳婦的女性之角色在「定著於家」與「喜好出外」之間被畫上了判準刻度。

由於是「嫁入」婆家，因此媳婦需要適應夫家的語言、飲食、宗教、祭儀，由此凸顯女性文化再生產的角色。值得注意的是，客家女性會學習並參與賽夏祭儀，然而相對來說，客家男性對於賽夏祭儀顯得較無興趣，再次呈現在跨族通婚中媳婦與女婿之於夫家與岳家文化的關係。除了在婆家扮演文化再生產的角色之外，賽夏女性更需要「勤奮」努力，才能獲得客家婆家讚賞。反之，如前述提及「待不住」的賽夏媳婦，在客家婆婆眼中，無法安分守己，盡到媳婦之責。

從跨族通婚中的女性之生命經驗出發，首先體現女兒在原生家庭中的付出角色，長大後為自己的婚姻努力，包括如何適應夫家生活與盡力扮演媳婦角色。然而，當性別角色與族群文化交織時，賽夏女性受到性別與族群的雙重限制多於客家女性，可見其在客原關係之間處於弱勢地位，但在婚配過程中，不免發現賽夏家長事實上並不樂見女兒嫁入客家家庭，由此可見族群因素在婚配過程中扮演更重要的因素。當進入婚姻之後，家庭中性別角色的背後是受到族群文化的影響，而當性別角色不符合對於媳婦預設的規範時，族群界線更加明顯。跨族通婚中，性別與族群之交織不僅呈現族群關係中的動態性，更加拓展我們了解族群關係的視角。

參考文獻

賽胡先·阿拉塔斯（Syed Hussein Alatas）著，陳耀宗譯，2022，《懶惰土著的迷思：16至20世紀馬來人、菲律賓人和爪哇人的形象及其於殖民資本主義意識形態中的功能》。新竹：國立陽明交通大學出版社。

日婉琦，2003，《族群接觸與族群認同：以賽夏族tanohila:氏族日阿拐派下為例》。國立政治大學民族學系碩士論文。

田嘉麗，2016，《族群通婚下之婆媳關係：原住民婆婆與客家媳婦的相遇》。天主教輔仁大學兒童與家庭學系碩士論文。

苗栗縣南庄鄉公所，2009，《南庄鄉志》下冊。苗栗：苗栗縣南庄鄉公所。

胡家瑜、林欣宜，2003，〈南庄地區開發與賽夏族群邊界問題的再檢視〉。《臺大文史哲學報》59：177-214。

張維安、王雯君，2005，〈客家意象：解構"嫁夫莫嫁客家郎"〉。《思與言》43（2）：43-76。

彭尉榕，2006，《原客通婚的族群邊界與位階：地域、世代的比較分析》。國立東華大學族群關係與文化研究所碩士論文。

詹素娟，1997，〈族群關係中的女性——以平埔族為例〉。《婦女與兩性研究通訊》42：3-7。

劉千嘉，2011，〈臺灣都市原住民的族群通婚：社會界線的世代差異〉。《人口學刊》42：115-153。

劉千嘉、章英華，2018，〈臺灣原住民的族群婚配類型：世代效果、代間傳承與族群差異〉。《調查研究——方法與應用》39：77-121。

鄭依憶，2004，《儀式、社會與族群：向天湖賽夏族的兩個研究》。臺北：允晨文化。

蔡友月，2009，《達悟族的精神失序：現代性、變遷與受苦的社會根源》。臺北：聯經。

賴盈秀，2004，《賽夏族》。臺東：國立臺灣史前文化博物館。

謝世忠，2017，《認同的污名：臺灣原住民的族群變遷》。臺北：玉山社。

網路資料：

原住民族委員會原住民族人口及健康統計年報https://cip.nhri.org.tw/stat/pop，查詢日期：2022/08/20。

苗栗縣南庄鄉公所觀光導覽https://www.nanchuang.gov.tw/News_Content.aspx?n=3415&s=133226，查詢日期：2022/08/18。

第 8 章 族群博覽會下的原客關係——
以 2023 世界客家博覽會為例

蘇秉凱

國立中央大學客家語文暨社會科學學系博士生

一、前言

　　臺灣是多元族群組成的社會，新興的族群主流化議題，更是彰顯族群的主體性，即不同族群的文化皆為國家重要資產。在1997年的憲法增修條文第十條[1]提及國家對於多元文化的肯定後，這個議題更成為臺灣的基本國策之一。因此，如何促進族群的平等、弭平族群間的歧視，進而達到族群共榮的多元族群主流化政策成為了公眾關注的議題。族群主流化意指讓各級政府部門具備基本的族群敏銳度，並讓社會大眾意識到每個人都是族群關係的當事人，促使多元族群都能共同參與社會主流的建構（阮俊達，2016）。而客家做為臺灣多元族群中的第二大族群，在經歷了長期的發展，也已逐漸成為施政成果的重要觀點，其族群主流化的成效在全球首次的2023世界客家博覽會當中應有所呈現。

　　人類學家奈吉爾・巴利曾說過：「一個族群如果失去認同，

1　https://law.moj.gov.tw/LawClass/LawAll.aspx?pcode=A0000002

最令人類學家扼腕的是世界失去了某一種特殊『世界觀』。世界觀是一個民族數千年互動與思考的產物。因此一個民族的消失也代表人類可能性的萎縮」（奈吉爾・巴利、何穎怡譯，2011）。自1988年「還我母語運動」啓始，三十五年來客家族群文化復興運動在不同的階段當中不斷地創造歷史，在臺灣客家文化發展逐漸趨於穩定之後，讓臺灣成為世界客家的新都心就成為一個新的目標。

臺灣客家人群與其他地區（指臺灣、中國、香港以外地區）客家人群的接觸起源甚早，尤其在1971年香港開始舉辦第一屆世界客屬懇親大會後，透過幾乎每二年一次的懇親大會，以及多次由臺灣主辦為契機，使臺灣客家社團開始熟悉中、港以外地區的客家社團（張翰璧、蕭新煌主編，劉堉珊，2021：10），透過這樣的方式臺灣客家與海外客家有了頻繁地接觸，交流互動的方向也逐漸地朝向多面向的發展。從1992年第一屆的「國際客家學研討會」於香港舉辦，會議中學者開始論述客家研究作為一門獨立學科的可能性，當時主導的學者多半來自臺灣、香港與中國，其關注的焦點均為此三個地區的客家人群（張翰璧、蕭新煌主編，劉堉珊，2021：10），臺灣和世界客家的交流透過學術互動的方式逐漸往客家學術研究領域發展。這個方向近年來也獲得官方的認同，行政院客家委員會於2002年舉辦第一次的「全球客家文化會議」，在這個參加成員身分多元會議中，除了族群多樣性、族群參與公共政策的議題被凸顯，主辦單位試圖強調、客家作為一個具有獨立文化身分的「族群性」，也透過其在國家論述中的角色及與其他境內族群（如，原住民族群）關係與位置的比較呈現。再者，此會議的舉辦明確標示出當時臺灣公部門與學

術界將臺灣客家直接置放於以全球爲視野的國際框架下的定位與目標（張翰璧、蕭新煌主編，劉堉珊，2021：12）。

「全球客家文化會議」持續地舉辦，聚焦的議題也著重在族群的多元化和公民身分的探討，這些都顯示出臺灣的客家研究不再侷限探討客與漢族群之間的關係，而是往客家本身的特有的族群論述作爲新的研究領域。而正是在這樣的論述基礎之上，建立「客家」自成一體的全球圖像及其「族群性」的多樣化（在地）發展才更顯重要（張翰璧、蕭新煌主編，劉堉珊，2021：12-13）。臺灣客家文化經歷本土化與政治民主化衝擊下，發展出另一種以臺灣新故鄉爲觀點出發的全球客家想像，這樣的世界客屬想像與臺灣早期客家研究著重在探討原鄉情懷進而發展出與原鄉難分難離也不相同。而這些正是臺灣客家文化發展因偏重本土深研所比較欠缺的，若能透過2023世界客家博覽會的籌辦，將全世界的客家文化匯集於臺灣，讓老華客、新華客甚至於新台客等世界客家的多元面向同時呈現在世人面前，在全球的客家界與華人圈中絕對是最引人注目的一場國際盛事。

由於臺灣豐富的多元族群，各族群間文化發展間的相互關係一直以來也是多方探討研究的標的，尤其在原住民與客家族群之間關係的探究。自清代以降，客家從原鄉到臺灣的發展有著超過三百年的歷史，客家族群的分布多集中於山麓丘陵地帶，而近山地區的族群多以原住民族爲主，客家其接觸到原住民族相較閩南族群更甚，具有更多的互動關係。在日常行爲的接觸或是透過通婚的互動，使得客家的族群認同、族群意識與族群邊界的變化（王保鍵，2016）在客家文化的發展過程跟原住民有著相當密切的族群互動關係。也因此自有原客歷史以來，原住民族與客家族

群一方面有許多衝突、妥協，另一方面也有合作、共生的關係。具體的族群互動有社會經濟生活的交織、共融，也有剝削與懺悔（張維安，2022：82）。在當中許多學者認為族群通婚是一個很好的族群關係指標，如Gordon（1964）就認為通婚比例的提高，代表族群在文化習俗、族群態度上有較大的接受程度（彭尉榕，2006：2）。原客族群關係的特殊性在於邊界與位階的相似性，如地理邊界的相近，因此，原客族群關係有其特殊性。通婚是族群深度接觸的指標之一，由原客族群通婚作為原客族群關係的切入點，更得以使抽象的族群關係藉由具體的事件呈現，所以原客通婚有其研究的價值（彭尉榕，2006）。

若要展現出原客文化的特殊性，應從族群互動的角度，特別是由貫時性歷史的面向，來探討客家社會在不同區域發展的族群關係（潘慧雯，2020：3），要展現二者文化的特殊性，不能停留在種族中心論的視野，必須從族群互動的角度，探貫時性的歷史社會變遷角度，來探討客家社會在不同區域發展的族群關係的過程（莊英章，2004：353）。因此透過本研究希望可以將原客族群展示結果做進一步的剖析，看看在不同的文化背景中，族群如何互動以及族群關係如何建立，特別是客家與原住民互動關係，在這場世界級的國際族群博覽會當中又是如何的被呈現。相信整個客家族群乃至於全體國人對整體展示成果是十分期待的，而最重要的是展覽結束後能為「客家」留下什麼。

博覽會核心概念在於策展理念、其次為展示架構，接著才是展示的手法。原客族群關係的呈現同樣具有族群性與學術性的本質意義，所以要將二者之間交織的畫面勾勒出來其核心思想相當重要，也要觀察整體的展示從規劃面到執行面是否一致，所以本

文會將此次博覽會的上位計畫與特展的內容二者之間做檢視。並且雖然特展是在獨立的副展區策展，卻也不可忽略整個世界客家博覽會的大會主軸，彼此之間關聯的緊密度是十分重要的。所以本文的研究資料來源就從以下幾點做為基礎：

1. 本次博覽會的上位計畫：

所謂的上位計畫就是指導性原則，在這個原則規範下的內容才允許執行，因此整個上位計畫的研擬與制定需透過相當嚴謹與周全討論的過程通過之。一個國際性的博覽會展覽更是需要一套妥善的上位計畫作為支撐的基礎，尤其世界客家博覽會有別於其他一般的博覽會，其具備以族群文化和客家學術等特殊因子在裡面，加上整個世界客家博覽會的執行面上是透過層層發包，其範圍涵蓋產官學三個面向，因此透過蒐集上位計畫來回頭檢視整個世客博的執行情況是否上下游呼應確實，並將其結果分析整理是相當有參考意義的。

2. 展覽的策展內容：

原客族群同樣是在族群性與學術性的世界客家博覽會所涵蓋的框架下。作為一種傳遞文化的機制（cultural institution），博覽會透過確認其存在的實體的蒐藏與研究，進而呈現其對外的展示和教育的詮釋。到底客家文化與原住民文化，從過去到現在，彼此時空文化交織有怎樣的異同，透過特展的展示傳達給世人的成果是否符合期待，相信一定會是原客二界最注目的焦點。

二、博覽會發展下的文化凝視

由於世界博覽會的核心概念與展示世界的主張始終相關聯，

因此它不可避免地從文化表現形式進行。為何要舉行世界博覽會？任何一種在社會上不斷複製擴延的行為，都具有重要的社會意涵，博覽會展示活動已成為今日社會無所不在的活動，正代表著展示是當代社會極為重要的社會現象（呂紹理，2005：27）。「世界博覽會」，在英國稱Great Exhibition，法國稱Exposition Universalle，美國稱World Fair。依照1928年的國際展覽公約（Convention on International Exhibitions），正式的「世界博覽會」必須取得總部設在巴黎的國際展覽局（BIE）認可（吉見俊哉，2010：22）。

BIE是總部設於法國的國際展覽局（法語：Bureau International des Expositions），一個專責審批和協調「世界博覽會」事務的國際組織。在1928年11月28日，當時由31個國家的代表在巴黎簽署了《國際展覽會公約》，並根據公約精神，成立了國際展覽局做為執行機關。目前，該組織的成員國共有170國。BIE負責監督和規範所有持續三週以上且非商業性質的國際展覽。該組織發展至今，主要業務在推動辦裡四種類型的博覽會：即世界博覽會、專業博覽會、園藝博覽會和米蘭三年展。

到了1988年5月31日修訂的《公約》進一步把世博會分成二大類：註冊類博覽會（registered expositions）和認可類博覽會（recognized expositions），規定更為簡單一些，主要分會期、規模和主題三大要素。從時間上來看，前者不短於六星期，後者不短於三星期，不超過三個月，註冊類博覽會之間間隔為五年，而認可類博覽會為二個註冊類博覽會之間；從規模上來看，註冊類博覽會在園區空間上不作限制，而認可類博覽會則限制在25公頃之內（吳建中，2009：91）。除了上述的規範外，並且根據

國際展覽局的規定，有意舉辦世博會的國家不得早於舉辦日期的9年，註冊申請應在開幕日的前五年；換句話說，舉辦世博會必須要有段很長的準備期，除了建設、資金上的籌備，還有主辦國必須通過外交管道向其他國家發出參展邀請（戚文芬，2018：221）。

（一）被呈現的上帝視角

在15世紀時，歐洲商人有一種定期的經濟貿易行為，莫約就是一個市集規模的大小，這種商業模式成為了世界博覽會的雛形。到了19世紀中葉西方帝國主義發展與擴張的年代，博覽會常常作為裝飾與宣傳帝國主義的最佳舞台，後來甚至演變成以「殖民地」為主題的專屬博覽會（程佳惠，2004：176）。

由此可知，初期的「世界博覽會」除了經濟方面的價值，更多的成分是帶有歐洲帝國主義炫耀國力以及展示殖民成果的成分。在15至17世紀大航海時代所引發而成為全球性政治思潮之殖民主義，以及18、19世紀啟蒙時代所表彰之理性主義的影響下，歐洲各列強也紛紛設立大型的綜合性的民族學博物館，收存其在海外殖民地所蒐羅的奇珍異寶，並以科學性的理論與方法對這些文物進行研究、分類，試圖解釋人類文化的演化過程，其主要目的除了向其國民介紹海外殖民地之異文化風情外，並藉以作為宣誇國威的物質證據（王嵩山，2010：33）。這樣的「世界博覽會」都帶有類博物館的概念在其中，像是哥倫布為了向國人證明自己發現「印度」，曾把數種花樹、禽鳥、走獸及「半打」印地安人作為「標本」隨船帶回（吉見俊哉，2010：5）。這樣的情形在殖民帝國主義盛行的時候是非常普遍的。約略在日俄戰爭

前後,日本的博覽會也明顯出現同樣的情況。除了設置朝鮮館、臺灣館、滿蒙館、南洋館等人氣展館,也推出愛奴人、琉球人、臺灣人的公開展示(吉見俊哉,2010:19)。當然這種帶有炫耀目的的博覽會,在博覽會的規劃中就有其規劃的步調,讓入場的觀眾依循著「進化」的順序逐步觀賞,也就是先從觀察西端的「未開化」聚落及現場展示「未開化人種」開始,接下來參觀接近「文明」一半的亞洲聚落,之後才看到歐洲的集村(吉見俊哉,2010:191)。除了讓觀眾有一種進入演化的時空感外,也赤裸裸地說明了那時期的強權所想向世界傳遞的訊息是什麼,想展示的是什麼,就如同主宰人間的上帝一般。當然,這樣的族群關係呈現並不是現代所樂見的。

(二)資本主義下邏輯的轉變

工業革命後,時序到了19世紀,商界在歐洲地位提升,市集規模漸漸擴大了,交易商品的種類和人員的參與越來越多,影響的層面越來越大,涵蓋了經濟用品、藝術文物到文化哲學等方面。1851年5月至10月,英國維多利亞女王的配偶阿爾伯特親王帶頭在定製的水晶宮舉辦了「萬國工業作品大展」,反映了這個情形。第一屆世博會是一個獨特的國家聚會,展示了基於技術創新的物質進步。通過匯集來自世界各地的最優秀和最先進的創作,世界博覽會營造了一種和平競爭的形式,但同時也力求鼓勵交流思想並激發參觀者的靈感。而到了20世紀,這種具規模的大型市集便稱為博覽會,種類多、項目雜,因此甚至需要以分類表的方式來分配場地、排列展品,如此對於參觀者來說才能夠清楚地明瞭展區的配置與規劃。

在世界博覽會演變的過程當中，博覽會因為常常伴隨著新技術、新物件的展出，所以在展覽當中就會有新產品的發表，當然難免就會有競爭。「世界博覽會」起初是以評獎當作激勵競爭最直接的方式，但其想法不是真正為了鼓勵競爭，而是希望能啟發創新，追求時代的進步。「世界博覽會」是提倡文明進步的盛會，從1851年開辦以來，「世界博覽會」就把非商業性質當作是自己的定位，而這時，世界博覽會展示的手法比較單一簡單。不過到了1933年的芝加哥世界博覽會，展示、論壇和娛樂活動已經形成「世界博覽會」的三個基本要素與框架，而企業館也在這次的世界博覽會初次亮相，世博會除了是動員數量龐大的觀眾前往會場觀看展覽的媒體之外，更是地方上的行政系統將中央官僚系統、補助金以及眾多大企業牽扯進來。其中，進行動員的是地方和一部分中央行政系統的複合體，被動員的則是國家預算和企業的廣告費。對於後面這個手段來說，世博會的入場觀眾人數並不是衡量其成功與否的決定性標準（吉見俊哉，2016：114）。同時此次的「世界博覽會」利用各種大量娛樂表演來活躍展覽，也成功吸取世界的焦點。這樣的操作手法有人給予肯定，甚至對這些當年在美國和法國的世博會上興起的娛樂活動給予了高度評價，稱此為「世界博覽會」成功的一個基本要素。娛樂活動雖為「世界博覽會」帶來了巨大的成功，但同時也有人擔心過多的娛樂形式會沖淡「世界博覽會」的核心價值理念。在這個問題上一直是有爭議的，活動的主旨本來應是為了展示人類在諸多領域的活動中所取得的各項成果，現在彷彿被喧賓奪主，到近代利用許多科技手法作為展出的手段，也讓擔心的人認為是否會有過分虛擬化的傾向。但事情畢竟一體兩面，同樣有人覺得如

果各項因素掌握得當，或許世博會有了「經濟、科技、文化領域內的奧林匹克盛會」的美譽（戚文芬，2018：210）。

（三）新時代精神的意義

到了近代世界博覽會對於社會文化的價值有三層含義：「進步」是世博精神和理念的集中體現，並成為貫穿世博會全部歷史並指導未來發展的主線；「創新」反映了世博會的追求；「交流」強調了世博會作為場所而存在的價值（吳建中，2009：1）。這三層含義由大會的主題來當作是串接的主軸，整個「世界博覽會」必須一以貫之，也因此從2000年的「漢諾威世界博覽會」開始，每一屆「世界博覽會」的第一號特殊規章就是該屆的主題。主題是靈魂，是貫穿每一屆「世界博覽會」的整體框架、內容和過程的指導思想，也是把展示、論壇活動以及娛樂節目等「世界博覽會」三大要素串聯起來的唯一要素。

主題也因此決定了主辦者所要傳遞給世人的訊息是什麼！是像帝國主義時期時彰顯自己的國力強盛、科技進步，還是把殖民地的奇人異事當作話題作為展示的一環，抑或展示殖民的經濟成果，都取決於主事者的念想和目的。而主題也會改變展區的發展，在城市發展上以及經濟上都會有著巨大的影響。在城市發展上，往往在「世界博覽會」的規劃時，由於需要大規模的面積，因此就會需要都市美化甚至都市再造與再生，透過整體的擘劃，讓整個城市經過「世界博覽會」的洗禮後提升到一個新的境界。在經濟上，「世界博覽會」所帶來的商機在各個面向都是提升的。也就是說，世界博覽會帶給社會文化的影響是多元且全方位的。

博覽會的演進從一開始的帝國殖民主義強勢的灌輸於世人的觀點，到近代逐漸轉變成以人為本的社會議題呈現。透過世界客家博會來檢視臺灣這三、四百年來，客家族群和原住民族群相互文化間的關係，從原來各自為政到轉化為互相轉介的交織文化，結合族群融合的議題，帶給人們感動人心的故事，觸發觀眾引人入勝的心境，營造出令人彷彿回到相同時空且感同身受的博覽會氛圍，在世客博當中絕對是讓人期待的。

三、博物館的文化實踐與認同

相較於博覽會的短期性質，對於展示的保存在這次的世客博當中，更希望能像博物館般的將教育的意涵傳承下來。博物館起源於西元前300年的歐洲，當時亞歷山卓的繆斯（Musaeum）專門用於收藏古希臘的亞歷山大大帝在歐洲、亞洲及非洲的征戰得到的珍品。與現代不同的是，在當時的博物館並不對外開放，而是僅限於貴族私人間的參訪與觀賞。

隨著博物館的發展，不論是展示的物件或在人事的安排上，就需要透過制度化來將其管理。因此在1946年底於法國巴黎成立了國際博物館協會（International Council of Museums，簡稱ICOM），此協會將其定義為：一個不追求營利，為社會和社會發展服務的公開的永久機構。也因以多樣化思考為出發點，推動一個接納性的博物館實務與博物館學，應該顧及「文化的多樣性、參與的民主、合作與協調、和平與社區建立、創新與鼓舞、能力的建立、資源的豐富性」等基本原則（王嵩山，2003：3）。即使到了現代以差異和多樣性的視野（perspectives）思考

博物館之本質與其角色是重要的（王嵩山，2003：2）。所以帶有學術和族群等性質的客家博物館其本質內涵就要囊括其文化發展的議題和社會關係實踐的手段。

（一）傳統到當代

將博物館作為社會機構的批判性研究在20世紀70年代開始發展，最初在歐洲最為強烈，後來傳播到北美和全球其他地區。當博物館成為了一門學科，透過研究與分析可以發現博物館學的關鍵概念包含了以下的類別：建築、收藏、溝通、教育、倫理、展覽、遺產、機構、管理、社會、保存、職業、公眾與研究等等。但是如果就博物館所具有的功能，可以分成：保存（包括收藏品的獲取、保護和管理）、研究和溝通傳播。溝通傳播本身包括教育和展覽，無疑是博物館最顯著的兩個功能。透過收藏品，博物館可以向來參訪的民眾傳遞所欲表達的訊息。每個物件所表達與傳送的信息既為對藏品的研究結果的展示，也表現為提供有關藏品的信息。

展示是被製造、創造出來的，不同展示製作過程隱含不同的權力、知識與終極關懷系統，當代的展示因此而具有全球化與本土化的辯證性（王嵩山，2003：75-76）。其實在表達與傳送物件背後隱含意義的同時，博物館的策展同時兼具了教育的概念。而這點與博覽會的精神有異曲同工的意涵。當然博物館本身的布置就是一種展覽，是其更廣泛的交流功能的一部分，其中還包括教育和出版政策。以物為基礎的博物館業務繁雜，需要許多專業的技術和技巧，而這些技術和技巧，最終的目的是在發展探索精神、美感經驗、社會文化理解能力的實踐（王嵩山，2003：

25）。

　　此外還必須得顧及博物館本身所需面對的對象。對象本身並不是現實的一種形式，而是一種產品、結果或等價物。從這個意義上說，對象是抽象的、死的、封閉的，正如作爲一個集合的對象系列所證明的那樣（Baudrillard，1968）。通過他們的收購、研究、保存和交流工作，博物館可以被視爲物品「生產」的主要權威機構之一。

　　探討完上述這麼多博物館的概念後，就是期許博物館能在社會上有具體的貢獻。在最一般的意義上，社會是被理解爲或多或少連貫的整體的人類群體，其中建立了關係和交換系統。博物館所針對的社會可以定義爲圍繞共同的政治、經濟、法律和文化機構組織起來的個人社區，博物館是其中的一部分。

（二）當代的多元觀點

　　到了當代，博物館作爲時間和記憶的機器，歷史上人類社會的這種重大變化從根本上反映在博物館對自然和文化遺產的展示上。博物館甚至直接參與制定史學和符號學系統以供其解釋。博物館一直被批評爲在科學的、還原的世界歷史描述中無情地複製分類學集合、扭曲多樣的社會形式和多重知識體系的機構。這種趨同的史學也忽視了不同的曆法系統，其他社會不僅通過這些曆法系統來衡量時間，而且重要地構建了他們的現實感。通過強加被西方歷史壓倒性地時間化的時間順序結構，博物館已經被視爲目的論時間機器。單線發展序列的形式爲它們在整體敘事中的融合提供了條件，其中地球的歷史提供了校準地球生命歷史以及人類文明、文化和技術歷史的主要時間。

代表不同文化的主體和客體,博物館界至少需要在三個領域採取行動:(1)加強機構,讓人們有機會控制他們在博物館中的展示方式;(2)擴大現有博物館在展示非西方文化和少數民族文化方面的專業知識;(3)實驗展覽設計,讓博物館提供多種視角。且當博物館被視為接觸區時,它們作為收藏品的組織結構就變成了一種持續的歷史、政治、道德關係,一種充滿權力的交流推拉。

對於博物館的功能以及社會認同面向可以做進一步的探討。博物館最重要的功用就是展覽,每個博物館都有其不同的主題,在每個博物館當中有時更是同時存在著不同的常設展與特展,當然彼此之間所欲傳達的議題與內容亦有所不同。而在過去的二十年裡,社會學、文化研究、人類學和博物館研究徹底地將博物館定位為協商、形成和交流對文化差異的社會理解的場所。儘管這些學科的工作有時試圖承認文化生產模式中涉及的複雜性、矛盾性和矛盾心理,但分析往往強調博物館作為工具發揮作用的權力的差異,特別是種族和性別差異這些以階級制和其他消極、有害的方式表現出來,從而產生歧視性的影響。博物館的代表性實踐經常被描述為排斥和壓迫性的,因為它們具有消除、邊緣化或壓制少數群體和身分的能力和傾向。

近幾十年來,國際上的從業者、學者和政策制定者越來越關注博物館在對抗偏見和促進跨文化理解方面可能發揮的作用。或許不多但越來越多的博物館將促進人權作為其主要目的,並尋求在觀眾中爭取對平等和社會正義觀念的支持。此外,也越來越多的人希望世界許多地方的博物館能夠舉辦展覽,以更公平的方式代表博物館所在的多元文化社會,容納和參與基於性別、種族、

民族、階級、宗教的差異、殘疾、性等。儘管這些趨勢無處不在，但對這些有目的的代表性策略的社會影響和隨之而來的政治後果的理解仍然有限。

因此，博物館與觀眾之間的關係發生了根本性的重新概念化。「轉向觀眾」顯然為博物館提供了有趣的機會和挑戰，這些博物館被理解為通過傳播有目的構建的社會信息來消除偏見。博物館研究中的當前思想，特別是基於建構主義理論的博物館學習方法，也可能被視為挑戰博物館可以通過改變遊客態度和價值觀來消除偏見的假設。

並且在過去的幾十年裡，博物館的作用、發展和管理發生了巨大變化。博物館機構越來越以遊客為中心，一些較大的博物館在日常運營中更傾向於企業管理模式。此外，隨著網路新世代的來臨與全球化的影響，網絡博物館的概念，常常被錯誤地稱為「虛擬」，逐漸被接受。虛擬博物館將是可應用於博物館問題的一個解決方案，從長遠來看，可能會對博物館的未來產生相當大的影響。

（三）臺灣的博物館現況

在臺灣，博物館事業是在展示的而非收藏的基礎發展出來的（王嵩山，2003：76）。不過臺灣在面對源自西方多面向的博物館現象時，對於博物館的本質缺少深刻的認識，在文化和教育的功能上相互混淆，往往被市場導向市場化而無視基本的原則，這種情況造就了甚至面臨了迷失在需要長期累積與培育卻要求短期可見成績的國際化或追求世界第一的主體性鬆動、浮誇的困境。

而對於所謂博物館的社會責任，除了工作機會的創造之外，

也可以透過博物館家族的建置，讓文化深入地區角落以及館舍的活化利用。博物館群在地區上不侷限大型的博物館舍，除了官方建置的大型博物館舍外，在地方上也存在著若干小型的地方特色館舍，這些館舍或許從嚴格的定義上不符合大眾對博物館的期待，但是它們卻存在地方特色的元素，豐富保存著地方的文化與意義。透過博物館家族的概念將彼此間串聯起來，共同行銷彼此互補，讓民眾在參觀上可以有更多的選擇，進而更認識地方與自己所在的土地，也讓館舍能夠充分展現被利用的價值，不淪為浪費公帑的蚊子館。此外，小館舍的經營亦可透過委託代理的方式，讓地方創生團體能夠進駐，讓地方團體將地方意識與區域特色藉此充分的活化展示，彼此間相輔相成。

在當今臺灣推行轉型正義的時刻，以及既有的博物館發展基礎下，就族群文化與流動的特性和歷史來看，2023世界客家博覽會是個有意義的田野點。尤其是漢人與原住民攜手共創的美事，或漢人應有的謙卑和懺悔，如果通過各種方式如研討會、工作坊或者大地藝術的展示表達出來，有助於我們反思合理的族群關係，邁向理性社會的建構（張維安，2022：95）。族群間的和諧互動可以說是社會重要的穩定劑。在當今時代大變動時期，族群間的平等相待、相互尊重、相互理解，接納與包容就顯得尤為重要（劉麗川，2022：172）。這樣的博覽會不僅具有教育意義，更是符合聯合國SDGs永續發展目標，這種將博覽會轉化成博物館的「準博物館」過程對於臺灣博覽會與博物館彼此間發展的串接更是具有示範的意義。

四、世界客家博覽會中的原客榮耀

在21世紀，全球化已成世界性發展主流，民族學者及人類學者所提倡的多元相關文化論點，都可以培養出具有包容心、能欣賞異文化、相互尊重的新世代公民。就臺灣本土來說，我們有原住民、新住民等多元民族的議題要面對，過去的民族學可能是一個民族控制另一個民族的工具，但現在的民族學是一個民族與另一個民族溝通的橋樑。人類的群體行為極其複雜，每個行為背後都有文化脈絡，身處其中的當地居民會因為這些行為太過理所當然而忽略這些文化脈絡，但是透過論點分析、展覽闡述背後的意義，去解釋原客文化的相異性與相似性，以增進我們對兩者文化體系運作的了解，相信會是這個特展的使命。

原客之間串連展覽在臺灣並不是首次發生，尤其客家委員會近年在推動「族群主流化」的政策上面，2020年起即舉辦「客家向原住民族致敬」系列活動，期許在原客族群間合作交流的促進，建立族群關係的永續發展，並追求原客族群和諧共榮。有透過客家與原住民傳統圖騰交織意象呈現的展覽，也有原客嘉年華在臺灣各地舉辦，在在都顯示出原客之間的關係不再是早期的衝突與鬥爭。相反地，兩個族群之間攜手走過文化發展的黑暗期後，來到現代反而呈現出族群生命力之美。而雖然原客族群文化在現代並非主流文化，但卻是以自己的獨特性為榮為美。

現在就一起從「世界客家博覽會」的上位計畫來看，首先，以桃園市中壢區的青埔一帶，從機場捷運A17站至A19站為此次的主展區塊，並且將整個主展區切分成四個分區，在四大分區中就有一個多元文化區（如圖1），而這次主要負責相關展示區域

(二)十大展區配置圖

圖1　世界客家博覽會展區配置圖

資料來源：桃園市政府

——國際原住民族文化創意產業園區便在其中，同時此園區也是八大副展區的其中之一。

(一) 他群眼中的客家榮耀

來到國際原住民族文化創意產業園區，可以看到外面有規劃一區類似市集的專區（如圖2），但不知是否因在週間去參訪的因素，舞台是呈現關閉的並且也沒有攤商設攤。當踏入展區時，可以看到這次策展的主題核心是想要傳遞族群的認同（如圖4），欲規劃一個完善的博覽會，當從想像博物館開始，讓博物館的論述與制度作為一個想像的基礎過程，一個想像的事實就可以建構而出。文化就是靠這項培育公民權長大的，也是另外一種「製作」（王嵩山，2009：29），同時成品的展示就看策展人所要傳達給受眾的意圖而產生相對的作品。

圖2　原客市集外觀

資料來源：作者拍攝

圖3　原民展區入口處

資料來源：作者拍攝

圖4　本展策展主軸
資料來源：作者拍攝

圖5　原民展區的客家展示
資料來源：作者拍攝

　　客家先民因來臺時間較晚，所佔的生活範圍其地理位置多近山地，因此在進墾的過程當中，初期與當時的原住民的族群互動以為了生存的衝突競爭為主，但也隨著時代的演進，之後族群間的通婚相助反而成為了族群融合的一種新的生活方式。不過原先期待的原客之間從緊張衝突到和諧與共的歷史演進在這次展覽並沒有出現。

　　「晴耕雨讀」一直以來就是世人對客家人的傳統印象，客家族群以耕讀傳家、具惜字敬字的美德，以及有著勤奮苦讀精神，從走入展區即可看到一堆客家門匾，就可以知道這點在本次的原客共展中是獲得認同的。客家族群對於文化是非常重視的、注重子孫的教育和內在涵養的培植，在精神層面上的追求更是「寧賣祖宗田、莫忘祖宗言」。所以此區以客家族群對於藉由匾額來彰

顯祖家的祖訓歷史、榮耀事蹟、記錄功名的一種文化形式，利用堂號將客家族群對於祖先崇拜與飲水思源的精神來作為一種意象呈現。

（二）亙古亙今的原族榮耀

再往展區繼續前行，不知是否因為整個展場都是開放式空間的關係，因此接下來的策展內容主題都圍繞著原住民族的文化，並且多以裝置藝術的形式來呈現，雖然主題單一，不過整體而言有貫穿古今，依然具有其文化闡述的價值。

首先映入眼簾的是十六頂頭目頭飾的展示架（如圖6），不過因為展區天候影響，迫使展品不一定能順利地呈現於展示架上，為了維持展品的完整，適時地將展品收進倉庫反而成為了一種必要之惡（如圖7）。頭目在原住民族群當中往往是一族之英雄，是族群的榮耀，因此頭目具備地位高、權力大的身分表徵。而在原住民的身分階級當中，頭飾往往是最容易分辨出來的，每一頂都蘊含著其背後的文化，藉由共同排列也象徵著原住民族群間的和諧共榮。由透過展示代表原住民族群最高榮耀的物件，為此特展正式的揭開序曲。

持續深入展區，此時前方是一座名為「創世紀」的裝置藝術（圖8），由九座柱體圍繞成型，九在華人被認為是一個至尊之數，在此象徵對這件作品的尊重。因為這個作品搜羅了45位原民文化耆老雙手的掌紋，每雙手掌的建模都是透過訪談一步一腳印地以田野的方式搜集回來。每個柱子上有五位老師，柱子下方利用聲音影像的輪播，將耆老們的訪談事蹟訴說給世人了解。這一區象徵著原民百工百業的輝煌歷史，在傳統技藝逐漸凋零之

圖6　各族頭飾展示架與說明
資料來源：作者拍攝

圖7　頭飾短暫置於倉庫
資料來源：作者拍攝

時，也希望能喚醒文化聖火的傳遞，對於無論是堅守原民文化傳統的上一代，抑或是準備挑起原民文化新生命的下一代都具有傳承的時代意涵。

　　原住民族群與客家族群雖然自解嚴後對於母族文化的復振皆不遺餘力地推動，並且各自有著不同的成果，但卻面臨著世代斷層，許多文化皆青黃不接的局面的窘境，因此透過耆老的足跡來喚醒年輕世代對族群的光榮感似乎也成了二大族群的共識，而在這次的世界客家博覽會當中，副展區之一的「崙坪文化帝景園區──客家工藝館」亦是從客家工藝的生活境界，將客家恁靚个日仔透過傳統職人的故事和作品來與世人對話。

　　同樣地，隨著都市化的發展所產生的城鄉差距，年輕人離鄉後往往也多數就留在都市生活。身在都市叢林中，但心卻嚮往山

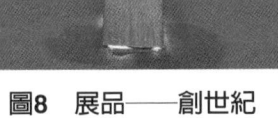

圖8　展品──創世紀
資料來源：作者拍攝

圖9　展品──所繫何處
資料來源：作者拍攝

林中的故鄉，在高大狹窄的大樓當中，看山不是山，遊子心中所掛念的卻依然是部落的山林。原住民離開他的田野來到都市生活，他眼中看到高樓大廈，心中卻是部落的山林；但當他回到部落的時候，卻又會想到自己的太太、小孩、家庭甚至工作都在都市了，看到山又聯想到都市景觀，所以可以看到這裡有一個像懸面波光粼粼的感覺，其實就是在象徵心裡不安定的狀態，像無根的浮萍在漂浮，這個就是展區下一個作品「所繫何處」所欲傳達的意象（如圖9）。原住民受到都會區的拉力（pull force）及原鄉經濟式微的推力（push force），陸續湧向都會地區（潘慧雯，2020：31），在都市後產生對原鄉的思念，這與謝高橋認為原住民大量移居到都市後（1991）所產生的適應問題雷同。

當遷徙讓他鄉變故鄉已經成為一種常態時，每個來到他鄉的

圖10　展品──不要靜靜走入　　　圖11　展品──我族密語
資料來源：作者拍攝　　　　　　　資料來源：作者拍攝

原住民同胞也變成了新故鄉的種子，藉由種子碳化概念，也象徵著在新地方的逆流而上，而因為這次的展覽城市位於桃園，因此下一個作品「不要靜靜走入」也將桃園素有「千埤之鄉」的特點，以埤塘當做背景在作品勾勒了出來（如圖10）。此外，這幅作品是利用小花曼澤蘭的灰燼鋪陳而成，這種花是種外來種，全臺灣、廣東、香港甚至整個東南亞都有，是很強勢的入侵性格物種，所以它象徵外來文化。但原民族群面對外來文化時要有文化自信，民族自信才能將入侵轉乘為一種共榮的生命。另外，之所以用碳化後的物質做為產品材質，還有其隱含意義，即希望原民族群不要害怕面對困難和痛苦，炭是一種被火燒過後留下的東西，但它又可以成為火，有一個復燃的可能性，所以勇於面對考驗終會煉成浴火重生的金碳，千萬不要不知不覺化為灰燼，不能

被外面的人取代。

一個文化如果沒有語言就離滅絕不遠,語言與聲音做為一個文化最重要的載體,在這次的展覽當中肯定沒有缺席。以原客為主題的這個展區最後以「我族密語」作為一個收尾。在臺灣,原住民族群有著16個分族,雖然彼此間信仰不見得相同、語言不一定一致,但是從呢喃的聲調當中對上天大地的敬仰之心卻是相同的,對神祇的祈禱亦是相近的。這種信念的共榮將心中的願景向外輻射,期望彼此間能取得共鳴。

整個特展就在六個象徵榮耀文化符號的作品中結束,在臺灣五大族群中分別有著不同重要的地位,透過一個國際級的展覽,讓參觀者能在二條看似平行的文化脈絡,卻有著類似的文化發展,並且處在相同的當代處境之中。原客族群文化的各自精彩,是臺灣多元文化被接納的起點,而這樣的榮耀屬於大家。

五、結論

世客博主要有二大主展館、八大副展區,以十全十美的多種議題來豐富這次的族群博覽會,主展區從世界和臺灣兩大面向做為策展主軸,原客族群這個特別且重要的議題另關於國際原住民文化創意產業園區來展示。當然,博覽會畢竟不是博物館,雖然彼此都有著因應社會文化需求所產生的使命。要如何將一次性活動性質的博覽會在展後轉型成有實體展館且具教育性質的博物館是項大工程。獨特的族群博覽會的建構,要從不同的理論立場、學術討論、社會互動以及參與者角度等層面來規劃。如此才能展現一個社會如何思考藉此建構的文化多樣性。博物館人類學的領

域包括民族誌、考古學、體質人類學等三個部門。這三個分支學問，以共通與互補的社會文化概念與方法論，綜攝人文學、生物科學與社會科學的基本性質，結合為一個研究人與文化的整體，在博物館自然史與社會文化史的相關場域內工作（王嵩山，2003：8）。這個過程並不是一蹴可幾的，或許在將博覽會轉化成博物館的過程可以用「準博物館」來做一個中介的階段，觀其上位計畫亦有朝著生態博物館的準博物館概念作為統籌的方向，藉由實際的走訪也得出一些想法可供以後相似的大型活動參考。

　　首先，主副展區的主軸沒有相呼應比較可惜。誠如所知，一個博覽會的內容取決於策展人所欲展示的意念。從世客博的上位計畫與相關文獻中，原客之間數百年來發展關係的錯綜複雜，應該是有許多引人入勝的畫面可以呈現的。不過就現實面來看，世客博從規劃到布展的過程當中有著太多的轉折，前期的規劃無論是專業學者的諮詢或是業界頂尖策展人顧問的遴聘都能看出主辦單位的用心。但隨著各項分工的進行，細部工作由負責局處到得標廠商，以這個副展區為例：因主題是原客關係的呈現，所以主責單位落在桃市府的原民局，且礙於人力不足以直接負荷大型活動的乘載，於是委外執行更是在所難免，從表1可以發現至少就有這些相關的標案是從此副展區延伸而出，是否因太多層次的分工導致執行面與規劃面的一致性產生落差，是一種值得觀察的現象。

　　並且這個特展應該是要在整個國際原住民文化創意產業園區正式啟用後才策展。就前期的規劃而言，完工日期是趕得上世界客家博覽會的開幕的，因此整個特展若是搭配園區的常設展相互呼應下，觀眾將會對於整體的觀展內容感到豐富有趣。可惜的是

表1　世界客家博覽會原客特展相關預算表

標案名稱	決標日期	決標金額	得標廠商
2023年世界客家博覽會——國際原住民族文化創意產業園區原客特展策展規劃（略）	112/04/20	7,840,000元	蔚然文化事業有限公司
「2023年世界客家博覽會——國際原住民族文化創意產業園區原客特展」策展規劃執行委託勞務採購案第二次契約變更	112/11/09	3,230,000元	蔚然文化事業有限公司
2023年世界客家博覽會——國際原住民族文化創意產業園區原客特展——後續擴充	112/07/11	1,500,000元	蔚然文化事業有限公司

資料來源：整理自政府電子採購網

　　實際展區因二樓原展區尚未完工，是在類工地的一樓舉辦（如圖12），同時也就沒有常設展的搭配，場地的規劃出現落差對於一個博覽會的策展應該也是有一定的影響，而以國際大型展覽的角度來看，工地中的展覽對於旅客的觀感或許也不是那麼恰當。以臺灣為主體的國際級族群博覽會這個角度來看，終究缺少了原客族群間交融的過程，最終依然回到客家與原住民族群各自本質論的展示。

　　其次，回到族群博覽會的本身，一個族群文化的再現與保存更是展覽中的重中之重。這個副展區是在主展區世界館與臺灣館外，唯一可以預約線上導覽的副展區，由此可見，當初在規劃時對於原客族群關係的展現是十分重視的。跟主展區的預約方法相同，每天都是三個時段，固定導覽時間分別為上午11點、下午2點以及下午4點，但美中不足的是導覽方面僅提供五人以上的團體預約，對於若是自由行的散客來說就相當的不方便。以現場的

圖12　原訂二樓展區還沒竣工，電梯封鎖無法上樓
資料來源：作者拍攝

擺設動線加上專業內容無法適時得到解說的話，那麼參觀者所得到的參展回饋和內容吸收，相信是十分有限的。而平常要接觸到原客交織的文化內容以及語言的機會也不容易，假若能透過新科技的輔助讓整個文化內涵得以重現，對於文化的傳承與保存肯定是更有實質的意義。

最後，以一個行銷遍布全球的族群與讓世人認識臺灣的博覽會，沒有將全臺相關的展區透過遊程包裝串連亦屬可惜。因這樣

的展覽對喚醒客家族群自覺、原住民族群的驕傲是有所幫助，若能真正讓人從：（1）客家與原民族群的和諧、緊張、衝突與區隔等互動關係；或是（2）二者之間的語言、家庭、社團、產經與宗教等五個面向來探討；或是（3）客家族群在原民族群間地位和認同來做為觀察的指標（張翰璧、蕭新煌主編，2022：18-19）等面向來當做策展主軸，在啟發眾人的興趣之後，透過遊程深入展覽中的各個故事場景，對於地方的活絡更是注入了一股活水，也或許若干年後，各個角落的館舍之間更是串接成博物館家族。不過，原客特展倒是有個值得讚賞且是本屆世客博中唯一的特點，那就是有將展品的移展納入規劃。從與策展工作人員與導覽員的對話當中發現，因為原客族群關係在中央部會的主責分別為原民會和客委會，所以現場的六座作品中將會由二個主管單位各移展一座到相對應的館舍去做延展，其他的四座除了作者有另外規劃外，其餘的亦有向企業招手，希望能夠有企業願意伸出文化援手將展品認養，以期達到愛物惜物的永續精神。若是每個展區都能落實這樣的精神，世界客家博覽會的精神將可獲得傳承與延續，也是真正的將客家與客家相關文化發揚光大。

　　在臺灣，以族群名義作為活動主軸的博覽會其實不多，2023世界客家博覽會是一個創舉。面對臺灣的多元族群主流化，在談客家的時候我們不僅從客家的本質談客家，希望放在臺灣的族群關係間做探討，或是從世界的脈絡下去做相關的演繹。而這當中，原客之間關係的探討是非常有趣且具有獨特意義的，因為二者之間歷史發展的交織情感都豐富了客家文化的在地化。雖然世客博的上位計畫有特別因應臺灣與桃園的族群特色規劃了多元文化區，但在實際的展示當中，過多的本質論述或許在將來類似的

活動中可以加強。以原客關係為例，本博覽會雖然是客家博覽會，但呈現給世人的不僅僅是可以看到客家，還要看客家跟周邊族群的關係。無論在臺灣還是在國際間，相信世客博只是一個起點，在政府對於客家文化的重視和關注下，客家的發展將會是充滿希望的。

參考文獻

Baudrillard, Jean, 1968, *Le système des objets*. Paris, France: Gallimard.

Gorden, Milton M., 1964, *Assimilation in American Life: The Role of Race, Religion, and National Origins*. New York: Oxford University Press.

王嵩山，2003，《差異、多樣性與博物館》。臺北縣：稻鄉出版社。

王嵩山主編，2009，《製作博物館》。臺中：國立自然科學博物館。

王嵩山主編，2010，《博物館蒐藏的文化與科學》。臺北：國立臺灣博物館。

王保鍵，2016，〈論桃園客庄型態與客家政策〉。《臺灣民主季刊》13（4）：93-125。

桃園市政府，2022，世界客家博覽會規劃中文版。

吉見俊哉，李斌譯，2016，《世博會與戰後日本》。南京：南京大學出版社。

吉見俊哉，蘇碩斌、李衣雲、林文凱、陳韻如譯，2010，《博覽會的政治學》。臺北：群學。

阮俊達，2016，〈族群主流化觀點下的原住民族轉型正義〉。《臺灣原住民族研究學報》，2016年／秋季號，6（3），51-71。

吳建中，2009，《世博文化解讀》。上海：上海大學出版社。

奈吉爾·巴利，何穎怡譯，2011，《天真的人類學家》。中國：廣西師範大學出版社。

客家委員會，2022，110年全國客家人口暨語言基礎資料調查研究。

徐正光編，1991，《徘徊於族群與現實之間：客家社會與文化》。臺北：正中書局。

戚文芬，2018，《人類文明的盛宴：世界博覽會》。臺北：五南。

張翰璧、蕭新煌主編，2021，《臺灣的海外客家研究》。臺北：巨流。

莊英章，2004，《田野與書齋之間：史學與人類學匯流的臺灣研究》。臺北：允晨。

黃之棟，2019，〈族群主流化的理論框架與政策意涵〉。《東吳政治學報》37（2）：117-165。

程佳惠，2004，《臺灣史上第一大博覽會》。臺北：遠流。

彭尉榕，2006，〈原客通婚的族群邊界與位階：地域、世代的比較分析〉。國立東華大學族群關係與文化研究所碩士論文。

劉堉珊，2016，〈臺灣客家研究中的東南亞視野〉。《民俗曲藝》194：155-207。

劉政豫，2022，〈原客族群關係之研究：以桃園市楊梅區為例〉。國立中央大學客家語文暨社會科學學系客家研究碩士在職專班碩士論文。

閻恩虎，2009，《客商概論》。上海市：文匯。

潘慧雯，2020，〈原客族群互動的社會資本：以大溪南興社區參與為例〉。國立中央大學客家語文暨社會科學學系客家社會文化碩士論文。

謝高橋、黃維憲、柯瓊芳，1991，《臺灣山胞遷移都市後適應問題之研究》。臺北：行政院研考會。

蕭新煌、張翰璧，2022，《台馬客家代的族群關係：和諧、區隔、緊張與衝突》。臺北：遠流。

國家圖書館出版品預行編目（CIP）資料

原山與客丘：當代臺灣原客關係 / 張翰璧主編. -- 初版. -- 桃園市：國立中央大學出版中心；臺北市：遠流出版事業股份有限公司, 2025.01
　　面；　公分
　　ISBN 978-986-5659-67-7（平裝）

1. CST: 民族學　2. CST: 民族關係　3. CST: 臺灣原住民族　4. CST: 客家

535　　　　　　　　　　　　　　113020285

原山與客丘
當代臺灣原客關係

主編：張翰璧
執行編輯：王怡靜

出版單位：國立中央大學出版中心
　　　　　桃園市中壢區中大路 300 號
　　　　　遠流出版事業股份有限公司
　　　　　台北市中山北路一段 11 號 13 樓

發行單位 / 展售處：遠流出版事業股份有限公司
地址：台北市中山北路一段 11 號 13 樓
電話：(02) 25710297　傳真：(02) 25710197
劃撥帳號：0189456-1

著作權顧問：蕭雄淋律師
2025 年 1 月 初版一刷
售價：新台幣 420 元

如有缺頁或破損，請寄回更換
有著作權‧侵害必究 Printed in Taiwan
ISBN 978-986-5659-67-7（平裝）
GPN 1011400055

YL▓■遠流博識網 http://www.ylib.com　E-mail: ylib@ylib.com